井冈山革命根据地工人运动史

The History of Labor Movement in Jinggangshan Revolutionary Base Area

主编 总撰◎齐学锦
编委会◎饶道良 张惠民 夏远明
唐苏明 罗娟 林晓虹 胡树景
图片编辑◎齐菲斐
井冈山市总工会 编

星星之火
可以燎原
毛泽东

中国工人出版社

图书在版编目（CIP）数据

井冈山革命根据地工人运动史 / 齐学锦主编. —北京 : 中国工人出版社, 2015.5
ISBN 978-7-5008-5858-4

Ⅰ. ①井… Ⅱ. ①齐… Ⅲ. ①井冈山革命根据地—工人运动—历史 Ⅳ. ①K261.3

中国版本图书馆CIP数据核字（2014）第192551号

井冈山革命根据地工人运动史

出 版 人	李庆堂
责任编辑	蒋佩轩
责任校对	赵贵芬
责任印制	黄 丽
出版发行	中国工人出版社
地 址	北京市东城区鼓楼外大街45号 邮编：100120
网 址	http://www.wp-china.com
电 话	（010）62350006（总编室） （010）62005039（出版物流部） （010）82028758（社科文艺分社）
发行热线	（010）62005049 （010）62005042（传真）
经 销	各地书店
印 刷	北京美图印务有限公司
开 本	710毫米×1000毫米 1/16
印 张	22.25
字 数	327千字
版 次	2015年5月第1版 2018年6月第3次印刷
定 价	68.00元

序

井冈山是中国革命的摇篮。1927年，毛泽东同志率领工农革命军挺进井冈山，创建井冈山革命根据地，点燃了中国革命的星星之火，开辟了“农村包围城市、武装夺取政权”这条有中国特色的革命道路，创建了中国革命的第一个红色政权，锻造了一支体现无产阶级性质的新型人民军队，确立了我们党依靠群众、宣传群众、组织群众、武装群众的群众路线，培育了“坚定信念、艰苦奋斗，实事求是、敢闯新路，依靠群众、勇于胜利”的井冈山精神。井冈山革命斗争开启了马克思主义基本原理同中国具体实际相结合的伟大进程，成为中国革命不断走向胜利的光辉起点。

在这艰苦卓绝、波澜壮阔的革命进程中，中国工人阶级在共产党的领导下，始终沿着党指引的方向前进，建立各种工会组织，逐步健全工人组织机构，使工人拥有选举权与被选举权；赋予工会重大权力，组成最广泛的统一战线，加强工人劳动保障；将农民运动和工人运动相结合，建立了巩固的工农联盟，掀起了一个又一个工人运动高潮。

特别是1928年10月，毛泽东主持召开的中共湘赣边界第二次代表大会，讨论通过了《工会组织法》，是我们工会在党的领导下，颁布的首部法规，开历史之先河。这是井冈山革命斗争时期的夺目亮点，更是井冈山斗争时期工人运动史上的光辉一页。我们可以看到，井冈山工人阶级为井冈山的斗争作出了重大的贡献。工人参军参战，在黄洋界保卫战、龙源口战斗等各个战场上，抛头颅洒热血，立下了赫赫战功，付出了巨大的牺牲。事实证明，井冈山革命根据地工人运动为全国工人运动的发展准备了阶级基础与群众基础，促进了红色政权的建立和巩固，并为以后的工人运动积累了丰富的历史经验。井冈山革命根据地工人运动是中国共产党的工人运动工作重心由城市向农村实行战略转移的光辉典范，是马克思列宁主义基本原理与中国革命具体实践相结合的伟大创举。

为全面、真实地再现井冈山革命根据地工人运动，江西省井冈山市总工会组织人员史海钩沉，编写完成《井冈山革命根据地工人运动史》一书，并由中国工人出版社出版。这是全国第一本反映井冈山革命根据地工人运动的史书，这些首次发掘、整理和披露的史料，是井冈山斗争史研究的新突破、新课题、新成果，将填补井冈山斗争史的研究空白，为我们全面客观地研究井冈山革命斗争史、工人运动史提供重要依据，必将对今后井冈山工运事业和工会工作产生广泛而深远的影响。

先驱播火成燎原，后起擎旗更鼎新。我们希望并相信，站在新的历史起点上，我国工人运动将在以习近平同志为总书记的党中央坚强领导下，高举中国特色社会主义伟大旗帜，牢牢把握为实现中国梦而奋斗这个时代主题，继承和发扬井冈山革命传统，紧跟党的前进步伐，顺应历史发展规律，坚持正确方向，生机勃勃地向前迈进。我国工人阶级将继续发挥主力军作用，始终做坚持中国道路的柱石、弘扬中国精神的楷模、凝聚中国力量的中坚，万众一心、众志成城，在为实现中华民族伟大复兴的中国梦而不懈奋斗中铸就工人阶级新辉煌！

是为序。

陈　豪

2014 年 9 月

（时任中华全国总工会党组书记、副主席、书记处第一书记）

CONTENTS

目　录

CONTENTS

CONTENTS

引 言

《井冈山革命根据地工人运动史》是我们编写的全国第一部反映井冈山革命根据地工人运动的史书。井冈山革命根据地是毛泽东首创的，是在湖南、江西两省军阀割据的缝隙中诞生并发展壮大起来的。那时井冈山斗争是以武装斗争和农民运动为主，似乎与工人运动没有多大的联系，其实不然，大革命时期全国各地轰轰烈烈的工人运动，在湘赣边界、井冈山广泛传播，产生了深远的影响。毛泽东在井冈山斗争实践中，找准了中国革命必须走农村包围城市的正确道路，中国第一块农村革命根据地的创立，中国工人阶级在中国革命中仍是领导地位，中国工人阶级仍是革命的主要力量。他发动和领导的秋收起义，大批安源工人是一支战斗力极强的力量。他率领秋收起义部队上井冈山时，一支由 60 多名安源工人组成的运输队，挑着 10 担雷管、炸药，随着部队经遂川，走进了三湾。“三湾改编”后，安源工人分配到各连队为骨干，他致信中共中央、江西和湖南省委，请继续派安源工人来井冈山参加红军。他在湘赣边界各县党的第二次代表大会上指出，工人是各种劳动群众之先锋，大会还讨论和通过了“工会组织法”。他把井冈山工人出身的王佐等人培养和造就成红军的指挥员，他把工人出身的谭震林等人推上中共湘赣边界特委的领导岗位。这些都是井冈山斗争时期的闪光点，更是井冈山斗争时期工人运动史上的光辉一页。

湘赣边界是山区，交通不便、人烟稀少，几乎没有什么大工业和产业工人。然而，井冈山的手工业工人、雇农工人，在极为简陋的条件下，凭着工人阶级的聪明才智，创办军事民用工业，建立了被服厂、造币厂、军械处等。广大工人还积极拥护红军，支援红军，参加红军，配合红军行军作战、站岗、放哨、巡逻、当向导、抬担架。龙源口大捷、黄洋界保卫战等所有红军军事斗争的胜利，都有井冈山各行各业工人群众的大力支持。在本书的编写记述及史实中，我们可以看到，为井冈山的斗争，井冈山工人阶级付出了辛勤劳动，立下了赫赫战功，付出了巨大的牺牲，作出了重大的贡献。

我们参与本书编写工作的同志，经过多次挖掘和认真整理，今天终于将井冈山斗争时期工人阶级的无私奉献和革命精神呈现给大家，真使人感到欣慰。这是一件很有意义，也很有价值的工作。中国革命经历了漫长和曲折的道路，在这一过程中，我们都不能忘记工人阶级作出的牺牲和贡献。

井冈山革命根据地概述

井冈山革命根据地是毛泽东等老一辈无产阶级革命家领导湘赣边界军民开创的中国第一块农村革命根据地。在中国革命的史册上，井冈山素以“中国革命的摇篮”著称于世，朱德称之为“天下第一山”，彭真称之为“中华人民共和国的奠基石”。

井冈山革命根据地坐落在江西西南部，湘赣两省之交的罗霄山脉中段，红色区域主体横跨“六县一山”，即江西省的宁冈、永新、莲花、遂川、井冈山、湖南省的酃县（今炎陵县）、茶陵。井冈山根据地鼎盛时期面积达7200多平方公里，人口50余万，割据势力曾扩展到吉安、安福各一小部。万安、泰和、桂东、资兴等县皆属根据地的外围屏障。

井冈山的斗争代表了中国革命的新方向。中国共产党领导的井冈山革命根据地工人运动，是中国共产党的工人运动工作重心由城市向农村实行战略转移的光辉典范，是马克思列宁主义普遍原理与中国革命具体实践相结合的伟大创举。

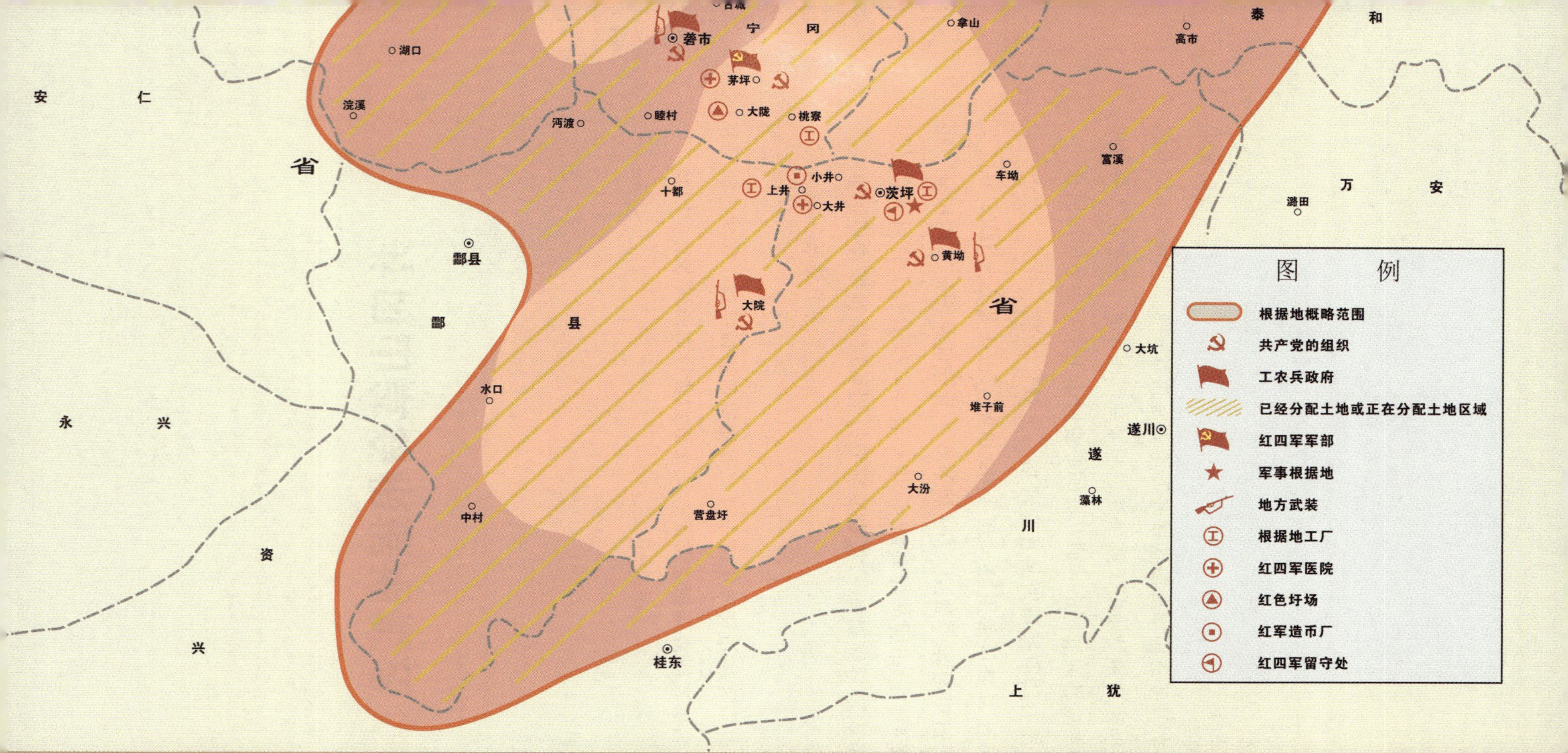

图例
根据地概略范围
共产党的组织
工农兵政府
已经分配土地或正在分配土地区域
红四军军部
军事根据地
地方武装
根据地工厂
红四军医院
红色圩场
红军造币厂
红四军留守处
安仁
永兴
资兴
省
酃县
酃县
湖口
浣溪
河渡
睦村
十都
水口
中村
营盘圩
桂东
茨坪
茅坪
大陇
桃寮
小井
上井
大井
大院
黄坳
宁冈
拿山
车坳
富溪
泰和
万安
潞田
高市
大坑
遂川
堆子前
大汾
藻林
省
上犹

井冈山革命根据地全盛时期形势示意图
1928年5月—7月

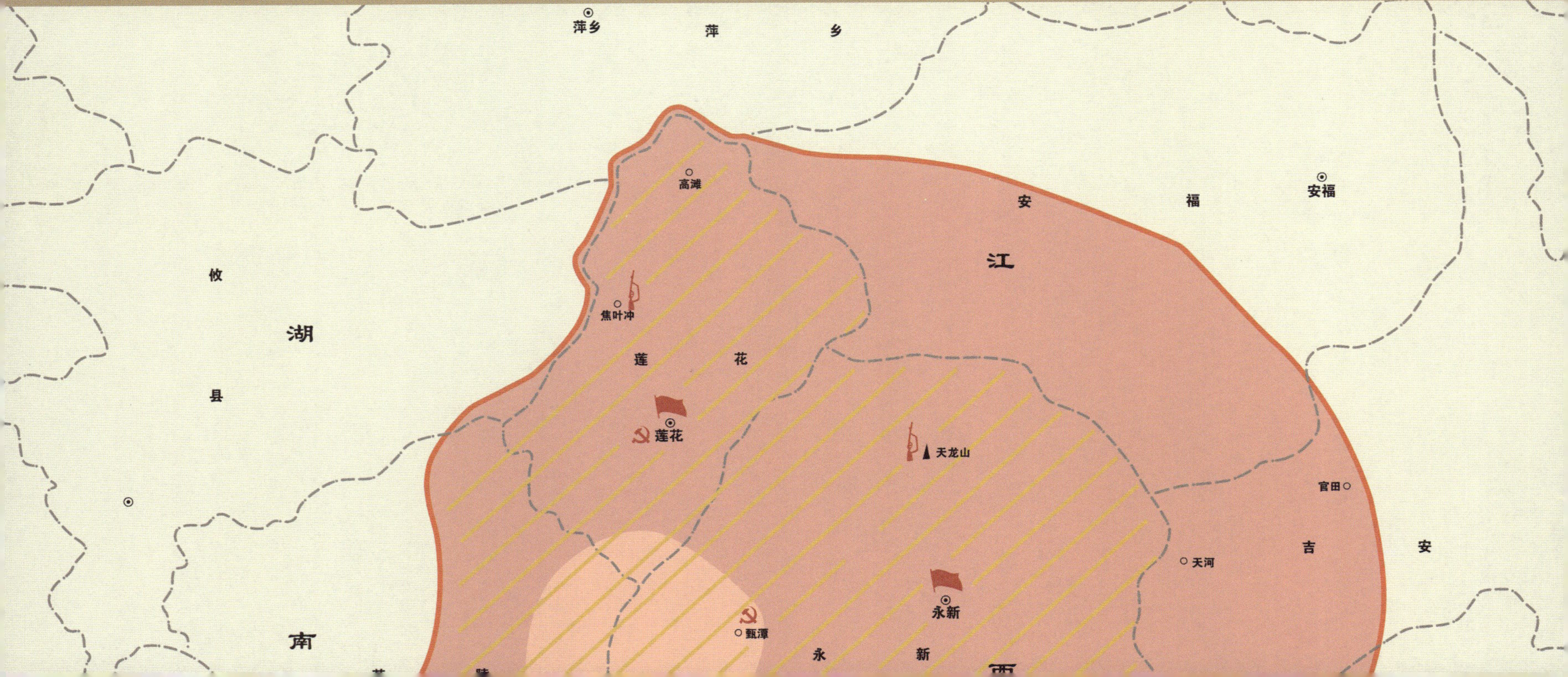

第一章

全国工人运动在湘赣边界的传播与影响

第一节 全国工人运动在湘赣边界的传播

党的创立初期，集中力量领导了中国工人运动，掀起了以 1922 年 1 月香港海员大罢工为起点，包括安源路矿工人大罢工、开滦煤矿工人大罢工，以 1923 年 2 月京汉铁路工人罢工为终点的第一次工人运动的高潮。还有第一次、第二次、第三次全国劳动大会的召开等，显示了中国工人阶级坚定的革命性和顽强的战斗力，扩大了作为工人阶级先锋队的中国共产党在全国、在湘赣边界、在井冈山的广泛传播，为毛泽东等老一辈无产阶级革命家在湘赣边界、在井冈山开创中国第一块农村革命根据地，准备了一定的条件。

一、中国工人运动和马克思主义的结合

(一) 毛泽东的早期革命活动在湘赣边界的传播。在马克思主义的传播中，毛泽东代表了马克思主义的普遍真理和中国革命具体实践相结合的正确方向。

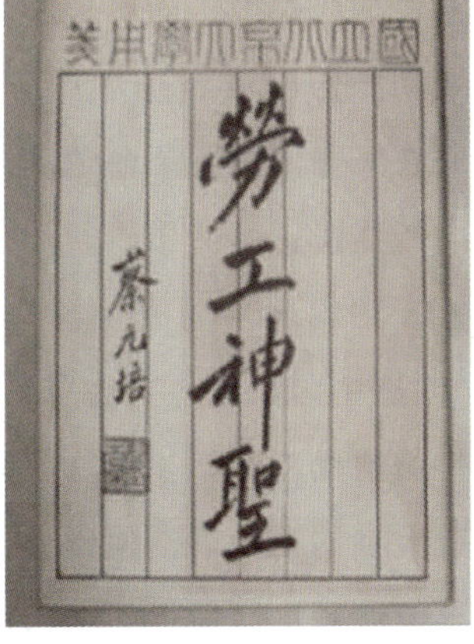

《劳工神圣》

1893 年 12 月 26 日，毛泽东诞生在湖南省湘潭县韶山冲的一个农民家庭里。他从小就参加农业劳动，与劳动人民建立了深厚的感情。他热爱学习，刻苦用功，并从自己的生活和学习中感受到中华民族的灾难深重和人民生活的

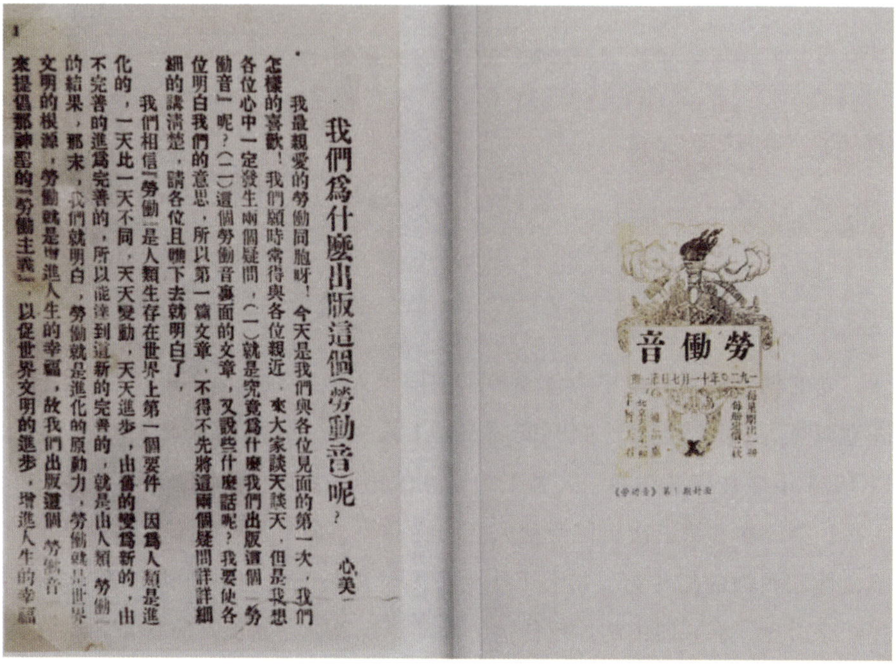

我們爲什麼出版這個〈勞動音〉呢？ 心美

我最親愛的勞働同胞呀！今天是我們與各位見面的第一次，我們怎樣的喜歡！我們願時常得與各位親近，來大家談天談天，但是我想各位心中一定發生兩個疑問，（一）就是究竟爲什麼我們出版這個「勞働音」呢？（二）這個勞働音裏面的文章，又說些什麼話呢？我要使各位明白我們的意思，所以第一篇文章，不得不先將這兩個疑問詳詳細細的講清楚，請各位且瞧下去就明白了。

我們相信「勞働」是人類生存在世界上第一個要件　因爲人類是進化的，一天比一天不同，天天變動，天天進步，由舊的變爲新的，由不完善的進爲完善的，所以能達到這新的完善的，就是由人類「勞働」的結果，那末，我們就明白，勞働就是進化的原動力，勞働就是世界文明的根源，勞働就是增進人生的幸福，故我們出版這個「勞働音」來提倡那神聖的「勞働主義」，以促世界文明的進步，增進人生的幸福

勞働音

《劳动音》

极端痛苦。辛亥革命爆发时，他满怀救国救民的革命激情，参加了湖南新军，当了一名普通士兵。1913 年至 1918 年，毛泽东在湖南第一师范学校读书，他研究中国的历史和现状，探索革命真理，积极从事反帝反封建的革命活动。1917 年，他步行千里，深入长沙、宁乡等五县农村，进行社会调查，向农民宣传民主革命道理。同年，他在长沙创办了第一个工人夜校，在工人中传播民主革命思想。

1918 年 4 月，毛泽东和蔡和森团结了一批进步青年，在长沙组织了以“改造中国与世界”为宗旨的新民学会。同年 8 月 19 日，他为了组织进步青年留法勤工俭学，第一次来到北京。他在北京大学图书馆当助理员，在馆长李大钊的帮助下，他研究俄国十月革命的经验和各种社会主义思潮，同时领导留法勤工俭学运动。1919 年 3 月，毛泽东回到长沙，成立了湖南学生联合会，又以学联为骨干，成立了湖南各界联合会，开展了长沙等地的反帝爱国

民主活动。

1919 年 7 月，毛泽东创办《湘江评论》，发表了他的著名论文《民众的大联合》以及其他具有社会主义思想的文章。《湘江评论》曾被赞许是当时全国最有分量、见解最深的一种刊物，其中许多文章也被一些进步刊物所转载和介绍。

毛泽东在这些文章中指出：在十月革命的影响下，中国人民也觉醒了，革命风暴已席卷全国，天地为之昭苏，奸邪为之辟易。毛泽东介绍了十月革命的经验和辛亥革命的教训，分析了当时革命运动发展的实际情况，指出改造中国社会的根本办法在于民众的大联合，因为民众联合的力量最强。他坚信，中华民族有着伟大的能力，压迫越深，反抗越大，蓄之既久，其发必速。中国人民的大联合必将成功，光辉灿烂的世界就在前面。

（二）中国工人运动和马克思主义的结合在湘赣边界的传播。为了准备建立中国共产党，1920 年 8 月，首先由陈独秀等在上海成立了共产主义小组，9 月，毛泽东在湖南成立共产主义小组。中国共产主义小组的建立，揭开了传播马克思主义新的一页。各地的马克思主义者在工人阶级中进行了广泛的活动，促进了马克思主义和工人运动的结合。上海共产主义小组有李启汉等创办的劳动补习学校，组织了机械工人联合会和印刷工人联合会。北京共产主义小组邓中夏等在长辛店开办劳动补习学校，组织了铁路工人“救人十人团”和工读互助团。湖北小组于 1921 年 3 月领导了汉口租界人力车夫反对增加车租的罢工。济南小组、

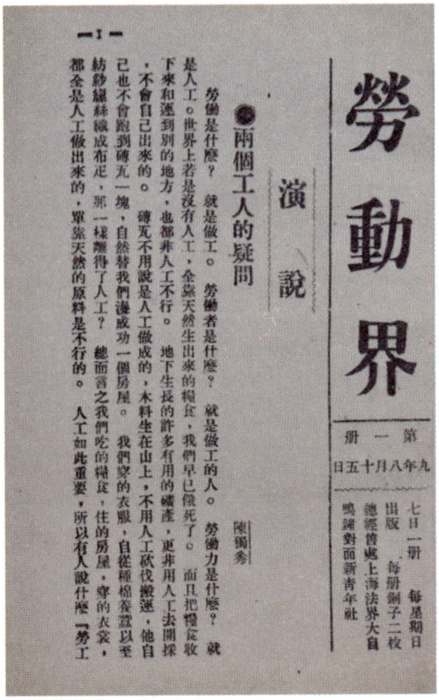
勞動界

第一册

九年八月十五日

七日一册　每星期日出版　每册銅子二枚　總經售處上海法界大自鳴鐘對面新青年社

演說

兩個工人的疑問　陳獨秀

勞働是什麼？就是做工。勞働者是什麼？就是做工的人。勞働力是什麼？就是人工。世界上若是沒有人工，全靠天然生出來的糧食，我們早已餓死了。而且把糧食收下來和運到別的地方，也都非人工不行。地下生長的許多有用的礦產，更非用人工去開採，不會自己出來的。磚瓦不用說是人工做成的，木料生在山上，不用人工砍伐搬運，他自己也不會跑到磚瓦一塊，自然替我們造成功一個房屋。我們穿的衣服，自從種棉養蠶以至紡紗繅絲織成布疋，那一樣離得了人工？總而言之我們吃的糧食，住的房屋，穿的衣裳，都全是人工做出來的，單靠天然的原料是不行的。人工如此重要，所以有人說什麼「勞工

—1—

《劳动界》

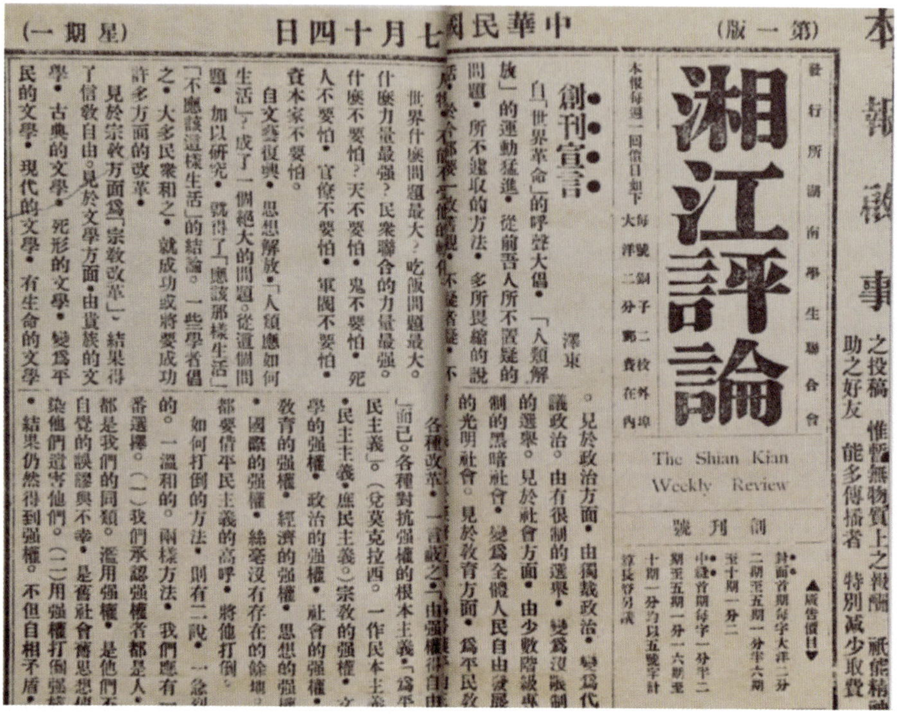
(第一版) 中華民國 七月十四日 (星期一)

湘江評論

The Shian Kian Weekly Review

創刊號

發行所 湖南學生聯合會

本報每週一回，價目如下：每號銅子二枚，外埠大洋二分，郵費在內

▲廣告價目▼

創刊宣言 澤東

自「世界革命」的呼聲大倡，「人類解放」的運動猛進，從前吾人所不置疑的問題，所不鑑取的方法，多所畏縮的說話，

世界什麼問題最大？吃飯問題最大。什麼力量最強？民衆聯合的力量最強。什麼不要怕？天不要怕，鬼不要怕，死人不要怕，官僚不要怕，軍閥不要怕，資本家不要怕。

自文藝復興，思想解放，「人類應如何生活？」成了一個絕大的問題。從這個問題，加以研究，就得了「應該那樣生活」「不應該這樣生活」的結論。一些學者倡之，大多民衆和之，就成功或將要成功許多方面的改革。

見於宗教方面，爲「宗教改革」，結果得了信教自由。見於文學方面，由貴族的文學，古典的文學，死形的文學，變爲平民的文學，現代的文學，有生命的文學。見於政治方面，由獨裁政治，變爲代議政治。由有限制的選舉，變爲沒有限制的選舉。見於社會方面，由少數階級專制的黑暗社會，變爲全體人民自由發展的光明社會。見於教育方面，爲平民教

各種改革，一言蔽之，「由強權得自由」而已。各種對抗強權的根本主義，爲「平民主義」。(兌莫克拉西，一作民本主義，民主主義，庶民主義。)宗教的強權，文學的強權，政治的強權，社會的強權，教育的強權，經濟的強權，思想的強權，國際的強權，絲毫沒有存在的餘地，都要借平民主義的高呼，將他打倒。如何打倒的方法，則有二說，一急烈的，一溫和的。兩樣方法，我們應有一番選擇。(一)我們承認強權者都是人，都是我們的同類。濫用強權，是他們不自覺的誤謬與不幸，是舊社會舊思想傳染他們，遺害他們。(二)用強權打倒強權，結果仍然得到強權。不但自相矛盾，

《湘江评论》

深度链接 《湘江评论》

1919年7月14日，《湘江评论》由毛泽东在湖南长沙创办，周刊。该刊共出版4期和1期临时增刊。

五四运动爆发后，毛泽东在领导湖南学生运动时，为了提高群众觉悟，扩大革命影响，创办了《湘江评论》。《湘江评论》所刊载的重要文章，绝大部分都出自毛泽东的手笔。毛泽东在这些文章中宣传彻底的反帝、反封建、反军阀统治的思想，深刻地论述了人民革命的战略观点，歌颂了十月社会主义革命的胜利，宣传了马克思主义的理论。同时，提倡新思想、新文化，激发人们团结起来向旧势力、旧习惯作斗争。

《湘江评论》辟有西方大事述评、东方大事述评、世界杂评、湘江大事述评、放言、新文艺等栏目。其中，著名的《民众的大联合》一文便刊载在第2至4期的《湘江评论》中，该文介绍俄国十月革命的经验，论述了毛泽东早期建立人民革命统一战线的战略思想。1919年8月，《湘江评论》出至第4期后，被张敬尧军阀政府查封。

广州小组也进行了工人工作。在法国的中国共产主义小组则在华侨工人中宣传马克思主义。同时，还出版了各种工人刊物，如上海的《劳动界》《伙友》，北京的《劳动音》，广州的《劳动者》等，通俗宣传马克思主义，指导工人群众的革命斗争。由于共产主义小组的积极活动，工人运动更加发展起来，较大的罢工斗争有：1920 年 5 月 1 日，上海 5000 多工人为纪念国际劳动节，对军阀的阻挠进行了坚决的斗争。6 月，上海杨树浦日本纱厂工人要求增加工资举行罢工，有 4000 多工人参加了罢工。12 月，粤汉铁路南段工程部工人罢工。据统计，1920 年共发生罢工 46 次，罢工人数 5 万左右。1921 年罢工 49 次，罢工人数 13 万。

（三）毛泽东的建党思想和建党活动在湘赣边界的传播。毛泽东为了建立共产党，很注意工人运动。1920 年 7 月，毛泽东在长沙创办了文化书社，介绍和推荐全国各地出版的马克思主义著作和进步书刊，促进了马克思主义的广泛传播。8 月，组织了俄罗斯研究会，引导革命青年研究十月革命的经验，并组织会员赴俄作实地考察。9 月，建立了马克思主义研究会，领导会员学习《共产党宣言》《社会主义从空想到科学的发展》《国家与革命》等马克思主义的经典著作，并引导大家联系中国和湖南的实际情况，把理论学习和社会调查、革命斗争结合起来。他亲自深入到长沙的工人区域中，广泛接触了铁路、印刷、纺织、泥木、搬运等各行业的工人。毛泽东为工人做事，办工人夜校，向他们进行马克思主义宣传，从中发现工人积极分子，并通过他们，联系广大工人群众。

《共产党宣言》

1920 年 11 月，黄爱、庞人铨等在长沙成立湖南劳工会，他们主要作经济斗争并带有无政府主义的倾向。毛泽东和社会主义青年团对湖南劳工会领袖黄爱、庞人铨和参加该会的工人积极分子任树德等，做了耐心的工作，鼓励他们斗争，批评他们的无政府主义思想，在斗争中支持和教育他们。在毛泽东的教育和帮助下，黄爱、庞人铨和任树德等也转而信仰马克思主义，并于1921年年底加入了社会主义青年团。1921年上半年，在毛泽东领导下，长沙的产业工人和手工业工人都渐渐地组织起来，奠定了发展党的基础。1922年春节，黄、庞二人英勇牺牲在反动军阀的屠刀下，许多工人抚尸痛哭，激起了长沙工人反对军阀、资本家的斗争怒潮。黄、庞二人是中国革命最早为共产主义事业牺牲的工人领袖。1921年上半年，在毛泽东的领导下，长沙的产业工人和手工业工人都渐渐地组织起来，奠定了发展的基础。

1921年7月23日至31日，中国共产党在上海召开第一次全国代表大会。因租界巡捕搜查，最后一天的会议是迁移到浙江嘉兴南湖一艘游船上举行的。参加大会的有湖南、湖北、上海、北京、山东、广东的共产主义小组和国外留学生小组的十二名代表，还有陈独秀指派的一名代表也参加了大会。他们代表着约50余名党员。在巴黎的共产主义小组，因未取得联系，未派代表。到会代表包括毛泽东、何叔衡、董必武、陈潭秋、王尽美、邓恩铭等党的最早的优秀党员。共产国际也派代表马林（荷兰人）等来参加。

中国共产党的主要创始人之一陈独秀

大会讨论了当前的政治状况、党的基本任务、党的组织原则和党的组织机构等问题。讨论的中心问题是党的组织原则问题。大会通过了中国共产党的第一个党纲，主要内容是：规定党的名称是“中国共产党”；规定党的奋斗目标（最高纲领）是领导工人、农民士兵进行社会革命，武装夺取政权，建立无产阶级专政，废除资本家私有制，直到消灭阶级，实现共产主义；规定党的组织采用民主集中制，党员和党的组织要严格遵守组织纪律；规定党员除为现行法律所压迫或已取得本党同意者外，皆不得担任政府官吏或议会议员。大会还决定建立党的地方组织，大会选举出了陈独秀等三人组成中央局，陈独秀为中央局书记。陈独秀当时在广东孙中山政府里负责教育委员会工作，没有参加这次大会。他原为北京大学教授、文科学长，因为他主编《新青年》杂志而成为新文化运动的领袖。

党的第一次全国代表大会以后，毛泽东回到湖南，10 月间建立了湖南第一个共产党支部——中共湖南支部；随后又在支部的基础上，建立了党的第一个省委——中共湘区（包括江西的安源）委员会，毛泽东担任书记。他按照马克思主义的组织原则，实行严格的民主集中制。他十分重视党的纪律和党的民主生活，坚持批评和自我批评。他采取积极慎重的建党方针，一方面在原有革命组织和社会主义青年团中严格地选择先进分子个别吸收入党，另一方面，广泛地开展工人运动，在工人先进分子中发展党员。毛泽东当时在长沙、衡阳和湖南其他各地发展了一批共产党员，如郭亮、蒋先云、杨开慧、毛泽民、夏明翰、柳直荀、黄静源等，大多数人后来都锻炼成为党的优秀领导干部。

毛泽东早期在湖南的建党活动中所创立和坚持的民主集中制的组织原则，理论联系实际，密切联系群众，批评和自我批评的优良作风，在斗争中积极慎重地发展党员以及着重党的思想建设等，为党的建设提供了丰富的经验。

二、工人运动的兴起

（一）初期工人运动在湘赣边界的传播。遭受残酷剥削与压迫的中国无产阶级，从它产生的那一天开始，就以反抗压迫者的战斗姿态，不断地进行着罢工等各种斗争。19 世纪 50 年代至 60 年代，在广州出现了最早的搬运工人的组织——广州打包工人联合会。1858 年，爆发了反对英法侵略的最早一

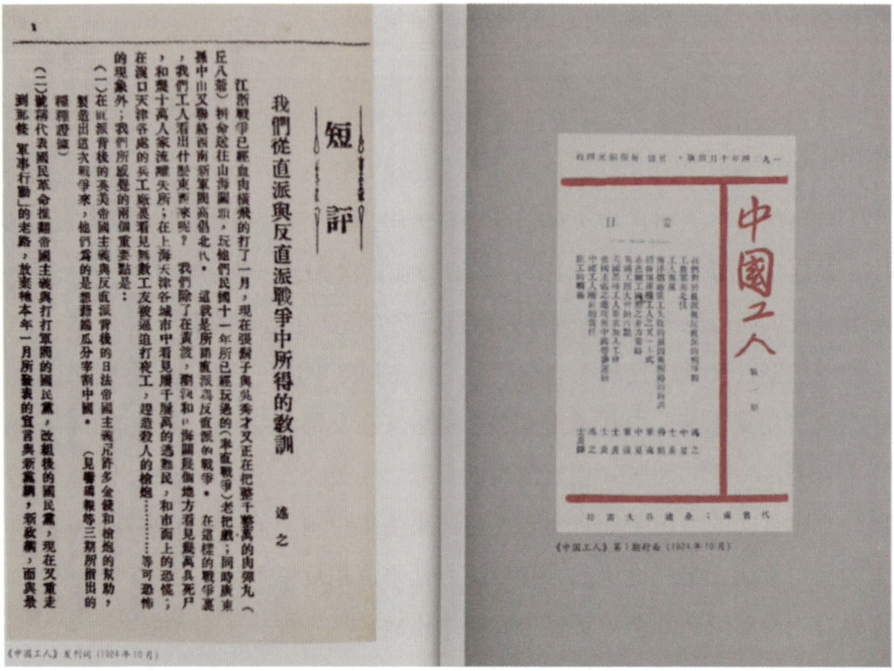

短評

我們從直派與反直派戰爭中所得的教訓

逸之

江浙戰爭已經血肉橫飛的打了一月，現在張鬍子與吳秀才又正在把整千整萬的肉彈丸（丘八爺）拼命送往山海關頭，玩他們民國十一年所已經玩過的（奉直戰爭）老把戲；同時廣東孫中山又聯絡西南新軍閥高倡北伐。這就是所謂直派與反直派的戰爭。在這樣的戰爭裏，我們工人看出什麼東西來呢？我們除了在黃渡，瀏河和山海關幾個地方看見幾萬具死尸，和幾十萬人家流離失所；在上海天津各城市中看見幾千幾萬的逃難民，和市面上的恐慌；在漢口天津各處的兵工廠裏看見無數工友被逼迫打夜工，趕造殺人的槍炮……等可恐怖的現象外；我們所感覺的兩個重要點是：

（一）在直派背後的英美帝國主義與反直派背後的日法帝國主義允許多金錢和槍炮的幫助，製造出這次戰爭來，他們爲的是想瓜分宰割中國。（見嚮導報第三期所指出的種種證據）

（二）號稱代表國民革命推翻帝國主義與打倒軍閥的國民黨，改組後的國民黨，現在又重走到那條「軍事行動」的老路，放棄牠本年一月所發表的宣言與新黨綱，新政綱，而與最

《中国工人》发刊词（1924年10月）

《中国工人》第 1 期封面(1924 年 10 月)

深度链接 《中国工人》（1924–1927）

1924 年 10 月，中共中央在上海创办了《中国工人》月刊，但并未能按月出版，主编罗章龙。1925 年 5 月，《中国工人》月刊出至第 6 期后迁至广州出版，改为周刊，并转为中华全国总工会机关刊。1925 年 6 月休刊。此后，中国共产党领导下的《中国工人》杂志又几度创刊复刊。1927 年年初，《中国工人》在汉口复刊，1927 年 7 月再次被迫停刊。

《中国工人》重点报道国内和国际工人运动状况，并创办五一特刊。邓中夏、赵世炎等人为《中国工人》撰写了《我们的力量》《上海日本纱厂罢工中所得来的经验》《美国黑种工人要求加入工会》《帝国主义之进攻与中国劳动运动》等多篇文章。刘少奇在第 4 期《中国工人》上发表《悼孙中山先生》一文。

次规模庞大的罢工。1879年至1913年间，根据当时报刊统计，主要的罢工斗争达七十八次之多。1914年，上海招商局、太古、怡和三个轮船公司的宁波籍海员，响应一部分工人要求增长工资，举行同盟罢工。1915年，安源煤矿工人为了反对残酷剥削和反对外国工程师袒护工头殴打工人，举行了罢工。罢工由“哥老会”组织领导，后因军队镇压，罢工领袖被杀而失败。1916年，北京政府财务部印刷工人、上海翻砂工人、上海英商香烟公司工人要求提高工资举行了罢工。1916年11月15日，天津法租界全体工人为反对法帝国主义扩大法租界举行罢工，人数达1700多人，从工人到店员、仆役、巡捕全部参加，并得到天津和全国各界人民的支持，北京等地工人还举行了声援罢工。斗争坚持了五六个月，终于迫使法帝国主义放弃全部吞占老西开的野心。这次斗争具有鲜明的反帝政治斗争性质。1917年，湖南水口山矿工和上海英美烟厂工人各3000人举行罢工。1918年4月至1919年“五四”运动前，上海纱厂的工人举行了多次罢工，各厂每次罢工人数平均在三四千人以上。据统计，1918年一年内全国罢工达30次，而1919年5月以前就达19次。

（二）中国共产党成立以后中国工人运动的高涨在湘赣边界的传播。在党的第一次全国代表大会以后，根据大会决议，成立了中国劳动组合书记部（这是中华全国总工会的前身），集中力量领导中国工

中华全国总工会旧址

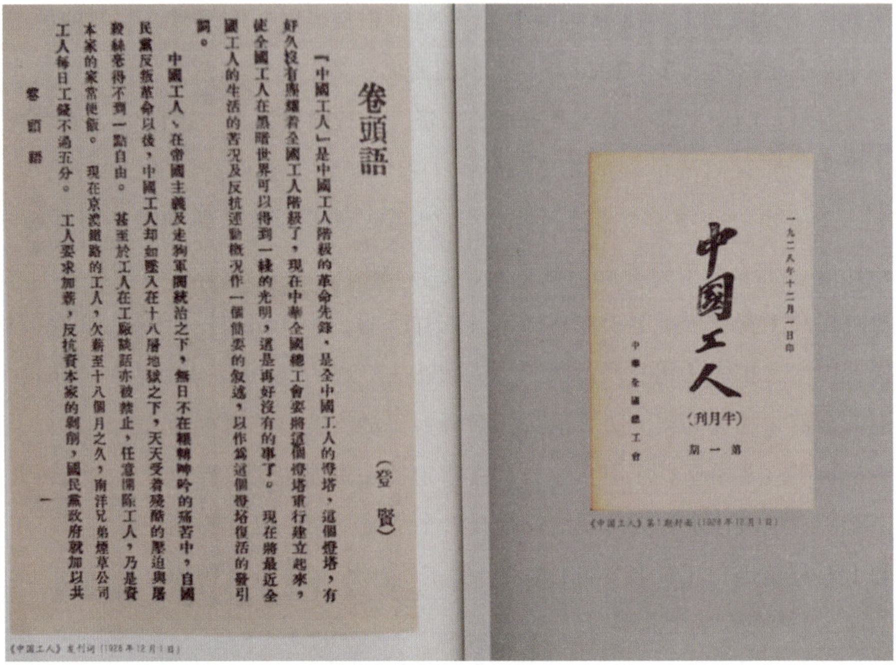
卷頭語

（登賢）

「中國工人」是中國工人階級的革命先鋒，是全中國工人的燈塔，這個燈塔，有好久沒有照耀着全國工人階級了，現在中華全國總工會要將這個燈塔重行建立起來，使全國工人在黑暗世界可以得到一線的光明，這是再好沒有的事了。 現在將最近全國工人的生活的苦況及反抗運動概況作一個簡要的敘述，以作爲這個燈塔復活的發引詞。

中國工人，在帝國主義及走狗軍閥統治之下，無日不在輾轉呻吟的痛苦中，自國民黨反叛革命以後，中國工人卻如墜入在十八層地獄之下，天天受着殘酷的壓迫與屠殺絲毫得不到一點自由。 甚至於工人在工廠談話亦被禁止，任意開除工人，乃是資本家的家常便飯。 現在京滬鐵路的工人，欠薪至十八個月之久，南洋兄弟煙草公司工人每日工錢不過五分。 工人要求加薪，反抗資本家的剝削，國民黨政府就加以共

卷頭語　一

《中国工人》发刊词（1928年12月1日）

一九二八年十二月一日印

中國工人

（半月刊）

第一期

中華全國總工會

《中国工人》第1期封面（1928年12月1日）

《中国工人》发刊词（1928 年 12 月 1 日）

深度链接 《中国工人》（1928–1929）

1928 年 12 月 1 日，《中国工人》在上海复刊，半月刊，中华全国总工会机关刊。主编罗章龙、林育南。为躲避国民党的检查，《中国工人》假称在广州出版，并从第 5 期起用《漫画集》《爱的丛书》《南极仙翁》等假书名做掩护。1929 年 5 月 15 日，《中国工人》出至第 8 期后停刊。

《中国工人》涵盖了反映国内工人生活现状的文章，如《军阀割据下铁路工人的生活与斗争》《云南职工生活及工运状况》《白色恐怖下的广东工人》等；包括反映国内工人运动的文章，如《广州暴动与上海工人》《上海法界电车罢工特志》《评天津英美烟工厂的罢工》等，并刊载介绍全国总工会工作状况的文章及会议文献，包括《中华全国总工会第二次扩大会议》《出席太平洋劳动会议秘书处第三次会议报告》《出席赤色职工国际代表大会报告》等。

人运动。劳动组合书记部总部最早设在上海，后迁至北京，在上海、汉口、湖南、广东、济南等地设有分部。总部负责人为邓中夏等，湖南分部主任为毛泽东。书记部出版了指导工人运动的刊物《劳动周刊》（1922 年 6 月被迫停刊，7 月迁京后改为《工人周刊》）。党通过书记部，建立各地的工会组织，领导工人斗争，并以交通运输工人（首先是铁路和海员工人）中的工作为重点。中国共产党的领导使中国工人运动有了工人阶级自己的政党，并在全国迅速地发展。1921 年下半年，在上海、汉口、广州等地的纺纱、烟草、土木建筑、人力车各业工人和陇海、京绥及粤汉铁路武（汉）长（沙）段的工人，因要求改善生活、反对外国监工压迫而不断发动罢工斗争。1921 年 12 月 31 日，湖南万余工人举行示威游行，反对帝国主义重新分割中国的华盛顿会议。由于中国共产党的有效领导和推动，自 1922 年 1 月至 1923 年 2 月，掀起了中国历史上第一个工人运动高潮。在这个高潮中，罢工斗争共达 100 次以上，参加斗争的工人达 30 余万人。大部分是党组织或党领导的工会组织直接发动的，其中影响较大的罢工斗争是香港海员大罢工、安源煤矿大罢工、开滦煤矿大罢工、京汉铁路大罢工等。这些罢工不仅是经济斗争，而且带有鲜明的反帝反封建的政治斗争性质，在中国共产党的领导下，一开始就在中国人民面前表现了工人阶级是反帝反封建的先锋队和最坚决的革命力量。

（三）党的第二次全国代表大会后工人运动的继续高涨在湘赣边界的传播。1922 年 7 月 23 日，汉阳铁厂工人为增加工资，改良待遇，反对解散工人俱乐部，反对无理开除 70 余名工人而举行罢工，历时 5 天，最后取得了胜利。8 月 5 日，上海近 2000 名海员工人举行大罢工，反对资本家不执行增加工资的协议。罢工坚持了 21 天，停驶轮船达 40 艘，最后取得了增加工资三成的完全胜利。13 日，汉阳兵工厂 2600 多人罢工。15 日，上海 40 家丝厂 2 万多人大罢工。24 日，长辛店铁路工人 3000 余人大罢工，使南北交通断绝。9 月间，汉口扬子机器厂工人大罢工。10 月间，京奉铁路山海关铁工厂 1500 多人罢工，京奉铁路唐山制造厂 3500 多人罢工，汉口英美烟厂 3000 多工人罢工，京绥铁路千余车务工人罢工。10 月 23 日，爆发了著名的开滦煤矿 3700 多工人的大罢工。这次罢工是为了反对英国资本家苛待工人，拒绝给工人加薪要求，无理制止成立工人俱乐部而爆发的，罢工人数后来增加到 2 万多人，包括开滦煤矿工人、秦皇岛码头工人、唐山铁路工人、京奉铁路工人等。11 月间，上海纱厂和上海英美烟厂各 3000 多工人举行了罢工。12 月间，正太铁路石家庄机器厂千余工人罢工。1923 年 1 月津浦铁路浦镇机器厂和浦口码头工人联合罢工。汉口英美烟厂再次罢工和汉口英租界棉花厂 3000 多工人罢工，直到京汉铁路工人的“二七”大罢工达到中国第一次工人运动高潮的顶点。

（四）革命武装的建立和工农群众运动的发展在湘赣边界的传播。中国革命要向前发展并取得胜利，单是组成一个革命联盟还不够，还必须建立起革命的武装。1924 年 5 月上旬举行广州工人代表会，通过十二个决议案，并决定设立广州工人代表会执行委员会。7 月 15 日，中国共产党领导了广州沙田数千工人的大罢工，反对英、法帝国主义不准中国人民自由出入沙田租界的新警律，后来并有中国籍的巡捕罢岗。罢工坚持了一个多月，终于迫使帝国主义取消了新警律，取得了罢工的胜利。8 月 17 日复工，8 月 20 日工人代表会决议组织工团军，加强工人组织力量。这次罢工的胜利，不仅打击了帝国主义的威风，轰动了广东、香港，而且对中国中部和北方的工人运动，也产生了很大的影响。沙田罢工是工人运动由低潮转向高潮的征兆。

1925 年 2 月 7 日，“二七”惨案二周年纪念日，在郑州召开了全国铁路工会第二次代表大会。同日，恢复了“二七”运动时被封闭的京汉铁路总工会。会后，胶济铁路工人大罢工取得胜利，成立了胶济铁路总工会。接着上海、唐山、杭州、武汉、北京、淮阴、青岛、广东等地连续爆发了罢工斗争。工人运动又开始高涨起来了。1925 年 3 月 1 日，各地工会派代表参加了中国共产党和国民党合作在北京召开的国民会议促成会，把工人运动和国民革命运动汇合成一股巨大的革命洪流。

（五）工农群众对革命军的支援和工农群众运动的高涨在湘赣边界的传播。从北伐战争开始，广东的省港罢工工人组织了数千人的运输队、宣传

省港大罢工

队、卫生队，不怕崇山峻岭和酷暑炎热，随军北伐。曲江等地农民，协助北伐军运输和担任向导，随军者不下万人。北伐战争前夜，湖南的工人、农民、学生等在中国共产党的领导下，已经有了比较健全的组织。全省组织在工团联合会的工人有11万人，有组织的农民达40多万人，受共产党直接影响的农民群众在百万人以上。在工人运动方面，随着北伐战争的顺利发展，工人阶级在中国共产党的领导下，工会组织不断壮大。在湖南，1926年12月1日在长沙召开全省工人代表大会，有各地区工会和产业工会52处代表参加，代表会员32.6万人。到1927年初，仅长沙城内就有130多个工会，而全省会员已发展到40万人。在湖北，1926年底，武汉三镇工会发展到200个以上，有组织的工人达到20万人。1927年1月1日召开湖北全省工人代表大会时，会员扩大到30万人。其他如福建、江西、浙江等省，在北伐军所到之处，工人阶级的组织也迅速发展起来。

同时，工人的罢工斗争也在中国共产党领导下迅速地发展起来。在武汉，从1926年10月到1927年三、四月间，爆发了空前未有的罢工浪潮，罢工次数达300余次。从邮务、印刷、纱厂和烟厂工人，到银行职员、店员、手工业工人，都卷入了罢工浪潮。工人的斗争要求大部分获得解决：人力车工人达到减轻车租的要求，码头工人打破了包工制，船员增加了工资，印刷工人实行了8小时工作制，失业工人获得了应有的救济。工人组织了武装纠察队，初步建立了自己的阶级武装。其他如湖南长沙、江西九江等地工人，也组织了武装纠察队。工人阶级的斗争和北伐战争密切结合起来，夺回汉口、九江英租界和解放上海的武装起义，则是工人运动发展的最高峰。

（六）武汉、九江工人收回租界在湘赣边界的传播。1927 年 1 月 3 日，武汉人民为国民政府北迁和北伐胜利举行庆祝大会，当时有宣传员数人在汉口、江汉两码头前面和英租界交界的广场上演讲。英帝国主义者认为这是进行挑衅的好机会，调集了大批武装水兵，用刺刀蛮横驱逐听讲群众，武装冲入华界，当场刺死海员一人，刺伤群众数十人。为了反抗英帝国主义者这种野蛮暴行，武汉工人阶级和革命群众，在刘少奇等领导下，要求武汉国民政府向英国提出严重抗议，责成英国政府：（1）赔偿，道歉，凶手交中国政府依法惩办；（2）英国立即撤退驻汉军舰，解除英租界巡捕武装，由中国政府派军警管理；（3）收回海关，取消英船内地航行权，取消英国在华领事裁判权。并限在 72 小时内答复。英帝国主义藐视人民力量，置之不理。1 月 5 日，武汉人民举行示威大会，会后革命群众英勇地驱逐了英帝国主义的巡捕，占领了汉口英国租界。当晚，武汉群众在中国共产党领导下，召开紧急大会，决议解决英租界巡捕的武装，并建议国民政府派中国军队接管租界。武汉国民政府执行群众的决议，立即把英租界收回。1 月 6 日，由于英帝国主义军队在九江枪杀中国工人，九江工人和各界群众在中国共产党领导下，占领了九江的英租界，交由中国政府接管。

用人民自己的力量，把帝国主义在中国占领了几十年的租界夺回来，这是中国共产党领导下的中国工人阶级和劳动人民爱国主义的伟大表现，是中国近百年反帝斗争史上空前的创举。

三、大罢工

（一）香港海员大罢工的胜利在湘赣边界的传播。1921 年中国共产党成立以后，非常重视领导工人运动。香港海员大罢工就是我国第一次工人运动高潮中一次重要的罢工斗争。香港的中国海员工人受英帝国主义的直接压迫，生活非常痛苦。由于他们经常到欧美各国航行，受到当时世界革命潮流的影响，所以觉悟较高。1922 年 1 月 12 日，香港海员要求增加工资，遭到英国资本家拒绝后，就在海员工人的工会组织——中华海员工业联合总会的苏兆征、林伟民等领导下，开始举行大罢工。到 1 月底，包括运输工人在内，罢工人数增至两三万人。香港英国当局对工人罢工极为恐慌，2 月 1 日，以武力封闭了海员工会和运输工会，并逮捕罢工领袖。工人群众联合起来，组成纠察队，奋起反抗。在广州附近农民的支援下，封锁香港，断绝交通。从 2 月 27 日起，香港各工会陆续开始罢工，到 3 月初，罢工人数激增到 10 万以上，其中包括邮局和银行职员、仆役、厨役、轿夫等。罢工浪潮席卷了整个香港，使繁华的香港一时竟成为“死港”“臭港”。香港英国当局惊呼，罢工“陷本殖民地于危险之境”，于是英帝国主义进行野蛮镇压，罢工工人毅然离港回广州。3 月 4 日，工人们成群结队徒步返回广州，行至离香

香港海员大罢工

港6公里的九龙附近的沙田地区时，遭到英国军警的开枪射击，当场打死4人，伤数百人，造成“沙田惨案”。英帝国主义的屠杀行为更加激起了广大工人的义愤，他们决心与香港当局斗争到底。在中国共产党领导的全国工人的支持下，香港工人的罢工斗争坚持了56天，使英帝国主义在华经济利益遭受了巨大损失。罢工期间，正值中国的旧历年关，香港物价飞涨，很多商品来源中断，整个香港关门闭户，秩序混乱。3月8日，罢工谈判协约签字，港英当局被迫接受海员们提出的条件，明令取消2月1日公布的封闭中华海员工业联合总会的反动命令，送还被拆除的工会牌子，释放被捕工人，并答应抚恤在沙田惨案中死难的工人，增加工资15%~30%。至此，香港海员大罢工宣告胜利结束。这次罢工的胜利，鼓舞了武汉、上海、广州、澳门等各地工人群众的斗争，成了我国工人运动史上第一次高潮的起点。

（二）粤汉铁路大罢工的胜利在湘赣边界的传播。1922年9月9日，粤汉铁路武（昌）长（沙）段工人为要求惩处工贼，保障政治权利，改善生活待遇举行了罢工。这次罢工虽然遭到军阀的武装镇压（工人被枪杀，罢工领袖郭亮等被逮捕），但是，在毛泽东的指导下，得到了湖南、湖北等地工人的有力支援，坚持斗争20天，终于获得了“解除压迫、维持团体、改善生活、提高人格”的大胜利。在这次罢工胜利的基础上，11月，在毛泽东主持下，正式成立了粤汉铁路总工会，这是全国铁路工会中成立最早的统一组织。

（三）安源路矿工人大罢工的胜利在湘赣边界的传播。1922年9月14日，安源路矿（安源煤矿和株萍铁路）1.7万多工人，为了保障政治权利、改善待遇和增加工资而爆发了大罢工。安源路矿是帝国主义控制的官僚买办资本主义企业，是一个充满阶级仇恨和蕴藏革命烈火的地方。1921年秋，毛泽东曾去安源，深入煤井和工棚了解工人疾苦和要求，启发工人群众团结起来打倒吃人的剥削者，创造自己当家做主的新世界，在安源工人中播下了革命的种子。回到长沙后，毛泽东派李立三到安源开展工作，随后又派蒋先云等去安源，以平民教育的合法形式办工人夜校，宣传马克思主义的阶级斗争学说，通过“十人团”“百人团”等形式组织工人，成立了安源工人俱乐部，建立了党组织。1922年9月罢工前夕，俱乐部会员已发展到700多人。这就吓坏了帝国主义和买办资产阶级，反动的路矿当局妄图解散工人俱乐

安源路矿大罢工

部，镇压工人运动。在这个关键时刻，毛泽东于9月上旬再次来到安源，同党组织和俱乐部负责人一起分析了革命形势和敌我力量对比，作出了大罢工的决定，并派刘少奇到安源工作。毛泽东向安源工人宣传，提出“从前是牛马，现在要做人”的口号，在毛泽东、刘少奇、李立三的正确领导下，举行了胜利的大罢工。1922年冬，毛泽东去安源巡视工作，帮助安源工人总结罢工斗争的经验，指示安源党组织将一批在斗争中涌现出来的优秀工人吸收入党，成立党的地方委员会。安源工人运动在毛泽东的指导下蓬勃发展起来，成为全国工人运动的一面红旗。1924年9月，中共旅欧支部决定从留法勤工俭学学生中选派一批党、团员去苏联学习。江西籍的彭树敏、傅烈、饶来杰3人与聂荣臻、蔡畅、穆青等27人从巴黎出发，经柏林、汉堡，渡过波罗的海，到达苏联的列宁格勒。10月，进入莫斯科东方劳动大学专为中国学生设立的中国班学习。在中国班学习的还有罗沉、陈延年、王若飞、叶挺、刘伯坚、朱克靖、熊雄、肖复之、袁玉冰等人。彭树敏在东方劳动大学学习期间，认真钻研马列主义基础理论和国际共产主义运动史、俄国十月革命史，受到系统的马克思列宁主义的理论教育。

“五卅”惨案之后，国内迫切需要干部。彭树敏、黄镜、饶来杰等5人

奉命立即回国。随后，彭树敏被派回江西，到安源运用学到的马列主义理论，精心地研究安源工人运动发生和发展的斗争实际，从事工人运动。

(四) 京汉铁路工人的“二七”大罢工在湘赣边界的传播。1922年，京汉铁路各站已组织了16个工会分会，代表3万多有组织的工人。2月4日，京汉铁路全体总同盟罢工开始，仅仅3个小时，全路所有客车、货车、军车一律停驶，表现了工人阶级的无比威力。罢工的第二日（5日），军阀到处强迫工人开工，都遭失败。6日武汉各工会各派代表数十或数百人，2000余人持旗赴江岸慰问，举行了盛大的慰问大会。到会者万余人，全场高呼“京汉铁路总工会万岁！”“武汉工团联合会万岁！”“全世界无产阶级联合起来！”群情激昂，会后举行了大示威游行，并进入租界示威。7日，军阀肖耀南的参谋长张厚生以“调解”为辞，约定时间要工人代表到工会会所谈判。届时，张厚生率军两营，包围工会会所，企图一网打尽工会代表。

当时工会代表尚未到达会所，军阀的阴谋落了空，但在工会会所的数百名徒手的工人纠察队却遭到了袭击，当场死30多人，伤200余人，因重伤致死者数人。接着军阀率兵搜查了工人区，逮捕工人数十人，江汉铁路总工会江岸分会委员长、共产党员林祥谦也被捕，被绑在电线杆上。张厚生命令兵士刀砍林祥谦的臂膀，迫使他下令复工，但林祥谦英勇不屈，严辞拒绝，说：“我的头可断，工是不上的！”林祥谦遂被屠刀砍杀，壮烈牺牲，表现了中国工人阶级先进战士的忠贞气节，进一步显示了中国工人阶级的力量，扩大了中国共产党在全国人民中的影响。

(五) 开滦五矿大罢工在湘赣边界的传播。开滦煤矿公司是由唐山、赵各庄、林西、马家沟、唐家庄五矿组合而成的。原为官僚资本家所创办，后被英帝国主义者侵吞。矿工们受着中外资本家的残酷压迫和剥削，工时长，工资低，劳动条件恶劣，生活非常困苦，故该矿有“人命一条，不如一马”之说。1922年，全国风起云涌的罢工运动鼓舞了开滦矿工，尤其是在山海关、唐山铁路南厂罢工胜利的影响下，开滦矿工纷纷组织起来，为获得政治自由和经济解放而斗争。10月16日，开滦五矿推举赵芯峰、李星昌等8名代表，向矿方提出了改善生活待遇的六项要求，被矿局无理拒绝。帝国主义分子和反动军阀相互勾结，向工人施加压力。这使矿区工人极其愤慨，决定开展大罢工斗争。10 月 19 日，五矿工人行动总指挥部即五矿工人俱乐部宣告正式成立。10 月 22 日，中国劳动组合书记部特派员彭礼和同志与唐山地方党组织负责人听取了五矿工人俱乐部所属各矿代表的汇报，决定于 10 月 23 日举行总罢工。

10 月 23 日，五矿工人同时罢工，数千工人举行大集会、大示威，高呼“打倒帝国主义”“劳工神圣”“要求经济解放”“打倒一切剥削者”等口号。还以五矿工人俱乐部的名义发表了开滦 3 万多工人总同盟罢工的宣言，向全国各界陈述了矿工们牛马不如的生活，揭露了英帝国主义资本家和反动军阀虐待矿工的种种罪行。10 月 24 日，赵各庄煤矿工人痛打了企图阻挠破坏工人集会的比利时人梅尔麦德。五矿总同盟罢工的发展，引起了中外反动派的深深忧虑，仅 10 月 24 日一天，矿局资本家就一连发出三封电报，催天津方面急速派兵来唐山援助。帝国主义分子杜克茹勾结直隶全省警务处长杨以德，密谋调遣大批军警，包括英国来福枪队开进矿区，图谋武力镇压。

10 月 26 日，各矿工人继续集会，并到街头进行演讲。反动军警无理逮捕纠察队员 7 名，以武装进行镇压。为了反抗这种暴行，矿工们聚集到警察处门前示威，要求释放被捕工人，高呼“打倒帝国主义”等口号。反动军警悍然向赤手空拳的工人开枪射击，造成了死伤五十余人的惨案。血腥屠杀没有吓倒英勇的开滦工人，他们决心把罢工斗争进行到底。在全国各地工人兄弟广泛同情与支持下，五矿工人继续坚持斗争达 25 天之久。最后迫使开滦矿务局和直隶全省警务处不得不张贴布告，应允给百元以下的工人增资 10%，工人罢工期间发给 7 天的工资，并由矿局负担医药费。这次罢工，虽未能完全取得胜利，但给英国资本家和封建反动势力以沉重的打击，再次显示了工人阶级的力量，在国内外产生了重大影响。

四、惨　案

（一）“五卅”惨案引起全国人民公愤和上海的反帝国主义运动。1925年5月14日，上海日本内外棉厂工人，为抗议日本资方无理开除工人而再度罢工。15日，日本资本家竟开枪打死工人顾正红（共产党员），并杀伤工人十余人，引起了上海工人、学生和广大人民的极大愤怒。这一惨案事件就成了五卅运动的直接导火线。事件发生后，上海日本纱厂两万余工人举行了反抗大罢工。5月21日、22日，上海文治大学和上海大学学生，为募捐救济死伤工人及参加顾正红追悼会，被租界巡捕无理捕去数人。5月30日上午，各校学生2000余人，在公共租界散发传单，分组向群众演讲，抗议工人被杀、学生被捕以及反对所谓“四提案”，提出“收回租界”“打倒帝国主义”等口号。这时英国巡捕到处拘捕学生，仅在南京路老闸捕房一处所拘捕的学生即达100多人。下午三时，群众约万人聚集于南京路老闸捕房门口，要求释放被捕学生，高呼“打倒帝国主义”和“全中国人民团结起来”等口号。这时，英帝国主义巡捕突然开枪射击，顿时血肉横飞，当场死11人，伤数十人，被捕数十人，南京路上洒染着中国人民的鲜血，这就是“五卅”惨案。

“五卅”运动在上海

“五卅”惨案激起了上海各界

人民群众的反帝怒潮。30日晚，中国共产党又召集中央会议，号召上海人民举行罢工、罢市、罢课的“三罢”斗争。31日晚，在共产党人蔡和森、瞿秋白、刘少奇、李立三等领导下，上海有组织的20余万工人成立了上海总工会，选举李立三为总工会委员长，同时宣布6月1日全上海举行总罢工。6月1日，上海轰轰烈烈的“三罢”斗争开始了。工人阶级总同盟罢工人数达到20余万人，上海各校学生5万多人参加罢课，绝大部分商人也举行了罢市。这时，在上海大学学习的吉安籍学生罗石冰、曾延生等共产党员，经常从上海寄来《向导》《觉悟》等革命书刊。梁一清与进步同学一起，秘密地学习、讨论，无产阶级的革命理论激荡着这些青年的心。

1925年6月中旬，曾延生奉党中央的指示来到南昌，向各界人民陈述帝国主义制造“五卅”惨案真相和继续在上海、汉口、青岛等地屠杀工人的罪行。当他回到吉安时，吉安学联已组织“沪案交涉干事部”，他便应聘担任特别干事。曾延生进学联工作后，迅速组织开展反帝宣传。除他自己亲临各机关、店铺及少数农村宣传外，还组织学联宣传队，每日下午分赴城区及郊外宣传；组织青年团员宣传组，分别深入到各行各业工人中去，成立“募捐委员会”和“仇货检查队”。几天之后，吉安掀起了反帝风暴，声援上海“五卅”运动。与此同时，曾延生还实地指导建立和发展吉安的革命组织。他以学联名义促成各校尽快组织学生会，再由各学生会分头开办平民夜校，培养工运骨干。不久，先后建立米业、烟业、香业、染布、染纸、竹木架等行业工会。他常在“沪案干事部”举行谈话会，耐心培养教育同志，加速青年团组织的发展及其素质的提高。7月间，吉安各校学生放假回家，曾延生在城乡兼顾的情况下，把工作重点转入农村。起初在土洲钟家村，以办国音实习班为名，吸收28名青年学生秘密进行进步团体“觉群社”的筹备工作。再由这些青年学生吸收附近的贫苦工农参加。到8月中旬，社员发展到90多人。觉群社于白沙明心寺宣告成立。曾延生被公推为社长。觉群社成立之日，小小的白沙坪圩场热闹非凡。社址门前张贴一副阐明宗旨的大红对联：

说一般人要说而不敢说的话，
做大家都想做而不敢做的事。

圩场上讲台高筑，觉群社社员开始了反帝反封建的演讲宣传。台下听众越来越多，曾延生也登台讲演，动员农民起来抗租、抗债、抗捐、抗税。

1926 年 3 月，梁一清加入了中国共产党。入党后，他又在工人中吸收了一批优秀分子入党。5 月成立了吉安第一个工人党支部，梁一清任书记。在吉安组织工人、农民、学生等举行集会，梁一清在会上报告了“五卅”惨案的经过。会后，举行了游行，进行了全市罢工、罢课、罢市斗争。还组织了“仇货检查队”和“募捐委员会”，梁一清参加了搜查洋货和募捐工作。10 月，梁一清参加了吉安特支组织的“江浙教育参观团”，在上海受到了上海大学党组织秘密接待，还聆听了蔡和森等人讲课。时年 9 月，北伐军出兵江西。为了配合北伐军攻占吉安，梁一清一方面派出工人、学生协助侦察敌情，充当向导；另一方面又组织工人、学生等到处贴标语，插红旗，割断敌人军用电话线，扰乱敌人军心，迫使驻吉军阀蒋镇臣在北伐军到来的前一天就弃城逃窜。

北伐军攻占吉安以后，梁一清被推选为吉安总工会委员长。此后，工会活动转为公开。在总工会的领导下，吉安工人首先展开了“反对虐待童工徒工，改善童工徒工待遇”的斗争。聂万顺号商店徒工陈贱发在炒菜时多煮了几块豆腐，被老板娘操起锅铲打得头破血流。梁一清立即召集总工会，决定举行工人罢工，他还带头上街演说，揭露资本家虐待徒工的罪行，迫使资本家向总工会保证不再打骂工人，聂万顺号老板放鞭炮向陈贱发赔礼道歉。此后，总工会又代表全体工人向商会提出：“实行 8 小时工作制”，“资方不得无故解雇工人”，“资方不得阻止工人参加社会活动”，“增加工人工资”等基本政治、经济要求。这些合理的要求却遇到商会的拒绝。反动资本家刘子益、康文卿等还大放厥词，污蔑工人“不反帝国主义不反军阀，在统一战线内部捣乱”。为了回击反动资本家的挑衅，争取工人的基本权利，总工会领导全市工人于10月10日举行集会和游行示威。这时，有的反动资本家又放出流言蜚语，说什么“工人生活要改善，先看木行李老板。”原来梁一清的岳父姓李，开始是木匠，后来积赚了些钱，开了一家小木行。梁一清洞悉其奸。他说：“小业主与反动资本家是有区别的，但是不管谁，都必须按总工会的决议办。”他亲自到岳父开的小木行检查工人伙食，规定干活超过八小时要经总工会批准，还要付加班工资。梁一清秉公办事，使反动资本家无隙可乘。在轰轰烈烈的工人运动中，梁一清集资创办了工人图书馆和工人子弟小学。他自己动手编写工人识字课本，还亲自教唱革命歌曲。其中有的歌词是：“头顶中国天，脚踏中国地，芸芸四万万，为何受人欺，从前丧心事，国民知不知?”“同胞们，快觉醒，救国家，有责任”，使工人及其子弟受到反帝爱国教育。

1927年春，吉安的反动分子因蒋介石日益公开反动而蠢蠢欲动。他们咬牙切齿地说：“梁一清，梁一清，好比眼中钉!”为了拔掉这颗眼中钉，他们用30块银元收买了一流氓打手来暗害梁一清，致使他头部受重伤。3月6日，赣州总工会委员长陈赞贤惨遭反动派杀害。梁一清的母亲见形势日益险恶，曾劝他离开吉安暂时避一避。梁一清把个人安危置之度外，他根据党的指示，将一部分同志转到农村，而自己却留在吉安城坚持斗争。“四一二”反革命政变以后，梁一清主持召开了吉安各界讨蒋大会。到会的工农群众和学生达两万余人。大会刚开始，驻吉安的国民党新编第二师右派官兵冲入大会场捣乱，大会被迫中断。为了严惩敌人，根据党组织的决定，梁一清带领工人纠察队配合二师中的左派官兵，于4月29日逮捕了一批右派分子。5月6日，举行了暴动，解除了右派官兵的武装。不久，这支工人武装又参加了陈正人、曾天宇领导的遂川暴动。他们与遂川、万安农民武装一起，打垮了遂川“军界社”反动武装，击毙了“军界社”社长，从监狱中救出了革命干部、群众100多人，反动派对吉安人民的革命行动怕得要死，恨得要死。5月中旬，江西省主席朱培德调第三军八、九两师进驻吉安。8月5日，他又密令第八师师长朱世贵镇压共产党员和工农群众。6日，朱世贵以召开联席会议为名，诱捕了梁一清等。开始，敌人千方百计地收买梁一清，遭到他的严词怒斥。后来，又对他严刑拷打，他始终坚贞不屈。8月12日，敌人杀害了梁一清。在赴刑场时，梁一清镇静自若，沿途发表演讲："工友们，农友们，团结起来，斗争到底，胜利是属于我们的！"敌人用枪托打他的嘴巴。他昂首挺胸，怒火满腔，慷慨激昂地继续大声说："革命人民是杀不完的！革命烈火是扑不灭的！"到了刑场，敌人逼他下跪，他巍然屹立，大声高呼："打倒蒋介石反动派！""工农革命胜利万岁！"刽子手慌忙开枪，弹中梁一清腹部。梁一清仍然站着继续高呼："中国共产党万岁！"敌人慌乱连续开枪，他胸部连中两弹。梁一清为革命流尽了最后一滴血。

1930年10月初，红军打下吉安城。毛泽东接见了烈士的母亲。7日，在中山场召开了"庆祝吉安暴动胜利大会"。大会悼念了为革命牺牲的梁一清等烈士，毛泽东、朱德还为烈士题了词："梁一清同志精神不死！""为革命牺牲，死的光荣！"

（二）工人反帝斗争的开展：帝国主义对学生和工人的暴行、福州惨案和青岛惨案引起全国人民公愤。1925年2月9日，上海的日本内外棉纱厂爆发了大罢工。罢工是由于日本资本家开除一批男丁（以"养成工"代替）并拘捕工人代表所引起的。参加罢工的先后有22个纱厂，4万多工人。日本帝国主义对这一大罢工感到惊慌，用诱捕、收买、造谣等手段进行破坏，但这些伎俩在罢工工人回击下先后都失败了。在上海日本纱厂罢工胜利的直接影响下，接踵而来的是青岛日本纱厂的罢工。4月19日，青岛日本纱厂工人为反抗日本资本家用武力禁止工人组织工会、开除工会发起人、逮捕和拷打工会活动分子而爆发大罢工。参加的工人有18000人，坚持了22天。由于中国共产党的正确领导，上海纱厂工人、全国铁路工人特别是胶济铁路工人和青岛学生的支援，这次罢工取得了完全的胜利。1925年4月8日，福州学生数千人为反对帝国主义对华的文化侵略，向省公署请愿。在美帝国主义指使下，福建军阀政府的海军陆战队、警察及其他军队，竟向学生开枪射击，结果死7人，重伤数十人。这就是美帝国主义所制造的福州惨案。继福州惨案之后，便是日本帝国主义屠杀青岛纱厂工人的青岛惨案，因而引起了工人的极大愤怒。5月25日，又爆发了第二次罢工。

（三）广州沙基惨案引起全国人民公愤和省港大罢工。1925年6月19日香港十万余工人开始大罢工，声明拥护上海工商学联合会对五卅惨案提出的十七项条件，并提出了本身的政治、经济要求六项（即政治自由、法律平等、普遍选举、劳动立法、减低房租、居住自由）。同时，广州沙面洋务工人也举行了罢工。香港当局用紧急戒严和封锁来对付罢工，引起罢工群众的愤怒，纷纷离港回到广州。6月23日，一部分回到广州的香港工人和广州市工人、市郊农民、青年士兵、学生等共十万余人，在广州举行上海惨案追悼大会，会后举行了示威游行。当游行队伍经过沙面租界对岸的沙基时，遭到英、法等帝国主义事先布置好的水兵射击和军舰炮轰，当场死50余人，重伤170余人，轻伤无数，这就是沙基惨案。这一大血案，更激起了广州、香港群众的反帝怒火。6月29日，在苏兆征、邓中夏、陈延年等领导下，香港罢工工人达到25万，并有13万人陆续回到广州，这就是轰动一时的省港大罢工。罢工坚持16个月之久，这在中国工人运动史上是空前的，在世界工人运动史上也属罕见。

（四）赣州“三·六”惨案，引起全国人民公愤。1926年10月，陈赞贤被调任中共赣州特别支部书记、赣南十七县工农运动指导员，奉中华全国总工会和刘少奇之命，筹建赣州总工会。陈赞贤在赣州一方面大造革命舆论，创办“赣南工农干部培训班”和“青年干社”，大力培养工农干部和青年干部；另一方面，用主要精力组建赣州总工会，领导赣州工人运动。

1926年10月间，中共赣州特支在八境台召开有各行各业工人代表参加的筹备工会会议。陈赞贤在会上通俗地讲解了工人阶级和劳动人民贫穷困苦的原因，指出工人阶级只有组织起来才能得到解放，工人阶级是革命的领导阶级，在革命运动中必须打先锋起领导作用。他还介绍安源大罢工、省港大罢工的斗争情况与经验，给与会者以极大的鼓舞。会上决定成立赣州总工会筹备处。陈赞贤又深入各行各业，协助工人代表开展组织工会的宣传动员及具体的筹备工作，掀起了组织工会的热潮。到1926年年底，共成立了56个基层工会组织，会员达18000人。1926年11月初，召开了赣州工人第一次代表大会，成立了赣州工人阶级的战斗指挥部——赣州总工会，陈赞贤被选为赣州总工会委员长，肖韶、钟友阡为副委员长。赣州总工会的成立，标志着赣州工人运动和赣南的革命运动进入一个新的高潮。

1926年11月7日，钱业店员300多人，首先举行罢工。罢工开始后，各钱庄停止营业，给钱业资本家以沉重打击。其他各行业和进步团体，如农民协会、学生联合会等也在主要街道张贴红绿标语，声援钱业工人的罢工斗争。这次罢工，显示了赣州工人阶级的团结和力量，是赣州工人运动史上第一次有领导有组织的罢工斗争。它不仅震动了赣州市，而且影响赣南各县。

继钱业工人罢工胜利之后，陈赞贤又领导了中药业、洋货业工人大罢工，并率领全市各行业工人为全面签订劳资集体合同而斗争。其中洋货业工人罢工规模最大，有1000多人参加，时间最长，斗争也最激烈。到1926年11月底，赣州各行各业工人以“保障职业，增加工资，改善待遇，实行八小时的工作制”为中心的斗争，如暴风骤雨迅猛异常，结果绝大多数行业都顺利地签订了劳资集体合同，使工人的职业有了保障。工人的工资得到增加；工会组织掌握了人事权，资本家不得随意解雇工人；一般都实行了8小时工作制，还举办了一些工人福利事业。赣州的工人运动有力地支援了北伐战争，获得“一广州二赣州”的称誉。

陈赞贤在全省第一次工人代表大会上，当选为省总工会执行委员。李富春同志想把他调别处工作，他说：“我不怕死，何畏倪弼和豪绅。”没等会议结束他就准备动身返回赣州。省里一些人又劝他暂时别走。他坦然地回答：“革命者有牺牲精神。个人死活早已忘掉，我陈赞贤死了，必有第二个陈赞贤。”就这样，他不顾个人生命安危，回到了赣州。赣州总工会于3月1日在赣州市体育场召开了盛大的欢迎会。陈赞贤在大会上传达了全省第一次工人代表大会精神，介绍了赣州工人在南昌请愿斗争经过，明确表示：“此次回到赣州，坚决与反动势力作斗争，为工人阶级谋利益，任何艰险，不能阻挠……”大会在“拥护陈赞贤委员长”“反对新军阀摧残工人运动”“打倒新军阀”的口号声中结束，会后举行了示威游行。

1927 年 3 月 6 日晚，陈赞贤不幸被捕，牺牲时，年仅 31 岁。

中华全国总工会发出的“对驻军枪杀工人领袖”通电，得到全国各地工人的响应。江西省总工会成立了“陈赞贤惨案委员会”，党中央的机关刊物——《向导》及全国其他进步报刊都发表了陈赞贤被害的真相、评论和悼念文章。3 月 17 日，刘少奇在汉口《民国日报》以《陈赞贤同志在赣被害事》为题，发表代论。武汉市举行了 40 万人的追悼陈赞贤烈士大会。在武汉中央农民运动讲习所举行的追悼大会上，毛泽东愤怒地斥责蒋介石的反革命罪行。南昌市数万名农民、进步学生举行追悼大会和示威游行。在南昌请愿的赣州工人代表高举陈赞贤烈士的血衣，高呼“为烈士报仇！”“惩办凶手！”等口号，义愤之声响彻南昌城。从 3 月 29 日起，赣州人民在明伦堂举行哀祭 3 天。4 月 2 日，在赣州体育场举行了盛大的追悼陈赞贤烈士大会，5 万余人胸佩白花，悲痛欲绝。陈赞贤的光辉业绩，将永远记载在中国工人运动的史册上。

赣州总工会委员长陈赞贤遗像

五、全国劳动大会

（一）第一次全国劳动大会和劳动立法运动在湘赣边界的传播。继香港海员大罢工胜利以后，三四月间又有长江海员罢工的胜利和上海纱厂工人罢工的胜利。为统一全国工人运动和加强对工人运动的领导，由中国劳动组合书记部发起，于1922年5月1日至6日在广州召开了第一次全国劳动大会。到会代表162人，代表12个城市，100多个工会组织，27万会员。大会讨论了工人参加民主革命、消除各地工会的行帮观念、成立全国总工会以及对工人阶级进行社会主义教育等问题；通过了《八小时工作制案》、《罢工援助案》、《全国总工会组织原则案》、《统一全国工会旗帜及徽章案》等10项决议案。中国劳动组合书记部在七八月间发动了劳动立法运动，提出《劳动法大纲》十九条，在《工人周刊》和全国报纸、杂志上刊登。大纲要求承认劳动者有集会、结社、同盟罢工、缔结团体契约、进行国际联合等自由权利，要求合理地规定工时、工资及劳动保护等。全国各地工人热烈拥护这个大纲。唐山、郑州、长沙等地工会召开工人大会举行示威游行，并利用吴佩孚的“保护劳工”的虚伪口号，通电全国各团体及国会，要求国会通过这一大纲作为工人最低限度的要求。经过劳动立法运动，使《劳动法大纲》深入人心，成为工人运动的斗争纲领。

（二）第二次全国劳动大会在湘赣边界的传播。1925年1月11日至22日，中国共产党在上海召开了第四次全国代表大会。大会讨论并通过了中央执行委员会的报告和对中央报告的决议案，关于民族革命运动、职工运动、农民运动、青年运动、妇女运动、组织问题、宣传工作等决议案。关于职工的问题，大会规定要努力组织和发展各种工会，以壮大无产阶级的组织力量，并制订了职工运动的具体计划：对铁路工运，一方面要恢复原有被封的各路工会，另一方面要在尚未组织工会的沪杭、沪宁、中东、南满各路迅速组织起来，并在各路工会中建立和发展党的组织，使其成为各路工会的中心。对矿工工运，特别着重在唐山、湖北、奉天、山西和湖南的几个大矿区数十万产业工人中工作。对海员运动，一方面要组织海员工会，同时要改造旧的工会，并建立党的组织。对纺织工人同样应加强组织工作，大会特别注意到全国几个大工业区如上海、天津、汉口等地的工人工作。党把这些地区的工人工作看作是职工运动的基础。大会还决定了对广大手工业工人的组织和宣传工作。为了加强职工运动的组织和领导，大会决定中央和地方的工农部内设职工运动委员会，对国民党所领导的工会要加以改造，以便统一职工运动。为贯彻中国共产党第四次全国代表大会精神，1925 年 5 月 1 日至 7 日，由中国共产党直接领导下的全国铁路总工会、中华海员工业联合会、汉冶萍总工会和广州工人代表会四大团体发起的第二次全国劳动大会在广州召开，参加大会的代表 277 人，代表 165 个工会和 54 万多会员。大会连续召开了 7 天，通过了 30 多个决议案，其中主要的有：工人阶级与政治斗争、工农联合、经济斗争、组织问题、铲除工贼、组织中华全国总工会及加入赤色职工国际等决议案。

大会的重大意义是建立了中国工人阶级全国统一的工会领导——中华全国总工会，制定和通过了《中华全国总工会总章》，选举了工会执行委员 25 人，以林伟民为委员长兼总干事，刘少奇、邓培等人为副委员长，邓中夏为秘书长。大会宣布取消中国劳动组合书记部，由中华全国总工会统一领导全国的工会，并决定了中华全国总工会加入世界工人阶级总的组织——赤色职工国际。

（三）第三次全国劳动大会在湘赣边界的传播。1926 年 5 月 1 日至 12 日，在广州举行了第三次全国劳动大会。到会代表 502 人，代表全国 699 个团体（总会及分会）和 124.1 万会员。刘少奇向大会作题为《一年来中国职工运动的发展》的报告。这次大会总结了五卅运动以来全国工人运动的经验。大会指出，五卅运动之所以能震惊全世界，成为中国历史上最大的反帝运动之一，就是因为有工人阶级的积极参加。从过去一年来的斗争事实证明："中国职工运动是中国国民革命中之主要运动。中国工人阶级是中国国民革命的领导阶级。"大会通过了《职工运动总策略》、《组织问题及其运用办法》、《罢工的战术和工农关系》等重要决议。大会认定，中华全国总工会是全国工人运动唯一的领导机关。会上选举了苏兆征为中华全国总工会执行委员会委员长，项英为副委员长，刘少奇为秘书长。大会闭幕两个月以后，工人阶级投入了轰轰烈烈的北伐战争，为争取中华民族的自由解放进行了英勇顽强的斗争。

深度链接

中华人民共和国成立前中华全国总工会领导人名单

第一届（1921.8—1925.5）（中国劳动组合书记部）
总部主任：张特立（张国焘）（1921.8—1922.7）
总部主任：邓中夏（1922.7—1925.5）

第二届（1925.5—1926.5）
委员长：林伟民

第三届（1926.5—1927.6）
委员长：苏兆征

第四届（1927.6—1929.11）
委员长：苏兆征

第五届（1929.11—1948.8）
委员长：项　英（1929.11—1933.1）
委员长：刘少奇（中华全国总工会苏区中央执行局 1933.1—1935.10）
委员长：刘少奇（全总西北执行局 1935.10—1937.6）
委员长：刘长胜（全总西北执行局 1937.6—1937.12）
主　任：康　生（中央职工委员会 1937.12—1939）
书　记：刘少奇（中央职工委员会 1939—1940）
书　记：邓　发（中央职工委员会 1940—1945）
主　任：邓　发（中国解放区职工联合会筹备委员会 1945.5—1946.4）
主　任：刘宁一（中国解放区职工联合会筹备委员会 1946.4—1948.8）

第六届（1948.8—1953.5）
名誉主席：刘少奇（1949年5月30日，全总常委会扩大会议推选）
主　　席：陈　云

第二节 全国工人运动在湘赣边界的影响

全国工人运动取得的胜利在湘赣边界、在井冈山的传播，尤其是毛泽东领导的湖南工人运动的发展、革命武装建立等，对井冈山根据地的建立有着深远的影响。

一、对湘赣边界早期工人组织的影响

“五四”运动以前，湘赣边界工人的早期组织主要是行会、帮口和秘密结社。工人在长期求生存的斗争中，深感只有“抱成团”“扎紧把子”才有力量，曾以立会结社等形式成立了一些早期组织。其中以行业宗师命名的城镇手工业者和商人的同业行会组织，如泥木业的“鲁班会”、制药业的“药王会”、缝纫业的“轩辕会”、制革业的“孙膑会”、造纸业的“蔡伦会”、驾船业的“杨泗会”等。另有按同乡、地域结成的帮口，如江西人在攸县天后宫设立豫章会馆，结成了“江西帮”等等。安源煤矿有许多这类同乡会存在，还有各种秘密会党。湘赣边界茶陵、酃县、宁冈、莲花、永新、遂川一带便是会党集中的地方，哥老会、洪帮等组织拥有数千会员，大部分是工人(包括手工业工人)。这些行帮会社组织，在涉及本地域、本行业共同利益的一些问题上，也曾起到某些团结对外的积极作用，但这些组织多以神权与堂规相结合的方式从事帮派活动，具有浓厚的封建迷信色彩和排他性。特别是大多数行帮组织先后为有钱有势的厂主、资商所把持，他们勾结少数工贼，称霸一方，订立各种行规来压迫剥削工人。各行帮头为了自身利益还经常制造地域或行业之间的矛盾冲突，破坏工人的团结，而在真正的阶级斗争面前，他们又屈膝妥协，为虎作伥，反过来压制工人的斗争，这些组织的落后性、局限性甚至反动性日趋明显。“五四”运动以后，随着全国工人运动在井冈山的传播、工人觉悟的提高和现代工会的产生，湘赣边界工人逐渐开始摆脱行帮、会党的束缚和影响。

二、对湘赣边界早期工人运动的影响

1925年“五卅”惨案发生后，全国掀起反帝热潮，茶陵、酃县、宁冈、莲花、永新、遂川、吉安等地的工人群众都参加了声援上海人民的反帝斗争，发动了抗议帝国主义暴行的集会和示威游行。安源路矿工人俱乐部还派代表萧劲光携带工人捐款800元，专程送往上海援助工人斗争。吉安后援会也寄去捐款3000元。“五卅”惨案在吉安掀起巨大的波澜，四五千学生，六七千手工业工人参加了运动，学生罢课，工人罢工，声势浩大。吉安工人与市民一起罢工、罢课、罢市3天。各地工人还参加了“雪耻会”“爱国演讲团”“仇货检查团”的反帝宣传和查禁仇货等活动。随后工人同各界群众一起愤怒捣毁了“顺记洋油庄”。五卅反帝运动是湘赣边界工人联合各阶层人民结成反帝、反封建统一战线的开始，工人阶级站在了反对帝国主义的前列。边区反帝爱国运动的开展，使“二七”惨案以后处于消沉期的工人运动得以复苏，并逐渐走向新的高潮。

1926年秋到1927年春，在北伐战争的顺利进军中，湘赣边界工人运动出现了前所未有的高潮。当北伐军在湘赣边境作战时，得到了湘赣边界各地工人的大力支持。北伐先遣队叶挺独立团于5月下旬挺进湘南，湘南工人组织了支前纵队为北伐军运送军用物资。在北伐军先后经过的攸县、吉安、遂川等地，各业工人纷纷成立宣传队、募捐队、慰劳队、担架队、向导队、救护队、侦探队等各种组织，积极开展各种支前服务活动，支援和配合北伐军作战。攸县篾业工会和伞业工会曾组织工人在3日内赶制军用斗笠2000多个。吉安工人在北伐军进攻吉水时，积极侦察敌情，充当向导，连夜架设浮桥、大炮，使北伐军迅速攻克了吉水县城。

湘赣边界工人的支援和参战促进了北伐战争的胜利，而北伐战争的节节胜利又为工人运动的发展创造了有利的条件。边区工会组织和工人运动由秘密转为公开，一度被封闭的安源路矿工人俱乐部重新得到恢复，各地产业工人、手工业工人和店员工人迅速组织起来。继各行业基层工会（分会、支部）和各工矿产业工会普遍建立后，出现了联合工会形式的二级工会，如攸县店员联合工会（下辖布店、书纸、南杂、药店等基层工会）。与此同时，区、乡、镇各级工会也纷纷建立，在农村还建立了雇农工会。在此基础上，湘赣边境除已于1925年9月成立的吉安县总工会和1926年3月成立的株萍铁路总工会以外，先后有湘赣边界的萍乡、遂川、永新、宁冈、万安、泰和、莲花、安福、茶陵、酃县等县工会宣告成立，会员总数达10万余人。

遂川县城

大多数县总工会还建立了工人纠察队，开办了工人夜校、职业学校、民主运动训练所，工人运动迅猛兴起。

在永新，共产党员胡波于1926年秋受党的派遣回永新开展革命活动，建立党组织。他和共产党员欧阳洛、刘作述、刘真、王怀等开展宣传活动，发动群众，迎接北伐大军。同时积极发展党的组织，先后发展了贺子珍、贺敏学、朱昌偕、刘天干等20余人为党员。同年7月下旬，永新县第一次党员代表大会在县城召开，正式成立中共永新支部，胡波当选为支部委员，负责宣传工作。

1928年2月，中共永新县委重新建立，胡波任县委常委、宣传部长。5月兼任以永新西乡的夏幽、塘边为中心的五区区委书记，工作搞得十分出色。1928年5月至7月，毛泽东和贺子珍在塘边先后住了40多天，搞社会调查、进行土地革命试点。毛泽东经常与贺子珍、胡波、刘真等走村串户，深入社会调查，召开会议，指导边界的革命斗争。

五卅运动后，6月上旬，在刘万青、肖可玲、刘辛木等进步教师的组织发动下，遂川掀起声援五卅运动的反帝爱国斗争高潮。县城附近的工人、农民、学生和市民共1000多人在县城水南洲背坪集会。会上，刘万青、肖可玲向群众介绍五卅惨案发生的经过，强烈谴责英、日帝国主义屠杀中国人民的罪行，号召全县各界群众团结起来，为“废除不平等条约”、“收回租界”而斗争。当队伍经过英国人在水南开设的“顺记洋油庄”时，刘万青带人冲进去向经理刘南阶募捐。刘南阶却说：“写这种捐，出了钱，还要打倒我的老板，分文都不给！”刘南阶的态度，激起了工农群众的愤怒，肖万夔等人操起棍棒，砸毁了油庄，把刘南阶绑起来，在其背上插上一面写有“打倒英帝国主义走狗刘南阶！”的小旗，押着他游街示众。游行结束后，县立第一高级小学组织的“爱国讲演队”、“仇货检查小组”分别走向街头进行反帝爱国宣传，还查禁了几家大商店的仇货，并将刘南阶驱逐出县境。

1927年3月6日，国民党反动派在赣州枪杀了赣州总工会委员长陈赞贤，制造了“赣州惨案”，激起了全国民众的极大愤慨。4月4日，遂川各界人民在万寿宫举行了追悼陈赞贤烈士的集会，与会群众达2000多人。陈正人、王遂人分别在会上讲话，愤怒痛斥了国民党右派集团破坏工人运动，残杀工人领袖的反革命罪行。会上宣读了由陈正人组织起草的“追悼陈赞贤烈士告农友书”《遂川各界人民追悼陈赞贤同志宣言》。宣言号召全县人民要“化悲愤为力量，踏着烈士的血迹继续斗争！”会后举行了示威游行。

三、对湘赣边界早期工人斗争的影响

1926年10月下旬，由龙超清等人筹划，代表国民党左派政权的宁冈县人民委员会在新城宣告成立，龙超清担任委员长，委员四人，即刘辉霄（总务兼宣传委员）、袁文才（军事委员）、刘克犹（财政委员）、谢角铭（司法委员）。

在中共党组织方面，于10月底成立了中共宁冈区委，区委书记龙超清、宣传委员刘辉霄、组织委员刘克犹。原先的党支部更名为区委直属党支部，选举谢希安担任书记。在区委成立的会议上，龙超清的讲话强调了在农民和工人中发展斗争积极分子加入党组织的重要性。接着，龙超清主持召开区委与县人民委员会联席会议，研究如何领导群众掀起全县工农运动的高潮。讨论当中，对于各种群众组织的建立，作出的决定是先发动群众打开斗争局面，再建立组织。会议确定把斗争一批民愤大的贪官污吏、土豪劣绅作为发动群众的突破口。县人民委员会确定的斗争对象有4个人，即谢述庭、肖根光、陈汉三和吴桂樵。前2人为县公署豢养的用枪杆子镇压群众的帮凶，后2人为剥削农民心狠手毒、为富不仁的豪绅地主。然而要把他们打倒，特别是在政治上把他们搞臭，并非那么容易。为此，龙超清、刘辉霄组织龙江书院、巽峰书院的几十名学生，作了大量的调查工作，掌握了这4个斗争对象各自的罪行，并形成文字材料。处决谢述庭，斗倒吴桂樵等三个豪绅污吏，在全县产生很大政治影响，农民群众的斗争积极性被激发出来。

对于各群众组织，先成立县总工会，再建立各个行业工会。县总工会委员长为李子培，委员有刘鹏举、谢珠珍、段羊山等6人。接着，各个行业工会相继建立，有铁业、木业、篾业、泥水业、裁缝、店员等7个工会，总计有工会会员600多人，各级工会领导工人进行反对老板业主奴役工人、剥削工人的斗争，维护工人的政治权益，规定“四不”：不准克扣工人工资；不准打骂工人；不准收取进师礼和出师金；不准强迫工人加班，加班一律付给工钱。

工农运动的兴起，使得妇女斗争也随之开展。在县人民委员会领导下，进步女青年龙佩云、杨杰、刘懿等人组织宣传队，深入乡镇，在妇女中进行广泛宣传，号召妇女团结起来，向封建礼教作斗争。1926年12月初，全县妇女代表大会在新城万寿宫召开，会上宣布成立宁冈县妇女解放协会，选举龙佩云、谢慈清、谢爱清、谢宝莲、龙淡菊、尹顺安、杨杰七人为委员，杨杰为主任。妇女解放协会成立后，组织妇女上街游行，唱歌、作宣传，号召妇女放小脚、剪髻子、反对夫权、族权，实行男女平等。妇女会与在民众中很有号召力的“宁冈婆婆”谢素兰商议，在新城开办妇女工读学校，由谢素兰担任名誉校长，从吉安引进几台纺织毛巾、袜子的机器，让入学的妇女既学文化，又做工，提高经济收入。一向很活跃的中学生也建立了自己的组织。同年12月初，全县4所中学的1000多名学生在龙江书院集合，宣告成立宁冈县学生联合会，选举肖子兰为学联主席。肖子兰在讲话中号召学生积极拥护工农革命运动，为掀起“三打倒”斗争的热潮，充当宣传队、先锋队。

县人民委员会决定将保卫团改为县农民自卫军，袁文才当即表示坚决拥护。11月中旬的一天，在新城的武衙，举行了隆重的改编仪式，参加仪式的有保卫团的60余人和各界民众代表200余人。龙超清代表县人民委员会宣布成立宁冈县农民自卫军，任命袁文才为总指挥。宁冈的工农运动如火如荼，对大小五井山区的群众斗争产生了很大影响，也使王佐的队伍发生了站在工农民众一边、保护农民阶级利益的变化。之后，王佐在小井的团防驻地，同时挂出了“新遂边陲农民协会”和“新遂边陲农民自卫军”的牌子。

1926年冬，井冈山革命根据地的创始人之一陈正人同志从南昌回到遂川组织国民党县党部，同时建立中共特别支部。首先，他召集了遂川的共产党员开会，成立中共遂川县特别支部，陈正人当选为特支书记。之后，即广泛发动工农群众，组建遂川县工会和农民协会组织。不到半年，全县建立基层工会20多个，工会会员逾千人。1927年1月，在遂川召开了全县第一次工人代表大会，正式成立了遂川县总工会，陈正人等7人为执行委员。农民协会也已遍及全县，农民入会达2万多户。春季召开了全县第一次农民代表大会，通过了《筹建遂川县农民协会》《建立农民武装》等决议，成立了遂川县农民协会筹备处。随着工农运动发展，学生界成立了遂川县学生联合会，商界成立了遂川县商民协会。从此，遂川的革命烽火愈燃愈烈。

1927年9月，万安中心县委传达了中共“八七”会议和省委指示精神，召集了党的会议，成立了“万安行动委员会”以发动武装起义。曾天宇为委员长，张世熙、陈正人等为委员，陈正人还兼任万安游击队（又称第七纵队，即农民自卫军）党代表。11月下旬到1928年1月，万安农民高举义旗，举行暴动，三次攻打万安县城，一次智取泰和县府，震惊全国，被称为“的确是全省苏维埃革命的信号”。万安县委书记张世熙1928年7月12日在苏联列宁格勒向共产国际作了题为《万安工农斗争及1927年10月至1928年1月大暴动经过情况》的专题报告，受到共产国际的赞扬。

第三节

安源工人运动在湘赣边界的作用

1949年，在新中国开国大典上，毛泽东用响亮的湖南口音向全世界宣告中华人民共和国成立了。当时站在毛泽东身边的湖南老乡还有刘少奇和李立三。28年前，这三位来自湖南的年轻人在安源共同领导了一场震惊中外的工人大罢工。当时，谁也没有想到，28年以后，他们会一起出现在天安门城楼上。

安源地处江西省萍乡市区东南。1898年，清政府在这里创办了萍乡煤矿，第二年又修建了从湖南株洲到萍乡运煤的株萍铁路，安源路矿就是萍乡煤矿和株萍铁路的合称。20世纪20年代初，萍乡煤矿已有工人13000多人，是中国最早的产业工人聚集地之一，当时煤矿工人的处境非常悲惨。他们衣衫褴褛地在黑暗狭窄的巷道中艰难爬行，每天工作12个小时以上，却还是填不饱自己的肚子，简陋的矿井里事故频发，那时萍乡煤矿俨然一座暗无天日的地狱。

在安源，凡是井下的矿工都有一个特征——没有眉毛。为什么？是因为咬着矿灯的那个火苗把自己的眉毛烧掉了。有这么一首歌谣叫做“少年进炭棚，老来背竹筒，病了赶你走，死了不如狗”。从1901年至1919年，忍无可忍的安源矿工，先后进行过七次较大规模的斗争，但都以失败告终。

1921年7月，中国共产党成立。在一大会议上，中国共产党决定集中力量，开展工人运动，以后成立了中国劳动组合书记部。领导开展工人运动，集中了大批产业工人并有着斗争经历的安源成为中国共产党开展工人运动的重点地区之一。当时江西没有共产党组织，由于安源路矿与湖南毗邻，工人中又以湖南人居多。1921 年秋天，中共湖南支部书记毛泽东，便以教书先生的身份前往安源。

身穿蓝布长衫，手拿油纸伞，1921 年 9 月的一天，28 岁的毛泽东来到安源就住在一个叫八方井 44 号的老房子里。房东叫毛紫云，是矿上的一个工段长，和毛泽东是老乡，他们的父亲曾经一起在湖南做过大米生意，因为是探亲访友，毛泽东的到来自然也就不会让人怀疑。一天早晨，毛泽东提出想去井下看看，毛紫云以为毛泽东想看看新鲜，便满口答应，还派人护送毛泽东到了井下。

毛泽东的到来感动了工友们的心，阴暗狭窄的巷井里，涌动着一股从未有过的暖流。在一个星期的时间里，毛泽东走遍了整个萍乡煤矿，通过实地考察，他认定，安源是工人运动可以很快开展起来的地方。

毛泽东在安源考察以后回到湖南，三个月以后毛泽东再次来到安源，这一次他还带了一位教书先生来，而且是一个从法国回来的留洋先生，他就是李立三。李立三比毛泽东小五岁，湖南醴陵人，曾在法国参加过工人运动，有一定的斗争经验，所以毛泽东决定派他来安源。

1922 年 1 月，中国第一所工人补习学校在安源成立，路矿当局对夜校怀有警惕态度，李立三就安排专人在门外站岗，一旦发现有陌生人来了，就把革命知识的书放在识字课本底下。在夜校开办过程中，没有教材，李立三就自己编写教材，用通俗易懂的语言，把革命的道理和自然科学相结合，革命的火种在安源路矿迅速传播。

1922 年 2 月，在萍乡煤矿的一个火车房里，中国共产党在产业工人中的第一个支部成立了，李立三任书记，这个支部诞生时，只有 6 名党员。5 月 1 日，安源的路矿工人第一次在中共安源路矿支部的领导下，举行盛大集会和游行，庆祝属于自己的节日，同时宣告成立安源路矿工人俱乐部。当天游行时大雨滂沱，可再大的雨也浇不灭矿工们心中燃烧的火焰。

1922 年 9 月初，安源的党员发展到 10 人，俱乐部成员 700 多人，由于路矿当局拖欠工资，数月未发，工人生活痛苦不堪，工人斗争的情绪也不断高涨。就在这个时候，毛泽东又一次来到了安源，这次在毛泽东和李立三的身边，又多了一个陌生的身影，这个人就是刘少奇。

刘少奇，湖南宁乡人。1922 年他 24 岁，这年初，刘少奇从苏联学习归来，这一次同毛泽东一起来到安源，就是要和李立三共同领导安源路矿工人大罢工。就在刘少奇抵达安源的当天，安源路矿工人俱乐部致函路矿当局提出增加工资、改良待遇等合理要求，却遭到蛮横的拒绝，这遭到矿工们的极大不满。当天晚上，安源党支部秘密召开会议，决定组织工人进行罢工，并成立了罢工总指挥部，李立三任总指挥，刘少奇任对外交涉全权代表。

1922 年 9 月 13 日午夜零点，俱乐部果断地发出罢工命令，在火车汽笛的长鸣声中，罢工的号角吹响了。凌晨 2 点，一万多路矿工人手执岩尖斧头，潮水般的涌向路矿当局办公大楼。“从前是牛马，现在要做人”的口号，震天动地，罢工持续了三天。路矿当局施展的种种阴谋手段均被识破，于是他们勾结军队，企图用武力胁迫工人复工。

9 月 16 日，路矿当局答应与工人进行谈判，但只允许工人代表一人前往。路矿当局本想一箭双雕，如果谈判代表不敢来，他们便占据了主动，如果谈判代表敢来，想必是俱乐部主任李立三，正好抓住将其杀害，造成罢工群龙无首。但是路矿当局没有想到的是，前来谈判的竟是一个不知底细的年轻人——刘少奇。少奇同志穿过刀枪林立的警戒线，来到了谈判室。

工人俱乐部主张先磋商条件再谈复工的问题，而路矿当局呢，要求先复工，再慢慢谈条件。所以在这个节骨眼上，刘少奇一进来他就说，如果不从磋商条件入手，那么今天就没有解决问题的希望。当时参与谈判的戒严司令威胁说，“有千余部队可以把工人运动镇压下去。”刘少奇一身是胆，推开窗户，厉声说道，“如果你镇压，我们万余工人会把你整个大楼夷为平地！”这个时候窗外想起了震耳欲聋的呐喊声。工人们担心刘少奇的安全，要求每隔十分钟，让谈判代表出来见面一次，这样一来，戒严司令想动武，也不敢下手了。就在此时，八方井打来电话说，锅炉就要熄火了，矿长、副矿长急得团团直转，一旦锅炉熄火，全矿就要停电，整个矿井就会被水淹没，他们的财路就会彻底断送，眼见自己处于下风，路矿当局只好回到谈判桌上。

9 月 18 日上午 9 时，路矿当局不得不在最后达成的十三项协议上签字，这十三项协议包括承认工人俱乐部，有代表工人向路矿当局交涉之权，改善工人待遇，增加工资等，这次历时五天的大罢工取得了完全的胜利。刘少奇后来在总结安源大罢工的经验时说：这次大罢工未伤一人，未败一事，而取得完全胜利，这实在是幼稚的中国劳动运动中绝无仅有的事。安源路矿工人运动的成功实际上也体现了我们党最早的集体领导的光辉范例。毛泽东、李立三、刘少奇发挥了他们各自独特的才能作用，他们又构成了一部完整的安源路矿工人波澜壮阔、风起云涌的斗争历史、革命历史。

在安源诞生了中国共产党在产业工人中最早的支部，在安源党员人数最多的时候占全国党员人数的五分之一，在安源产生了中国工人阶级最早的组织实体安源路矿工人消费合作社，在安源先后有 4000 多人参加了红军，有一部分派往上了井冈山。在安源除了毛泽东、刘少奇、李立三，还有陈潭秋、蔡和森、恽代英、夏明翰、李维汉、毛泽民、萧劲光等革命前辈都在这里从事过革命活动。

全国工人运动在井冈山广泛传播，湘赣边界工人运动范围之广，声势之猛，工会的作用之大，威望之高，都是前所未有的。此外，工人运动与农民紧密配合并与其他民众运动相结合，也是湘赣边界工人运动发展高峰的重要标志。这一时期的工人运动，为后来井冈山革命根据地的创建打下了群众基础。

第二章

毛泽东对湘赣边界工人运动的领导

第一节 领导工人参加湘赣边界秋收起义

1927 年 9 月，毛泽东与湖南省委发动和领导了震撼全国的湘赣边界秋收起义。秋收起义前夕，毛泽东以中央特派员和前敌委员会书记的身份，在安源张家湾主持召开了布置湘赣边界秋收起义的军事会议，组成了工农革命军第一军第一师，将安源工人纠察队和矿警队，以及集结在安源的萍乡、安福、莲花等县的工人纠察队和农民自卫军编为工农革命第一军第一师第二团。安源路矿早在 1922 年大罢工时，即组织了工人纠察队，以后发展成为工人武装，北伐战争时期，又把资方矿警队争取过来，成为党控制的一支武装力量。1927 年“马日事变”后，安源工人纠察队、矿警队和安源工人参加了十万工农武装进攻长沙的战斗，又回师粉碎了许克祥和萍乡地主武装对安源的包围和进攻。这支队伍战斗力强，作战勇敢，是起义军中一支重要的骨干力量。

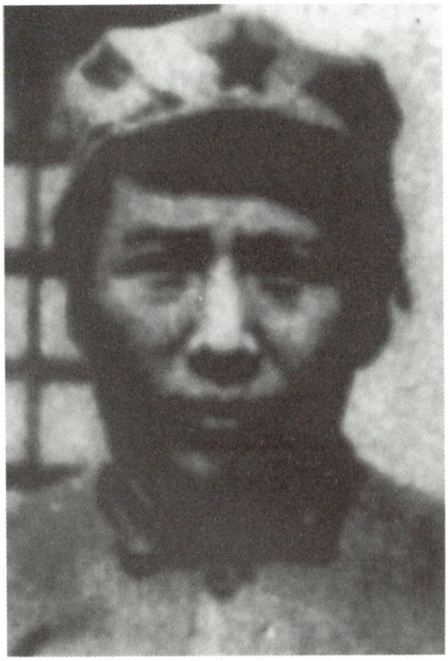
毛泽东军装照

张家湾军事会议后，毛泽东向安源工人骨干传达了举行湘赣边界秋收起义的决议、计划。安源市委当即提

秋收起义用过的松树炮

出响亮的口号：到农村去，武装农民，领导农民协会，打倒土豪劣绅；到工厂去，组织工人武装暴动。一批批安源工人随即奔赴农村和工厂，发动群众参加起义。留下来的工人们在修理厂一下子就拉开30多座炉子，夜以继日地赶制马刀、梭镖，

油画：秋收起义

参加临阵练兵，仅仅两天时间，就有400多安源工人拥到“新兵招募处”报名参军。为了迅速贯彻落实张家湾军事会议的各项决议，尽快集结分散在修水、安源、铜鼓三地的革命武装，毛泽东在修水山口镇召开了武汉警卫团，平江、浏阳工农义勇军营以上干部会议，具体研究了湘赣边界秋收起义的准备情况、战斗方案。参加湘赣边界起义的主力有原国民革命军第二方面军总指挥部警卫团、湖南平江和浏阳的农军、湖北崇阳和通城的部分农军、安源煤矿的工人武装共约5000人。正式组建起工农革命军第一军第一师，任卢德铭为总指挥，余洒渡为师长，钟文璋为第一团团长，王新亚为第二团团长，苏先骏为第三团团长，邱国轩（后叛变）为第四团团长。起义部队分别从江西的修水、安源、铜鼓等地出发，会同平江、浏阳地区的农军，准备进攻长沙。9月9日，株萍铁路工人将株萍铁路沿线的电报、电话线破坏，将桥梁和铁轨拆毁，切断了国民党军的交通和通讯联系，使株萍铁路交通断绝，秋收起义从即日起同时在湘东鄂南发动。二团700多人在安源暴动，首战萍乡（未攻克），12日转而攻克老关车站，接着乘火车直奔醴陵，分兵三路包围醴陵县城，在醴陵工农的配合下，于当天下午三时许攻克醴陵县城，缴枪七八十支，打开监狱，救出许多革命群众，恢复了醴陵县工会，15日攻克浏阳。短短几天，起义军先后攻克老关、醴陵、浏阳、白沙、东门市，但是由于强敌反扑，总指挥卢德铭在江西省萍乡芦溪遭敌人伏击，壮烈牺牲。起义军在战斗中失利，大批工人光荣牺牲。毛泽东命令起义部队到浏阳文家市集合。他分析研究当时的革命形势，认为当时不是进攻的时候，而是应该很好地组织革命的退却，找个地势险要的地方，建立革命根据地，进行游击战争，保存和扩大革命力量。因此，毛泽东决定放弃进攻长沙的计划，率领革命队伍转向湘赣边界的罗霄山脉中段建立革命根据地，安源参加起义的大批工人跟着毛泽东上了井冈山。

9月29日，部队到达江西省永新县三湾村时，前委决定对保留下来的不足千人的队伍进行改编：由原来的一个师缩编为一个团；建立党的各级组织和党代表制度，党的支部建在连上，班、排有小组及连以上设党代表，营、

宁乡
文家市
工农革命军一军一师
湘潭
株州
湘乡
萍乡
安源
芦溪
醴陵
高洲
莲花
湖
衡山
攸州
砻市
南
桥头
高陇
衡阳
十都
茶陵
一营二、三连
安仁
省
酃县
图例
工农革命军行动路线
敌军行动路线
敌军败退路线
工农革命军集结地区
敌军集结地区
工农革命军会址
交战地点
歼敌地点

工农革命军向井冈山进军路线示意图

一九二七年九月——十月

团建立党委，在连以上建立各级士兵委员会，实行民主制度，在政治上官兵平等。三湾改编从组织上确立了党对军队的领导，是把工农革命军建设成为无产阶级领导的新型人民军队的重要开端。

第二节 组织和领导工人加入红军，建立井冈山革命根据地

1927 年 10 月 3 日，毛泽东率领工农革命军抵达宁冈县古城，在前委扩大会议上指出：要争取改造袁文才、王佐（工人）两支地方武装。10 月 7 日，毛泽东率领工农革命军进驻茅坪后，听说袁文才有个修械所，甚为赞赏。11 月18 日，工农革命军第一次攻克茶陵后，毛泽东指示：恢复茶陵县总工会，并推举谭震林（工人）任工会主席。毛泽东很重视工人成分，是年冬，为了争取有斗争经验的工人积极分子加入红军，曾写信给湖南省委，要求“送工人来加入红军”，中共安源市委遵照湖南省委和毛泽东的指示，多次派安源工人到井冈山参加红军。

1928 年 1 月初，工农革命军攻克遂川后，毛泽东指示谭震林协助蒋世良恢复遂川县总工会和各行各业工会组织，还派毛泽覃到遂川草林圩发动和组织木业、篾业、铁业、店员、印刷、缝纫等各行业建立工会组织。是月，工农革命军在遂川战斗中，缴获几百担白布，运回宁冈县茅坪，毛泽东指示，筹办被服厂。后方留守处负责人余贲民即按毛泽东的指示，在茅坪桃寮村办起了第一个红军被服厂。 2 月中旬，毛泽东将地方武装袁文才、王佐部正式合编为工农革命军第一师第二团，袁为团长，王为副团长。毛泽东还派何长工任该团党代表。2 月下旬，毛泽东同张子清（第一军第一师第一团团长）一起到桃寮看望被服厂工人，并为被服厂题写了厂牌，名曰：中国工农革命

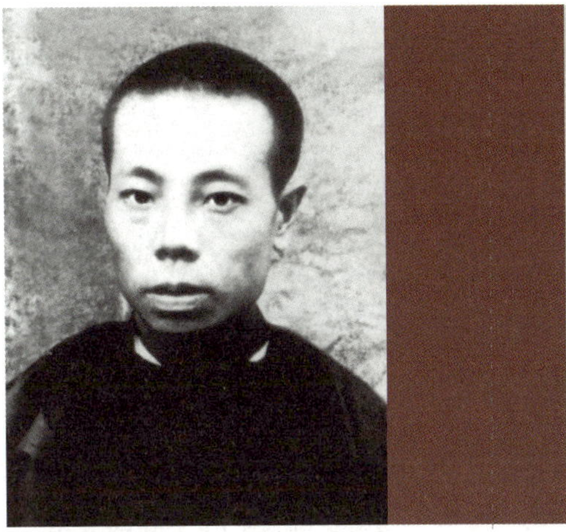

袁文才

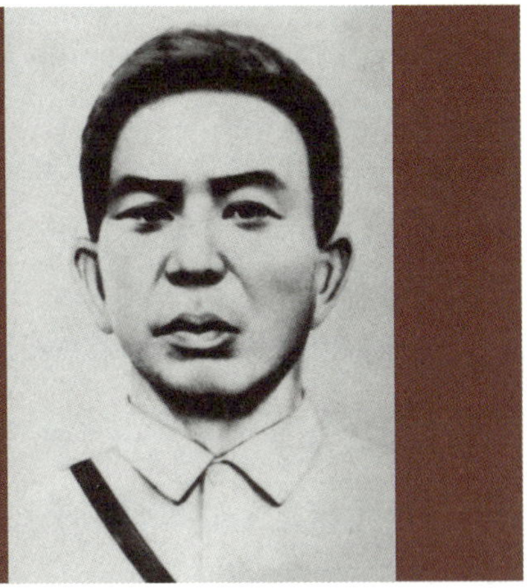

王佐

军被服厂。1928 年 4 月，朱德、陈毅率领南昌起义保留下来的一小部分部队和湘南起义农军 8000 余人，陆续转移到井冈山地区，与毛泽东领导的部队在宁冈砻市会师。会师后，毛泽东和朱德率部队合编，成立工农革命军第四军（后改称红军第四军），朱德任军长，毛泽东任党代表，王尔琢任参谋长，下辖第十、第十一、第十二师（不久改编为四个团）。

1928 年 5 月，二三百名安源工人和长沙学生克服重重困难，辗转到井冈山加入红军。5 月下旬萍乡小西路的游击营（其中有部分安源工人），在刘型、张汝泉的率领下，上了井冈山。5 月 22 日，毛泽东在宁冈茅坪主持召开中共湘赣边界第一次代表大会，推选谭震林（工人）等为常务委员，王佐、谭普祥（工人）等为委员。6 月上旬，毛泽东、朱德、陈毅等陪同中共湖南省委巡视员杜修经视察造币厂，鼓励工人们积极生产，提高银元质量。7 月，在井冈山茨坪建立红四军军械处，毛泽东派出水口山工人宋乔生负责，以水口山工人为主，招收周围铁匠艺人参加。军械处为红军修理枪支，制造长矛、大刀，解决当时红军、地方武装部队严重缺乏武器的困难。军械处全靠自力更生，自己上山烧炭，自己到外地挑铁，工作非常苦。但为了斗争的需

入党誓词

要，工人们总是夜以继日地忘我工作。黄洋界保卫战激战时，一门迫击炮就是军械处的工人连夜抢修好，送到前线，这对取得黄洋界保卫战的胜利起到了很大作用。是月，按照毛泽东的要求，又有“七、八十工人到朱毛处当兵”。

1928年，朱、毛井冈山会师后，增强了井冈山地区工农武装的力量，为进一步扩大革命根据地创造了条件。在这期间，三占永新城，粉碎了敌人的第一次“会剿”，井冈山的斗争进入全盛时期。但天有不测风云，7月，红二十九团和红二十八团离开井冈山冒进湘南受挫，损失惨重。毛泽东听闻此讯，留三十一团一营守井冈山，自带人马去湘南迎返红军主力二十八团。基于此，湘赣敌军调兵遣将“会剿”井冈山军事根据地，23日，湘军吴尚第八军第一师全部及第二师一部，共4个团的兵力，分别从大陇、茅坪、酃县向井冈山进攻；又结盟赣敌王钧第九师和二十七师两个师的警卫团以及刘士毅部共三个团的兵力，从古城、茅坪、罗浮向井冈山进攻，刘士毅师1个团从黄坳进攻。

此时，守卫井冈山的红军不足1个营，得到消息后，三十一团团长朱云卿、党代表何挺颖等，先行到井冈山同边界特委的负责人，在大井村召集了山上红军机关、医院负责人及伤病员代表开会，讨论粉碎敌人进攻的对策。会上出现了两种意见：一是撤退，二是坚守。情况紧急万分，争论也激烈万分，最后会议考虑到士气、老百姓和伤病员转移困难等，决定坚守井冈山，并将主要防守地点定在黄洋界哨口，其余4个哨口主要由三十二团把守，地方武装配合红军作战，在山下以游击战法对敌人进行骚扰和破坏。

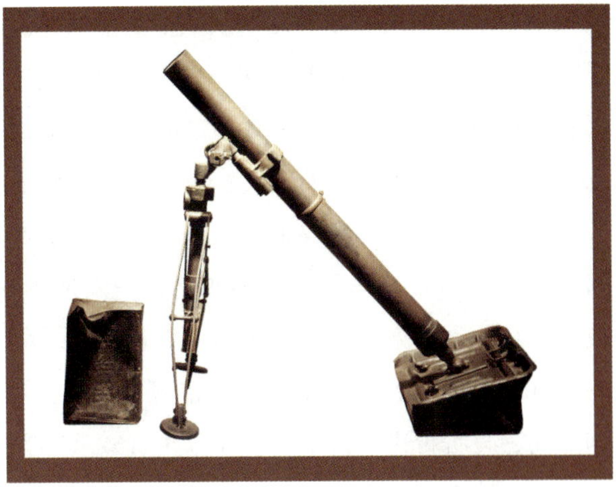

黄洋界保卫战用过的迫击炮和煤油桶

一营接到命令后，除留下张宗逊为连长的二连在永新牵制敌人外，一、三连在营长陈毅安的带领下，背着三天的干粮，日夜兼程，于29日上午赶回井冈山。回到井冈山后，团长朱云卿马上召集连以上干部开会，传达了上级会议精神，部署了作战任务，红军进入了紧张的防御工事修筑和战前战斗动员及准备阶段。由于弹药不足，红军以土办法在黄洋界的山下布置了五道防线，第一道是竹钉阵，分别在两条小路旁的草丛里布下了几里路长的竹钉防线；第二道是竹篱笆障碍；第三道是滚木礌石；第四道是五尺多深的壕沟；第五道是用石头筑成的射击掩体，掩体前沿的草丛里也插满了竹钉，使敌人很难接近。

8月30日上午8时左右，太阳刚刚爬至井冈山的上空，将井冈山染得一片彤红，先期到达山下的湘敌便开始进攻了。顿时硝烟弥漫，枪声、炮声、喊杀声，响彻整个寂静的山谷。子弹在头顶飞啸，炮弹在身边炸响，红军利用地势天险，运用滚石和木头，不慌不忙，凭借着坚强的意志顽强抵抗，一次次地打退了敌人疯狂的进攻。一个上午，敌人冲上来了又被打了下去，打下去了又冲上来，又再打下去，终未能往前进一步。终于，敌人久攻不下，又伤亡惨重，退到安全地方休整。我方将士也趁这个时刻，啃吃干粮，补筑工事，再在岩口添加滚石和巨木，还将在茨坪刚刚修好的一门迫击炮搬到了阵地，又将无数鞭炮在煤油筒里准备好。下午4时，敌人经过休整，再次发起猛烈的冲击。红军抵抗更加顽强，一发发子弹打下去，一根根巨木掀下去，一块块巨石砸下去，只听山下一片惨叫、鬼哭狼嚎。这时，红军各个山头的冲锋号突然齐响，子弹更加密集，准备在煤油筒里的鞭炮也一并点燃，刹那间，只听枪声、鞭炮声、锣鼓声、喊杀声震天，只见山顶红旗翻动，枪动人跃。迫击炮共有3发炮弹，前两发都因受潮没有打响，第三发在敌人中间炸开了花。敌人没料想到红军突然出现这般阵势，逃窜中又被竹钉阵、壕沟所伤残，死伤无数，黄洋界保卫战告捷。

戏剧性的捷报传至正往回赶的毛泽东和朱德耳中，毛泽东兴奋异常，挥笔疾书，写下了《西江月·井冈山》：

山下旌旗在望，山头鼓角相闻。
敌军围困万千重，我自岿然不动。

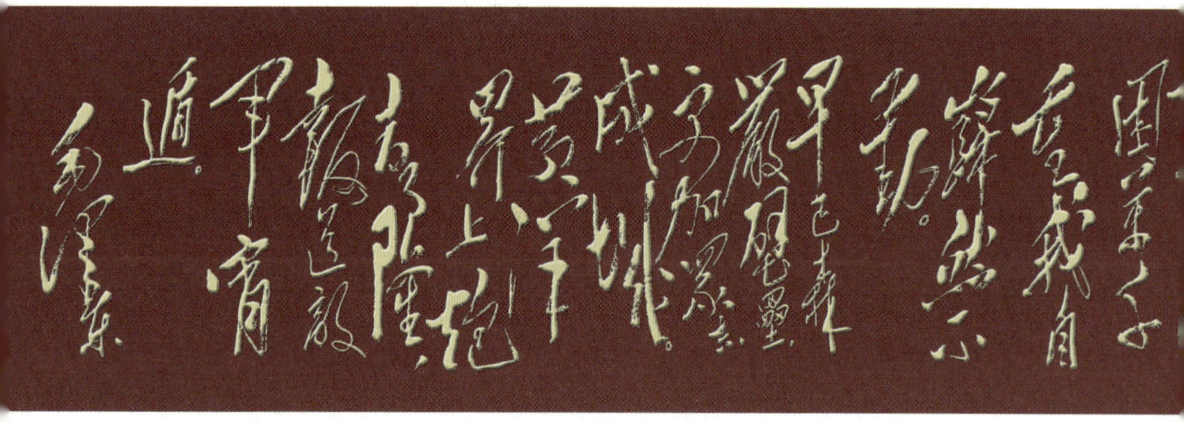

毛泽东书写的《西江月·井冈山》

早已森严壁垒，更加众志成城。
黄洋界上炮声隆，报道敌军宵遁。

1928年10月4日，中共湘赣边界第二次代表大会在茅坪步云山召开。会议开了三天，毛泽东在会上作了政治报告。会议通过了《中国共产党湘赣边界第二次代表大会决议案》、《井冈山土地法》和《工会组织法》。会上选举产生毛泽东、朱德、陈毅等19人为边界第二届特委，5人为常委，谭震林任书记，陈正人（知识分子）为副书记，王佐任委员。大会决议案指出，工人运动问题：工人是各种劳动群众之先锋，是各种劳动群众的领导者，我们该用大的力量去组织工会，各级党部、各级苏维埃应极力提拔工农分子，训练工农分子及干部人才，使之能站在领导地位，领导斗争。11月，毛泽东派袁德生等在萍乡设立交通机关。安源工人通过交通机关传递党的文件，护送来往干部，参加红军等。萍乡交通机关的建立，沟通了井冈山革命根据地与党中央的联系。

同年11月，井冈山革命根据地在萍乡南门“春和生”药店设立“赣西采运处”。安源工人在萍乡、长沙、武汉等地采购井冈山急需的药品、布匹、纸张等物资，通过“赣西采运处”转运到井冈山。11月6日，毛泽东起草一封复中共中央的信件，要求党中央，湖南、江西两省委继续派安源工人到湘赣边界。12月，毛泽东指示，中共湘赣边界特委书记谭震林调前委职工运动委员会任书记。

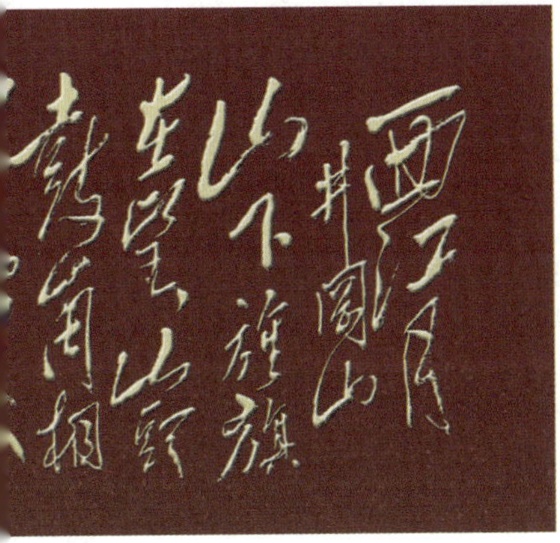

1928年11月，国民党军开始策划对井冈山根据地进行第三次“会剿”。11月7日，南京国民党政府任命何键为“会剿”总指挥兼湖南省“会剿”军总司令，金汉鼎为副总指挥兼

江西省“会剿”军总司令。1929年1月1日，“会剿”总部在萍乡成立(后移驻莲花)，调集湘赣两省国民党军6个旅18个团的兵力，分5路向井冈山根据地“会剿”。其兵力部署是：第1路李文彬的第二十一旅和刘士毅的第十五旅，驻遂川和赣州；第2路为张兴仁的第三十五旅和周浑元的第三十四旅，驻泰和、永新一线；第3路为王捷俊部3个团，驻莲花；第4路为吴尚部第八军的1个旅，驻酃县、茶陵；第5路为刘建绪部，驻桂东。各路采取“步步进逼，分进合击”的战术，向井冈山根据地推进。12月11日，彭德怀、滕代远等率领平江起义后组成的红五军700多人从湘鄂赣边的平江、浏阳地区到达井冈山，与红四军会师。这两支红军的会师，进一步增强了井冈山地区工农武装的力量。

1929年1月4日，在宁冈柏路村召开中共井冈山前敌委员会和红四军军委、红五军军委、湘赣边界党团特委、各县县委联席会议，即“柏路会

“柏路会议”旧址

议”。参加会议的有前委委员、红四军军委委员、红五军军委委员，中共湘赣边界特委委员、共青团湘赣边界特委委员，中共宁冈、永新、莲花、遂川、酃县县委及茶陵特别区委负责人，红四军各团和红五军各纵队代表，共60余人，大会历时4天。会上传达中国共产党第六次全国代表大会文件，研究粉碎国民党军第三次“会剿”方针，决定采取“围魏救赵”的策略，由毛泽东、朱德率领红四军主力突围下山，向赣南国民党军后方出击，牵制其向井冈山进军；彭德怀、滕代远率红五军和红四军第三十二团留守井冈山，巩固根据地。

1929年1月14日，毛泽东、朱德率领红四军主力3600余人，从井冈山茨坪、行州等地出发，经遂川的大汾、营前、左安向赣南出击，开辟新的根据地，并发展为中央苏区。后来中央苏区发展到拥有20个县，250万人口的红色版图，主力红军达到10万人左右。

1930年3月18日，闽西召开第一次工农兵代表大会，成立了闽西工农民主政府，并随即将各县的赤卫团编为工农红军第十二军，赣南区也把当地发展起来的武装编为红三军。6月，以红四军为基础，与红三军、红十二军在长汀合编为工农红军第一军团，毛泽东任政治委员、朱德任总指挥、陈毅任政治部主任。8月，红一军团和彭德怀、滕代远率领的红三军组成为红一方面军，共3万多人，由朱德任总司令，毛泽东任政治委员。10月，红一方面军攻下吉安，成立了江西省工农民主政府，由曾山任主席。

1930年10月，红军攻克吉安县城后，毛泽东接见原吉安总工会委员长梁一清烈士家属，并在吉安中山堂为烈士举行隆重的追悼大会。毛泽东、朱德题写“梁一清同志精神不死”，“为革命牺牲，死的光荣”的挽联。追悼会后，几百工人，特别是青少年徒工，纷纷涌向工农红军招兵站，报名当红军。

深度链接

湘赣边界各县党第二次代表大会决议案
(1928 年 10 月 5 日于宁冈步云山)

一、政治问题及边界党的任务

(一) 国内国际政治状况

现在国民党新军阀的统治，依然是城市买办阶级与乡村豪绅阶级的统治，对外投降帝国主义，对内以新军阀代替旧军阀，对工农阶级经济的剥削与政治的压迫比从前更加厉害。从广东出发的资产阶级民主革命，到半路被买办豪绅阶级领导了去，立即跑向反革命路上，全国工农平民以至资产阶级，依然在反革命统治底下，没有得到丝毫政治上经济上的解放。

国民党新军阀蒋、桂、冯、阎四派在北京天津没有打下以前，有一个对张作霖的临时的团结。北京天津打下以后，这个团结立即解散，变为四派内部激烈争斗的局面，蒋桂两派且在酝酿争斗中。中国内部各派军阀的矛盾争斗，反映着帝国主义各国的矛盾与争斗，故无论如何不能妥协，所有妥协都是暂时的。今天暂时的妥协，即酝酿着明天更大的战争。

中国迫切需要一个资产阶级的民主革命，这个革命必须是由无产阶级领导才能完成的。从广东出发向长江发展的 1926 年的革命，因为无产阶级没有坚决的执行它的领导权，被买办豪绅阶级夺取了领导，还改变了革命的性质，资产阶级民主革命乃遭遇着历史的失败。这个失败，大体相同于 1905 年俄罗斯革命的失败。中国无产阶级和农民在此次失败中，碰着很大打击，中国无产阶级（非买办豪绅阶级）也同样碰着打击。但最近数月来，工农阶级在共产党领导之下的有组织的城市罢工和农村暴动，在南北各地发展起义。军阀军队中的士兵，因饥寒而酝酿着很大的不安。同时，资产阶级在汪精卫、陈公博一派领导之下，亦在沿海沿江各地发展着颇大的反帝国主义反军阀反买办豪绅阶级的民族民权运动。这种运动的发展是新的事实，其性质是中国迫切需要的民主革命之一部分。

中国的民主革命，依国际及中央的指示，包括推翻帝国主义及其工具军阀在中国的统治，取得民族革命的完成，并执行土地革命，消灭豪绅阶级对农民的封建的剥削。这种革命的实际运动，在五月济南惨案以后，是一天一天在发展的。

中国的局面在最近数月有着极大的变化。同时，国际也是一样。自日本对华出兵与英法海军协定成立两件事发生之后，美国与英法日三国乃处于无法调和的两极端地位。现在国际形势是：为着中国问题与欧洲问题，美国采取积极干涉政策，英法日三国也采取积极抵抗政策，世界大战由酝酿以至爆发，仅仅是时间上的问题了。

（二）中国此时各地苏维埃政权发生及存在的原因

一国之内，在四周白色政权中，有一小块或若干小块赤色政权长期存在，这是世界各国从来没有的事。这种奇事之发生，有其独特的原因。而其存在和发展，亦必有相当的条件。第一，它的发生不能在任何帝国主义国家，也不能在任何帝国主义直接统治殖民地，必须在帝国主义间接统治的经济落后的半殖民地的中国，因为这种奇怪现象必定伴在另外一件奇怪现象之上，那就是白色政权之间的战争，买办豪绅阶级支持着的国内各派新旧军阀，从民国元年以来，他们中间的继续不断的战争，这是半殖民地的中国最大特征，不但全世界帝国主义国家没有一国有这种现象，就是帝国主义直接统治的殖民地也没有一处有这种现象，仅仅帝国主义间接统治的中国才有这种现象。这种现象产生的原因有两种：即地方的农业经济（不是统一的资本主义经济）与帝国主义势力范围的分裂剥削政策。因为有了白色政权间的长期的分裂和战争，于是发生出赤色政权一小块或若干小块在四周白色政权包围的中间。湘赣边界的割据，就是许多小块中间的一小块，有些同志在困难与危急的时候，往往怀疑这样的赤色政权之存在，而发生消极的倾向，这是没有寻出这样赤色政权所以发生存在的正确的解释的原故，我们只须知道中国白色政权的分裂和战争是继续不断的，则赤色政权之产生、存在并且日益发展，便是无疑的了。第二，中国小块赤色政权的发生和能够比较长期的存在，决然不在并未经过民主革命影响的地方，如川滇黔及北方各省，而只在前年资产阶级民族革命过程中工农兵士群众曾经大大起来过的地方，如湘粤鄂赣等省。这些省份的许多地方，曾经有过很广大的工会，农民协会的组织和工农阶级对城乡资产阶级的许多经济的政治的斗争，所以广州产生过三天的城市苏维埃政权，而海陆丰、湘东、湘南、湘赣边界、湖北之黄安等地都有过农民的割据。至于此刻红军的发生，也必然只是经过民主的政治训练及接受过工农群众影响的国民革命军中才能分化出来。那些丝毫未经过政治训练及接受工农影响的军队，如阎锡山、张作霖的军队，此时便必然不能分化可以造成红军的成分出来。第三，小地方工农兵苏维埃政权之能否“长期的存在”，则决定于全国革命形势是否向前发展一个条件之下。全国革命是向前发展的，则小块红色政权之长期存在不但没有疑义，而且必然的要做总政权取得的许多力量中间之一个力量。全国革命若不是继续地向前发展，而有一个比较长期的停顿，如俄罗斯的 1905 年到 1917 年。则小块红色政权之长期存在是不可能的。中国革命形势是怎样呢？实在是跟着国内国际资产阶级之继续的分裂和战争，而继续向前发展的。所以不但小块红色政权之长期存在没有疑义，而且是继续发展日渐接近总政权之取得的。第四，相当力量的正式的红军之存在也是红色政权存在的必要条件。若只有地方性质之赤卫队而没有正式的红军，则能对付挨户团，而不能对付正式白色军队。所以虽有很好的工农群众，若没有相当力量的武装，便决然不能造成割据局面，更不能造成长期的和日益发展的割据局面。所以“工农武装割据”的观念，是共产党和割据地方工农群众必须充分具备的一个重要观念。第五，红色政权长期的存在并且发展，除了上述条件之外，还须要有一个要紧的条件，就是共产党组织之有力量和他的政策之不错误。

（三）边界割据及八月失败

军阀间的分裂和战争，削弱了白色政权的统治势力。因此，小地方赤色政权得以乘时产生出来。但军阀之间的战争不是每天不停的，每当一省或几省之间的白色政权有个暂时稳定的时候，那一省的统治阶级或几省的统治阶级的联合必然的用尽力量来消灭这赤色政权。在赤色政权条件不完备的地方，便必然被它推倒。本年 4 月以前乘时而起的许多小地方赤色政权，如广州、海陆丰、湘赣边界、湘南、醴陵、黄安各地，都先后受到白色政权的摧残，就是这一个道理。4 月以后湘赣边界的割据，正值南方统治势力暂时稳定的时候，湘赣两省派来进剿的军队，随时都在八九团以上，多的到过十五团。然而我们以四团不足的兵力和敌人斗争四个月之久，使割据地区一天一天扩大，土地革命一天一天深入，苏维埃的组织一天一天推广，红军和赤卫队一天一天壮大，原因就在边界党（地方的党和军队的党）的政策是正确的。当时特委和军委的政策是：坚决地与敌斗争，创造罗霄山脉中段政权，反对逃跑的失败主义；深入割据地区的土地革命；军队的党帮助地方党的发展，军队的武装帮助地方武装的发展；集中红军相机应付前之敌，反对分兵，避免各个击破；割据地区之扩大采取波浪式的推进政策，反对冒进政策。因为这些策略的适当和从边界地形之利于斗争，湘赣两省进攻军队之不尽一致，于是才有 4 月至 7 月四个月中的各次胜利，虽以数倍于我之敌，不但不能破坏此割据，且使此割据有日益扩大之势，此割据对湘赣两省的影响则有日益加大之势。八月失败，完全在于不明了当时正是统治阶级稳定时候，反采取统治阶级政治破裂时候的战略，分兵冒进，致边界与湘南同归失败。省委代表杜修经同志不察当时环境，不顾特委、军委、永新县委联席会议的决议，只知形式地执行湖南省委的命令，附和二十九团逃避斗争欲回家乡的举动，其错误实在非常之大。

（四）边界割据在湘鄂赣三省工农暴动中的地位

以宁冈为中心的湘赣边界工农武装割据，其意义决不限于边界数县，在湘鄂赣三省工农暴动夺取三省政权的过程中，是有很大的意义的。使边界土地革命和苏维埃政权的影响，远及于湘赣两省的下游乃至于湖北；使红军从斗争中日益加大其数量，加好其质量，能在将来三省总的暴动中执行他的必要的使命；使各县地方武装——赤卫队、工农暴动队的数量质量扩大加好，此时能以〔与〕挨户团及小量军队作战，将来能够保全边界政权；使工作人材，逐渐减少靠望红军中工作人材的帮助，能完全自立，以边界的人材任边界的工作，进一步能够供给红军的工作人材及扩大割据区域的工作人材。这些都是边界党在湘鄂赣三省暴动发展中极其重要的任务。

（五）经济问题

在白色势力四面包围中，日用必需品和现金的缺乏，成了极大的问题。一年以来，边界苏维埃政权割据的地区，因为敌人的严密封锁，食盐、布匹、药材等日用必需品，无时不在十分缺乏和十分昂贵之中，因此引起工农小资产阶级群众及红军士兵群众生活的不安，有时真是到了极度。红军一面要打仗，一面又要筹饷。每天五分钱伙食费都感到缺乏，营养不足，病的甚多，医院伤兵，其苦更甚。这种困难，在全国总政权没有取得以前，当然是不能避免的，但这种困难之比较的解决，就是使生活比较的好一点，特别是红军的给养使之比较的充足一点，乃是迫切的需要。边界党如不能对经济问题有一适当的办法，则在敌人势力继续稳定如果还有一个比较长的期间时，则割据的前途是很困难的。这经济问题之相当的解决，实在值得每个党员的注意。

（六）军事根据地问题

边界党还有一个任务，就是大小五井及九龙两个军事根据地之巩固。永、酃、宁、遂四县之交界的大小五井，和永、宁、茶、莲四县之交界的九龙，这两个形〔地〕势优越的地方，特别是既有民众，又极险要的大小五井，不但边界此时是重要的军事根据地，就是在湘鄂赣三省暴动发展的将来，亦将仍然是重要根据地之一。巩固此根据地的方法：第一，修筑完备的工事；第二，储备充足的粮食；第三，建设较好的医院。使这三件事切实的完成，乃是边界党应该努力担负的。

二、边界各县党的改造与建议

边界特委是最近四个月才产生的，在此短短的期间内，虽然曾领导工农红军做过了“土地革命”“建立苏维埃”及给旧社会以伟大的破坏等工作。但因为边界是个农村经济的环境，加之党的历史很短，独立斗争很少（因为有红军可靠），故机会主义的遗毒、农民党的倾向，在边界各级党部中表现出特别可怕的色彩。指出过去一切党内的错误，洗刷党内机会主义的遗毒，改造各级党部，使之走上真正无产阶级领导的道路，是今后各级党重要的责任。

攸县的党到现在还未建立。其他各县党的影响亦只及各该县之大部或一部，并未建立坚实的中心区域及普遍发展到四处的广大群众中去。故建立攸县的党和各县的坚实中心区域，及普遍建立各县党的基础，同样是边界党部今后的重要责任。

（一）过去党的错误

1.过去各县党中机会主义遗毒太深，依靠军队而不领导群众做独立斗争，这是一个很大的错误。

2.过去各县的党，很有农民党的色彩，有走向非无产阶级领导的倾向，永新的党要公开脱离特委，成立“独立国”。其他各县，如宁、酃、莲等县亦不注意向特委作报告，以与特委发生关系。这都是组织上很严重的错误。

3.过去党的机关，在上半期是个人专政，书记独裁，完全没有集体领导及民主的精神，如特委只有毛泽东一人，永新县委只有刘真一人，以致客观上群众发生只认识个人不认识党的错误。这完全不是布尔什维克的党。紧急会议中虽然很严重的指出了这种错误，特委经常有三个常委驻会指示工作，但各科及秘书等机关，因人材缺乏之故，仍然还是无法建立，加之特委工作人员病者很多。政治时生变化，各县委与特委的关系不能密切，故特委本身反对各级总部的指示，仍然还是没有尽量执行紧急会议之决定。

4.指导机关，多数小资产阶级知识分子领导，对于提拔工农分子参加指导机关，缺乏注意。

5.过去党的组织扩大，完全只注意数量的发展，没有注意质量上的加强。党与阶级没有弄清楚，而只是拉夫式的吸收办法。这样将使党的组织破底，其结果必变成不能斗争的党。

6.过去党没有注意基本组织——支部。

7.过去党的工作方式不对，党的一切问题应该集权到常委会，组织科、宣传科等不过是常委会的技术机关。但是边界的党，不但没有集权到常委会，甚至连组织科都没有，而仅是书记一人的独裁，紧急会议后，特委本身及永新县委比较好点（由常委会决定各项工作），但特委以下之各级党部，仍然还是犯同样的毛病，一点都没有改正。

8.过去边界各县的党太没有注意秘密工作，以致养成极大部分党员不懂秘密工作。在夺取政权时，就全部公开出来；在失掉政权时，就去“打埋伏”。

9.过去工作，上级与下级隔开，上级对下级也没有很好的巡视和指导。党只偏重机关工作，犯了与群众隔离的错误。

10.过去党太少注意城市工作和工人运动。

11.过去党工特委只注意军事范围的布围，如宁冈、永新两县工作。没有顾及全部，以致成为军队附属品，如军队打下某县，就注意某县的工作，军队没有到某县，某县的工作就不注意了。

12.过去党太不注意团的工作，甚至有取消团的倾向。

（二）今后党的改造与建设

1.党必须彻底改造，从支部改造起，肃清组织上和政策上机会主义的领导。

2.特委县委都需有四个以上的巡视员，经常指导下级工作，帮助各级党部改造。

3.尽量提拔工人同志到指导机关，各级执委会、常委会都须有过半数的工农同志参加，提拔工农分子，特别要注意教育的意义。

4.各级党的机关，必须组织健全，反对个人领导，一切权力集中常委会，各科都是技术机关。

5.在党的改造当中，应完全站在无产阶级的观点上，极力注意讨论和执行党的新政策，坚决杜绝过去党的小资产阶级、自由独立、浪漫的分子，严密防止“独立国”的倾向。

6.党应该扩大民主化到最高限度，一切政策都要党员热烈讨论，深切了解，使党员群众能根据政策定出工作计划，各级党部委员及书记应尽量用选举办法产生。

7.党员成分必须是先进的觉悟的忠实的勇敢的贫苦工农分子，对于小资产阶级、知识分子、富农，须严格限制。

8.党的发展，特别注意质量，在介绍党员当中，介绍者应对被介绍者做许多宣传和考查工作。凡介绍一个新同志应在一个支部会议上通过，经过区委批准，反对拉夫式吸收党员，必须使每个党员成为无产阶级的战斗员，党的组织不必求其普遍，应特别注意造成坚实中心区域党的基础。

9.党要注意党的基本组织——支部，实现“一切工作归支部”的口号。同时要特别注意城市支部工作，并提拔很好的工人同志尽量当农村支部书记及委员，增加工人领导力量，严格防止农民党的倾向。在乡村中的党员，须选出先进分子，加以特别训练，以培养成党的中坚。

10.党的组织应绝对秘密，各级党部每个党员，应当极力注意秘密工作，反对依靠军事政治势力去组织党，应在敌人范围内秘密组织党，反对逃跑和“打埋伏”。

11.特委应极力注意使本身和各县委健全，攸县县委应马上建设，对于边界各县党的工作应有整个的布置。

12.“铁的纪律”为布尔什维克党的主要精神，只有如此，才能抑止党走向非无产阶级的道路。消灭机会主义分子，洗刷不斗争的腐化分子，只有如此，才能集中革命先进分子的力量团集在党的周围，使党壁堡森严、步伐整齐的成为强健的斗争组织，只有如此，才能增加无产阶级的领导力量，所以严格的执行纪律为改造建设党中央的重要工作。

（三）各县工作问题

各县工作详细计划由特委负责讨论。

（四）农村斗争问题

1.过去农村斗争，并没有坚决执行“土地革命”。所谓分田，完全不是适应贫苦雇农的彻底要求，而只是站在富农中农贫农的调和观点上去平均分配的，这是过去一种重大的错误。

2.过去我们在“土地革命”过程中，并没有施行严厉的赤色恐怖，杀戮地主豪绅及其走狗（莲花、茶陵比较好点）。

3.过去在乡村赤色政权之下，太忽略农村中富农、中农、贫农之间的阶级斗争，以致在白色恐怖之下，贫农无团结无力量，富农反水，中农动摇。

4.我们今后农村斗争整个的策略是：团结贫农，抓中农，深入土地革命，厉行赤色恐怖，毫不顾惜的杀戮地主豪绅及其走狗，用赤色恐怖手段威胁富农，使不敢帮助地主阶级。

5.根据这个策略，我们应立即组织：（1）雇农工会（贫苦的佃农加入此组织），以此团结雇农，加强雇农的力量，以为乡村中的骨干。（2）赤杀队或暴动队，在白色恐怖之下，以最勇敢的工农分子组织之。赤杀队以五人或七人为一队，实行黑夜间游击，造成乡村中的赤色恐怖。在夺取政权时，赤杀队可改变为赤卫队。（3）在工农群众中选举勇敢分子组织暴动队，发展农村暴动，夺取乡村政权。

（五）工人运动问题

1.工人是各种劳动群众之先锋，是各种劳动群众的领导者，过去没有注意工人运动，工人领导更是说不上，以致造成农民党的倾向，这是党的一种重大危机。

2.农村手工业工人及城市工人，我们党须用大的力量去组织工会，领导工人由零碎经济斗争进而武装暴动，纠正过去忽视工人运动的错误。

3.各级党部各级苏维埃，应极力提拔工人，使之能站在领导地位，领导斗争。

（六）士兵运动问题

中国共产党所以主张“武装暴动，夺取政权”的政策，在执行这个政策中必须将工农兵三种力量很好配合起来，然后暴动才有胜利的可能，因为中国的“民权革命”尚未实现，故军阀豪绅买办阶级得以运用封建关系愚弄工农雇用之，因为保护他们的工具，故现在的士兵有大多数尚安心在敌对阶级指挥之下过饥寒交迫（敌军有几年未发过饷的）生活，但在国民党未叛变之前，国民革命军相当的都受了一点“阶级斗争”的宣传。至于事变以后，投入军营的（农协或工会的办事人）当然更有觉悟。这些觉悟分子在反动军官高压防范的严密下，而又苦于找不着领导者，故不敢轻易在反动军营中作宣传组织工作，实则他们的革命情绪，反水志愿是很丰富的，这可以证明在客观上的士兵运动的可能性，实在已经具备了。而且此运动的成功，在湖南、广东等省，已有事实可据。现在反动势力的屏障，完全是靠几百万尚未觉悟的国民革命，我们士兵运动做得好，则反动统治很迅速地便要倒台，反之，我们不注意士兵运动而只专门做农民工作，则中国的革命，永久也不会成功的。

边界各级党部向来少注意士兵工作，而只顾农民运动（有些党部还仅只有农民工作）。须知我们过去许多失败的经验，主要原因是没有士兵运动参加暴动（去年广东的年关暴动，湖南屡次的暴动失败……），现在如再不注意，则将来的失败便有预言。很明显的现在单靠边界主观的力量，妄想打出一个天下，或造成更大的割据是不可能的。所以各级党部必须努力进行士兵运动，莫忘记“武装暴动，夺取政权”的政策，是要将工农兵三种势力配合起来才有可能的。

1.士兵运动此时与工农运动同样重要，各县应有计划有组织地选派大批工农同志去反动军队内当兵、当伕、当伙头……在敌兵内部起作用。尤其是永新、茶陵、遂川等大部敌兵汇集的县份，要特别注意此项工作。

2.加紧对敌兵的宣传工作。

3.派人到敌人内部去组织党，不要组织士兵委员会，以免组织复杂而易于惹起敌军官之发觉。

4.利用灰色同志及农村妇女，向敌兵作口头宣传和煽动工作。

5.造谣、恐怖煽动，以动摇敌军人心，由动摇而瓦解。

（七）宣传问题

1.过去边界各县的党，太没有注意宣传工作，妄以为只要几支枪就可以打出一个天下，不知道共产党是要在左手拿宣传单，右手拿枪弹，才可以打倒敌人的。同时在各项工作中（如组织苏维埃、暴动队、分田、组织党等工作），完全不宣传其方法和意义，只是利用军事政治势力去逼着做，“不做就杀”，这是一种最严重的错误。

2.特委县委宣传科，应设法使之健全，每周标语宣传大纲，都须按时发出，每日壁报亦应发给各级党部缮写张贴。各游击队出发游击，都须有很好的宣传(群众大会——化装讲演、宣传队、个别宣传)。

3.以后下级党部对上级党部工作报告，须有宣传工作的报告。上级巡视和检查下级工作时，亦须注意宣传工作的检阅。特委县委每周应有宣传大纲发给各下级党部。

4.目前我们在政治上应极力分析军阀内部的冲突，注意反对军阀混战的宣传工作，同时应极力宣传工农及共产党的力量之伟大，说明军阀混战其结果必被工农暴动所消灭。

5.我们目前以一般工农群众的宣传，须极力揭破军阀及豪绅欺骗工农政策，多发表本党的主张。

6.苏维埃、土地革命、共产主义、红军、暴动队，都须制定专门宣传纲要，加紧宣传，深入到群众的脑海中。

7.此时我们应对同志和群众，详细分析统治阶级与政治上经济上之矛盾与冲突，极力宣传工人农民本身力量及各地暴动的势力，打破恢复没有希望的失败观念，同时要打破同志及群众专门依靠军队的等待观点（自然我们不否认军队发动暴动与帮助工农暴动的力量)。

（八）训练问题

1.过去各地党之所以没有力量，就是因为党员没有训练，甚至入党式都没有过。现在每个党员都须加以党的基本理论的训练。

2.特委组织教宣委员会，制定训练教材，计划每周训练工作。

3.特委要办经常训练班，各县亦应尽量多办短期训练班，造成干部人材。

4.各级党部的会议及实际工作当中，应极力提拔工农分子，训练工农分子及干部人材。

5.目前基本训练工作，应竭力铲除一般同志的机会主义思想和封建小资产阶级思想，确定无产阶级革命的人生观。

6.增高同志的文化程度政治教育，同时要做认字运动，以提高工农同志的“写”“看”能力。

(九）苏维埃问题

1.过去苏维埃政治差不多完全是农民协会的变形，所以它的工作，是秘书长和主席包办，甚至有些政府还是富农当权，成为知事衙门，这些所谓苏维埃政府，应一律改组。

2.由特委制定苏维埃组织法，各县各区各乡苏维埃，应一律照组织法组织之。

3.苏维埃必须以工人贫农革命兵士为主要力量，反对富农秘书长把持，实现一切政权归苏维埃。

4.湘赣边界政府重新彻底改造。

5.各级党部与各级苏维埃的关系要弄清楚，免除党即政府的币〔弊〕病。关于党与政府不同，特委须发一通告，各级党部要作一普遍宣传。

（十）土地问题

接受中央对土地问题的通告，交特委讨论，作最后决定。

（十一）C.Y.问题

1.青年团是党在工农群众中的政治组织。过去边界各级团部多不明了青年团的政治任务。团在边界各县仅只作了些扩大影响的文化运动，事实上成了党的附属机关，因此造成边界各级党更严重的错误——主张取消团。

2.目前边界各县应当是建设团的工作，但是团的本身力量薄弱，很难单独担负起这个责任，各级党部必须划出一部分力量，经常注意团的工作，帮助团在边界各县普遍的建设团的支部，扩大团的组织，健全团的指导机关。

3.团的经费应该独立，以便团在工作上能够措置如意，避免团在经费上依赖党的观念。

4.注意团的工作，是各级党部应有的责任。今后各级党部向上级报告中，必须有“团工作”的一项。上级巡视员在检查各级工作中，亦须留心团的工作。

5.各级党部、团部多不明了党与团的关系，以致发生各干各的倾向。

（据中央档案馆所存油印件）

深度链接 井冈山土地法

(1928年12月)

(一) 没收一切土地归苏维埃政府所有，用下列三种方法分配之:

(1) 分配农民个别耕种；(2) 分配农民共同耕种；(3) 由苏维埃政府组织模范农场耕种。

以上三种方法，以第一种为主体，遇特别情形，或苏维埃政府有力时，兼用二、三两种。

(二) 一切土地，经苏维埃政府没收并分配后，禁止买卖。

(三) 分配土地之后，除老幼疾病没有耕种能力及服公众勤务者以外，其余的人均须强制劳动。

(四) 分配土地的数量标准:

(1) 以人口为标准，男女老幼平均分配；

(2) 以劳动力为标准，能劳动者比不能劳动者多分土地一倍。

以上两个标准，以第一个为主体。有特殊情形的地方，得适用第二个标准。采取第一个标准的理由:(甲) 在养老育婴的设备未完备以前，老幼如分田过少，必至不能维持生活。(乙) 以人口为标准计算分田，比较简单方便。(丙) 没有老小的人家很少。同时老小虽无耕种能力，但在分得田地后，政府亦得分配以相当之公众勤务，如任交通等。

(五) 分配土地的区域标准:

(1) 以乡为单位分配；

(2) 以几乡为单位分配 (如永新之小江区)；(3) 以区为单位分配 (如遂川之黄坳区)。

以上三种标准，以第一种为主体。遇特别情形时，得适用第二、第三两种标准。

(六) 山林分配法:

(1) 茶山[①]、柴山，照分田的办法，以乡为单位，平均分配耕种使用；

(2) 竹木山，归苏维埃政府所有。但农民经苏维埃政府许可后，得享用竹木。竹木在五十根以下，须得乡苏维埃政府许可。百根以下，须得区苏维埃政府许可。百根以上，须得县苏维埃政府许可；

(3) 竹木概由县苏维埃政府出卖，所得之钱，由高级苏维埃政府支配之。

（七）土地税之征收：

（1）土地税依照生产情形分为三种：1. 15%；2. 20%；3. 5%。以上三种方法，以第一种为主体。遇特别情形，经高级苏维埃政府批准，得分别适用二三两种。

（2）如遇天灾或其他特殊情形时，得呈明高级苏维埃政府核准，免纳土地税。

（3）土地税由县苏维埃政府征收，交高级苏维埃政府支配。

（八）乡村手工业工人，如自己愿意分田者，得分每个农民所得田的数量之一半。

（九）红军及赤卫队的官兵，在政府及其他一切公共机关服务的人，均得分配土地，如农民所得之数，由苏维埃政府雇人代替耕种。

按②：此土地法是一九二八年冬天在井冈山（湘赣边区苏区）制定的。这是一九二七年冬天至一九二八年冬天一整年内土地斗争经验的总结，在这以前，是没有任何经验的。这个土地法有几个错误：（1）没收一切土地而不是只没收地主土地；（2）土地所有权属政府而不是属农民，农民只有使用权；（3）禁止土地买卖。这些都是原则错误，后来都改正了。关于共同耕种与以劳力为分配土地标准，宣布不作为主要办法，而以私人耕种与以人口为分田标准作为主要办法，这是因为当时虽感到前者不妥，而同志中主张者不少，所以这样规定，后来就改为只用后者为标准了。雇人替红军人员耕田，后来改为动员农民替他们耕了。

（据中国革命博物馆所存原稿）

注释：

①茶山，指种植油茶树的山地。

②这是毛泽东 1941 年为《井冈山土地法》加的批语。

第三节 用“工农武装割据”理论指导井冈山革命根据地的建设

井冈山的茅坪村（原为宁冈县）谢氏公祠后面，有一栋土砖结构的两层楼房，楼上有一个八角形天窗，当地群众称之为八角楼。1927 年 1 月至 1929 年 1 月，毛泽东经常在这里居住和办公，领导和指挥井冈山革命根据地的斗争。八角楼的清油灯光经常彻夜通明，灯下，毛泽东伏案奋笔，《中国的红色政权为什么能够存在?》《井冈山的斗争》《古田会议决议》和《星星之火，可以燎原》这四篇光辉著作便是先后在茅坪、茨坪、古田完稿的。

《井冈山的斗争》一文，是毛泽东同志写给中共中央的报告，作于 1928 年 11 月 25 日。文章分为湘赣边界的割据和八月失败、割据地区形势、军事问题、土地问题、政权问题、党的组织问题、革命性质问题、割据地区问题共 8 个方面。在这篇著作中，他总结了井冈山斗争的经验，阐明了“工农武装割据”的光辉思想，指明了中国革命的前途。

《中国的红色政权为什么能够存在?》是 1928 年 10 月 5 日毛泽东为中共湘赣边界第二次代表大会起草《政治问题和边界党的任务》决议的一部分。文章初步回答了中国革命的具体道路问题，后收入《毛泽东选集》第一卷。文章总结了湘赣边界斗争的经验，并针对党内存在的右的和“左”的思想倾向，从政治体制、群众基础、革命形式、武装力量、党的领导 5 个方面，科学地论证了红军和红色政权在中国存在和发展的条件。

毛泽东关于红色政权能够存在和发展的理论，在反动统治薄弱的农村积聚力量，实行工农武装割据，以农村包围城市，最后夺取城市取得全国政权

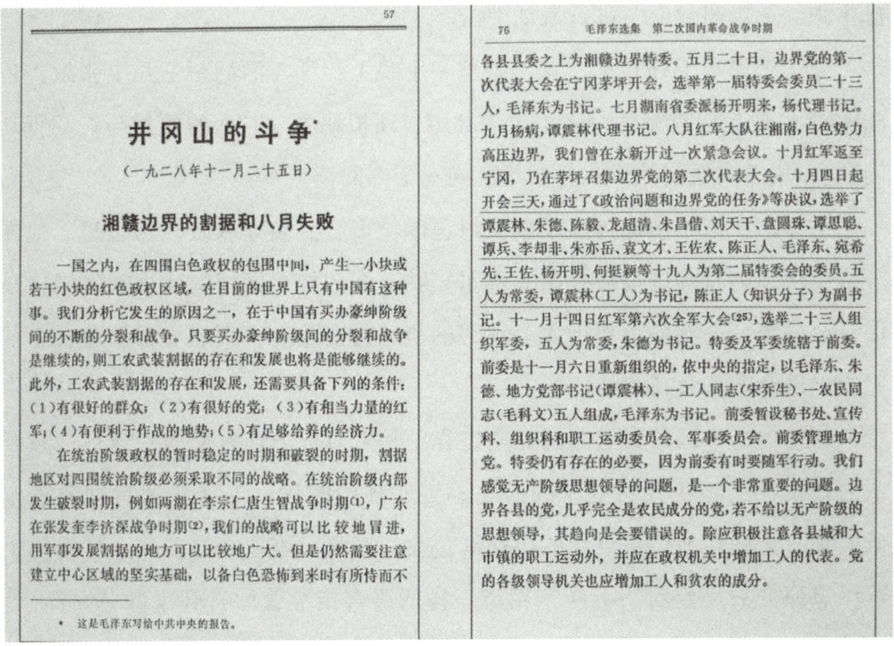

57

井冈山的斗争*

（一九二八年十一月二十五日）

湘赣边界的割据和八月失败

一国之内，在四围白色政权的包围中间，产生一小块或若干小块的红色政权区域，在目前的世界上只有中国有这种事。我们分析它发生的原因之一，在于中国有买办豪绅阶级间的不断的分裂和战争。只要买办豪绅阶级间的分裂和战争是继续的，则工农武装割据的存在和发展也将是能够继续的。此外，工农武装割据的存在和发展，还需要具备下列的条件：（1）有很好的群众；（2）有很好的党；（3）有相当力量的红军；（4）有便利于作战的地势；（5）有足够给养的经济力。

在统治阶级政权的暂时稳定的时期和破裂的时期，割据地区对四围统治阶级必须采取不同的战略。在统治阶级内部发生破裂时期，例如两湖在李宗仁唐生智战争时期[1]，广东在张发奎李济深战争时期[2]，我们的战略可以比较地冒进，用军事发展割据的地方可以比较地广大。但是仍然需要注意建立中心区域的坚实基础，以备白色恐怖到来时有所恃而不

* 这是毛泽东写给中共中央的报告。

76　毛泽东选集　第二次国内革命战争时期

各县县委之上为湘赣边界特委。五月二十日，边界党的第一次代表大会在宁冈茅坪开会，选举第一届特委会委员二十三人，毛泽东为书记。七月湖南省委派杨开明来，杨代理书记。九月杨病，谭震林代理书记。八月红军大队往湘南，白色势力高压边界，我们曾在永新开过一次紧急会议。十月红军返至宁冈，乃在茅坪召集边界党的第二次代表大会。十月四日起开会三天，通过了《政治问题和边界党的任务》等决议，选举了谭震林、朱德、陈毅、龙超清、朱昌偕、刘天干、盘圆珠、谭思聪、谭兵、李却非、朱亦岳、袁文才、王佐农、陈正人、毛泽东、宛希先、王佐、杨开明、何挺颖等十九人为第二届特委会的委员。五人为常委，谭震林（工人）为书记，陈正人（知识分子）为副书记。十一月十四日红军第六次全军大会[25]，选举二十三人组织军委，五人为常委，朱德为书记。特委及军委统辖于前委。前委是十一月六日重新组织的，依中央的指定，以毛泽东、朱德、地方党部书记（谭震林）、一工人同志（宋乔生）、一农民同志（毛科文）五人组成，毛泽东为书记。前委暂设秘书处、宣传科、组织科和职工运动委员会、军事委员会。前委管理地方党。特委仍有存在的必要，因为前委有时要随军行动。我们感觉无产阶级思想领导的问题，是一个非常重要的问题。边界各县的党，几乎完全是农民成分的党，若不给以无产阶级的思想领导，其趋向是会要错误的。除应积极注意各县城和大市镇的职工运动外，并应在政权机关中增加工人的代表。党的各级领导机关也应增加工人和贫农的成分。

毛泽东撰写的《井冈山的斗争》

的道路，是毛泽东思想开始形成的一个标志，是马克思主义中国化的里程碑。

1929年夏，红四军内部曾发生一场大的争论。这场争论表面上看来是设不设红四军军委的问题，实际上是要不要加强党对红军的领导、重视不重视根据地建设等问题。不少官兵在思想深处，对在农村建立革命根据地、搞工农武装割据、能不能取得全国革命的胜利感到怀疑，弥漫着一种对革命前途感到渺茫的悲观情绪。最具代表的是当时红四军一纵队司令员林彪给毛泽东写了一封信，提出对红军的前途究竟应该如何估计的问题。毛泽东收到信后，知道这不仅仅是林彪一个人的想法，在红军中也是有代表性的。事实上就连共产国际也断定中国共产党建立的小块根据地是散乱的、不相关联的、必致失败的。要求中国共产党“反对对于游击战争的溺爱”，强调要以城市为中心，“准备城市与乡村相配合相适应的发动”。共产国际领导人布哈林

也主张红军走州过府，进行流动游击。

毛泽东思考了好几天，花了整整一个晚上，洋洋洒洒写了几十张纸，近8000字。他把信写完后，除了送给林彪，还拟题为《时局的估量与红军行动问题》，用党内通信的形式印发给红四军干部阅读。

毛泽东在信中明确提出了以农村包围城市、武装夺取政权的思想。他在分析了中国的特殊国情后指出：红军、游击队和红色区域的建立和发展，是促进全国革命高潮的重要因素。单纯的流动游击政策，不建立根据地，不能完成促进全国革命高潮的任务。

这封信在中国革命道路的探索进程中是带有标志性意义的一封信。在革命力量弱小、不少人对红军的前途感到悲观的时候，毛泽东透过现象看本质，预言全国各地星星点点的小块红色政权必将成燎原之势，作了星星之火可以燎原的战略判断。毛泽东用诗一样的语言描绘着即将到来的革命高潮："它是站在海岸遥望海中已经看得见桅杆尖头了的一只航船，它是立于高山之巅远看东方已见光芒四射喷薄欲出的一轮朝日，它是躁动于母腹中的快要成熟了的一个婴儿。"到1950年编辑《毛泽东选集》时，将林彪的姓名隐去，并稍作删改，题目改为《星星之火，可以燎原》，收入了《毛泽东选集》第一卷。

井冈山根据地的各级工农民主政权，是处在社会最底层的工农大众推翻剥削阶级的旧政权后，建立起来的自己当家作主的新政权。如1928年1月，在毛泽东指导下起草的《遂川工农县政府临时政纲》规定："工人、农民、士兵和其他贫民，都有参与政治的权利"等等，集中反映了劳动群众的愿望和要求。首先是广大劳动人民在政治上翻了身，拥有从未有过的政治权利。其次是开展土地革命，使无地或少地的农民分得了土地，激发了农民生产的积极性，促进了农业生产的发展。第三是通过革命政权发动群众、组织群众、武装群众，支援了革命斗争。

深度链接

遂川工农县政府临时政纲
(1928 年 1 月) ①

第一条：凡从（事）劳动及不剥削他人以为生活的男人和女人，如工人、农民、士兵和其他贫民，都有参与政治的权利。此外，各色人等，如收租的人，重利盘剥的商人，资本家、雇主、土豪、劣绅、反革命政府的官吏、国民党的执行委员、监察委员、清党委员、其他各色反革命分子及和尚、尼姑、斋公斋婆、教徒等一概没有参与政治的权利。

第二条：凡工农兵平民有集会、结社、言论、出版、居住、罢工的绝对自由，但对于剥削工农利益和危害本政府地位的反革命派剥夺此种自由。

第三条：县城及各种重要圩市，工人都要赶快组织各业工会联合会，由全县各工会联合会和直属工会组织全县总工会。

第四条：各区乡农民赶快组织各区乡农民协会。乡农民协会即为该乡执掌政权的机关。区的执掌政权机关，则为由各乡农民协会派出的代表，区的各业工会派出的代表，及区内革命军派出的代表所组织的全区工农兵代表大会，由全区工农兵代表大会所选举的人民委员会。

第五条：解除保安队、保卫团等反动的武装，组织工农革命军和赤色游击队，以保护工农阶级，肃清反革命派。

第六条：全县工会、农民协会、工农革命军的组织到了全县以上的时候，应立即召集全县工农兵代表大会，并选举正式人民委员会，为全县执掌政权的机关。

第七条：凡反革命政府的官吏，压迫工农、平民的土豪劣绅、地主、资本家、工贼、农贼和其他一切反革命派，工农兵政府应该严厉的惩办他们。

第八条：凡土豪劣绅、奸商、反动派准许工农平民就地自由捕捉，并烧毁他们的房屋。

第九条：凡土豪劣绅、奸商、地主的谷米、衣服、猪肉、油盐、砖瓦、木石、家用器具等准许贫苦工农自由夺取应用。

第十条：制定真正能够保障工人阶级利益的劳动法和劳动保险法，实行八小时工作制，星期例假休息照给工钱，男女工作同等要得同等工钱。

第十一条：工人应该〔给〕适合他们生活需要的最低限度的钱。

第十二条：工人有管理由工农兵政府所没收的商店和行栈的权利。

第十三条：特别保护童工和女工。童工每天做工不得过六小时，童工女工不许做夜工，又不许做那些剧烈有害健康的工作，八岁以下的儿童，不参加劳动，女士产前产后须有八星期的休息，休息时间照给工钱。

第十四条：老板和师傅不得虐待学徒。学徒在学习时间内，应该得到相当工钱，学徒学习时间不得超过两年，取消进师礼，出师礼。

第十五条：凡地主、祠庙、公共机关的田地、山林和一切附属，这些田地、山林和〔给〕缺少田地山林的贫苦人民和退伍兵士耕种使用。

第十六条：改良士兵待遇，增进士兵文化程度，士兵要有充分的给养，官长士兵薪饷平等，士兵组织士兵委员会参加军队管理。

第十七条：工农平民从前的欠债、欠租、欠税、欠捐，一律停止偿还和缴纳。

第十八条：从前财主手中所存的借字，地主所存的契约一律宣布作废，(如）准许工农平民自由向财主地主手中夺取出来，焚烧灭迹。

第十九条：从前反革命县衙门柜书内②所管的粮册宣布作废。

第二十条：取消盐税、田赋厘金、印花烟油税、鸡鸭税、屠宰税、硝磺税、百货捐等一切苛捐杂税，规定适当的土地税和资本税。

第二十一条：开办消费合作社，使工农贫民得到廉价的货物，免除商人的剥削。开办贩卖合作社，使农民及工业小生产者的出品得到适宜的价钱。免除行栈等奸商的操纵，开办信用合作社，使工农平民得到低利无抵押的借款，免除资本家地主的重利盘剥。开办生产合作社，以增进农业及工业的生产，免除个别生产的不利。

第二十二条：统一全县的斗尺秤。

第二十三条：由工会开办工人学校，由农民协会开办农民学校，由县工农兵政府开办高级的工农学校，以增工农平等的劳动知识和一般文化程度。

第二十四条：疏通河道，修筑堤防，以兴水利。

(下缺)

(据湖南省安化县档案馆所存国民党第十六军政训处翻印的材料)

注释：

①原文无时间，这是编者根据政纲内容及有关资料判定的。

②原文如此。

第三章

井冈山革命根据地的工人运动领导机构

在井冈山革命根据地开创与形成的过程中，中共井冈山前敌委员会（简称井冈山前委）下设职工运动委员会；湘赣边界工农兵政府下设工农运动委员会。这是湘赣边界党组织和工农兵政府为加强对工人运动的领导，设立的一种独特的组织机构；是工人群众和广大人民利益的代表者，深受广大工农大众的信赖、拥护；是决策，是组织保证，确保了井冈山革命根据地工人运动沿着正确的道路健康发展。

第一节 中共井冈山前敌委员会职工运动委员会

1928年11月2日，中共湘赣边界特委收到中共中央6月4日来信，指示重新成立中共井冈山前敌委员会（简称前委），并指定前委由“毛泽东、朱德、一工人同志、一农民同志及前委所在地方党部的书记等5人组成，毛泽东为书记”。11月6日，湘赣边界特委在茨坪开会，讨论中央来信，并重建前委，委员为：毛泽东、朱德、地方党部书记谭

中共井冈山前委旧址

震林、工人代表宋乔生、农民代表毛科文，毛泽东为书记。前委辖红四军军委和湘赣边界特委，下设秘书处、宣传科、组织科、军事委员会、防务委员会、职工运动委员会。

第二节 湘赣边界工农兵政府工农运动委员会

1928 年 4 月 28 日，朱德、毛泽东两部在宁冈龙市会师（即井冈山会师）以后，边界割据不断扩大。到 6 月份，边界进入全盛时期。就在根据地不断发展时，为统一领导，指挥边界的斗争，在召开边界党的第一次代表大会后，5 月间，又在宁冈茅坪召开边界各县工农兵第一次代表大会，选举产生了苏维埃执行委员会，成立了湘赣边界工农兵苏维埃政府。边界政府由袁文才任主席，下设军事、政法、财政、土地、青年、妇女、工农运动委员会。军事部张子清负责；财政部余贲民负责；青工部肖子南、刘真、胡波负责；土地部谭震林负责；妇女部吴仲莲、彭儒负责；司法部邓允庭负责；工农运动委员会宋乔生、毛科文负责。湘赣边界工农兵苏维埃政府是边界最高行政机关，下辖茶陵、遂川、宁冈、永新、莲花、酃县等县各级政府。各级政府都设工农运动委员会，下设工运科。在全盛时期，边界县区乡苏维埃都已普遍建立，都设工运科。“民众普遍知道了各级‘工农兵苏维埃政府’，工农运动委员会，宁冈民众简称为‘埃政府’的（客籍土话，埃政府就是‘我们的政府’），别的地方简称为‘苏政府’”。边界苏维埃政府的成立和工农运动委员会的成立（简称“工运会”），起初比较仓促，在充分发挥权力机关的职能上工运会的作用发挥不够。有的党包办一切，有的只停留在“每日只替党

湘赣边界工农兵政府旧址

部通信的交通，替红军搬运粮食、派使做侦探、管理赤卫队等工作”上，之后充分认识“苏维埃”“工运会”的作用，才“慢慢纠正过来”。在“初期的政府委员会中，特别是乡政府一级，小地主富农及知识分子争着要干，他们挂起牌子装得很热心，用骗术钻进了政府委员会，把持一切，工运会、贫农委员只作配角”。后来群众发动起来了，把他们清洗出去。边界的苏维埃组织、工会组织经过一年多的努力，已逐步深入人心。

1928 年 5 月，朱昌偕担任了中共永新县委常委、永新县总工会委员长兼城市工人赤卫队党代表。他组织和领导工人群众努力生产，支援红军，并动员青年工人加入红军。当敌人进犯根据地时，还率工人赤卫队配合红军，参加反“会剿”的斗争。1928 年 7 月间，红军大队去湘南时，赣军 11 个团进攻永新。在毛泽东和边界特委统一部署下，朱昌偕率领 200 多人的工人赤卫队埋伏在南乡洲湖一带，配合红军，困扰、袭击敌军，达25天之久。在1928年10月召开的中共湘赣边界特委第二次代表大会上，朱昌偕当选为第二届特委委员。同年12月，湘赣边界特委改组，朱昌偕担任了特委常委，同时兼任中共永新县委书记。曾任边界特委书记的杨克敏在写给中央的报告中说：“永新县委书记为一工人同志朱昌偕，常委委员都还积极，亦有相当的能力。”

1929年1月，红四军、红五军主力先后离开井冈山根据地向赣南进军后，井冈山军事根据地被敌占领。2月初，敌军又以四个团的兵力向九陇山军事根据地发动进攻。这时守卫九陇山根据地的有永新、宁冈、茶陵三县县委和三县赤卫大队以及武装群众。但是由于当时湘赣边界特委机关在随红五军突围途中被打散，这时各县县委和赤卫队正处于群龙无首的状态。就在这外部面临强敌进攻，内部又缺乏统一组织和指挥的严峻时刻，朱昌偕以特委常委身份，挺身而出，召集刘作述、鄢辉、谭家述等同志共同商议统一领导三县党和武装，保卫九陇山等事宜，决定将三县赤卫队编为赤卫总队，分兵扼守三个山口，抵抗敌军的进攻。赤卫总队经过三天三夜的苦战，弹药耗尽。为了保存实力，朱昌偕当机立断，命令赤卫总队分头转移，进入深山老林。这一决断，使这三县“武装尚保存，党亦大部分未破坏”。

为了迅速恢复党的边界组织，把湘赣边的斗争坚持下去，2月中旬，永新、茶陵、宁冈三县县委联席会议在九陇山召开，成立了湘赣边临时特委，朱昌偕被选为书记。

1929年5月以后，朱昌偕重新担任了中共永新县委书记的职务。他和县委王怀、刘天干等同志详细讨论和研究发展党的组织，扩大地方武装，建立红色政权等各项工作，制订切实可行的工作计划，还经常跋山涉水，深入区、乡去检查、指导工作，帮助解决工作中的困难，这样，永新县各项工作很快取得成效。到8月为止，已恢复和建立了东南、西北特区委和6个直辖区委，党员人数已发展到4000余人。大部分区、乡已建立了秘密和公开的苏维埃政权。不少区、乡进行了土地分配。地方武装也有较大发展，成立了永新赤卫营，除抽调60条枪编入红五军外，尚有枪200余支，是边界各县中最多的。由于斗争环境的艰苦，到1929年5月以后，遂川、茶陵、酃县割据地区逐渐缩小。5月10日，边界二届四次执委会在宁冈古城召开，传达前委给边界特委的指示信，学习东固根据地的经验，边界的苏维埃组织、工会组织采取公开与秘密的两种形式。永新的小江、鄱梅、天龙山、绥远等地和宁冈的一、二、四区，大小五井等地，都有公开的苏维埃工会组织存在，秘密的苏维埃组织、工会组织尚有永新的西、北两乡的大部分。

第三节 湘赣省职工运动委员会

1931年10月8日，正式成立中共湘赣省委员会，为了加强工人运动的领导，特设职工运动委员会。省委书记王首道兼任职工会书记，省苏维埃政府主席袁德生，省常委甘泗淇、刘其凡也是职工会的委员，其他成员有刘亚球、王炳生、张子意、刘士杰、邱炳炎等。不久，职工会改称职工部，常委刘其凡任部长，成员有王首道、袁德生、王炳生、刘士杰、刘燕玉、杨西林、肖石坚、王国朝等。职工会或职工部的设立，不仅协调了工会与党政部门、群众团体之间的关系，更重要的是便于把工人运动和工会工作列入党委的议事日程，及时作出决策，从组织上保证工人运动的健康发展。

湘赣全省工人第一次代表大会代表证

井冈山革命根据地工会组织紧紧围绕井冈山斗争大局，成为党和红军的主要力量，在艰苦的条件下，在特殊的岗位上，焕发出工会组织特有的作用和活力，发挥湘赣边界党组织和工农兵政府联系工人群众的桥梁、纽带作用，把广大工人群众组织起来，与井冈山军民一起英勇奋斗，支撑着井冈山革命根据地的红旗始终不倒。

井冈山革命根据地工会组织主要任务是：在中共湘赣边界组织和工农兵政府领导下，对工人进行宣传、教育，组织工人群众参加井冈山斗争。1927 年 11 月，工农革命军攻克湖南茶陵县，重建县总工会，谭震林任主席。接着，宁冈、酃县、永新、莲花、遂川 5 个县相继成立总工会。边界各县总工会，接受前委职工运动委员会、工农兵政府工农运动委员会的双重领导。县总工会下设秘书处和组织、宣传、劳保 3 个委员会。总工会以下有各行业工会，如：手工业工会、店员工会、船员工会、印刷工会、泥木工会等。边界各级工会，积极开展群众活动，组织工人学习文化和时事政治，提高工人阶级觉悟；领导工人开展经济活动，增加工人工资，保障工人权益；动员工人发展生产，在物资上支援红军；动员工人参军参战，支援前线；充分发挥党政机关的助手作用，并在斗争中锻炼出一批工人出身的革命骨干，如谭震林、蒋世良、朱昌偕等，均担任边界党和政府的领导职务。

第四节 茶陵县总工会

1926 年 7 月，北伐军进入茶陵，应茶陵中共党组织负责人的要求，北伐军第二军政治部同意留下共产党员林焕然作为工运特派员，参加中共茶陵特别支部，负责茶陵的工运工作，在石印、缝纫、泥木、油漆、造船、厨师等行业建立7个基层工会组织，发展会员970多人。其中泥木分工会有会员80多人，缝纫分工会（刘青云任缝纫分工会负责人）有会员70多人，船业工会有会员230多人。是年10月下旬，召开茶陵县工人代表大会，正式成立“茶陵县总工会”，共产党员王友德任委员长。工会设在城内文庙侧考房右边屋内。总工会成立之后，组织和发动工人开展“提高政治地位、改善生活待遇”的斗争活动，开办工人夜校，成立工人纠察队。到1927年5月初，各行业均建立了工会组织，工人普遍加入工会，工人运动声势浩大。“马日事变”后，总工会被解散，许多工会成员惨遭杀害。幸存的工运骨干坚持斗争，有的外出赴武汉、南昌等地寻找党组织，有的转移到农村山区，参加茶陵游击队。

1927年11月18日，工农革命军第二次攻克茶陵后，部队派了谭梓生当县长。县政府的人员由于缺乏从政经验，新政府和旧知事衙门一样，坐堂审案，纳税完粮，不发动群众打土豪、搞革命运动。宛希先将情况写信告诉毛泽东，毛泽东回信指示：“派县长是不对的，不能按国民党那一套搞。要发动群众成立工农兵政府。”于是宛希先于11月28日，在原“县长公署”召开工农

茶陵县城城门

兵代表会议，宣读毛泽东的来信。最后选举工人代表谭震林、农民代表李炳荣、士兵代表陈士榘 3 人为常委，组成工农兵政府。推举谭震林任工农兵政府主席，谭梓生当顾问。谭震林任工农兵政府主席后，县总工会委员长由县委委员谭思聪兼任。次日召集大革命时期的工运骨干龙从云、刘青云、贺子迈等几十名工人开会，分别组织行业工会。先后恢复店员、缝纫、铁业、磨工等基层工会，会员达 800 多人。是年 12 月，工会骨干随工农革命军撤离茶陵，奔赴井冈山，参加工农革命军，留下少数工人党员在城里担任秘密联络工作。

1928 年 3 月，毛泽东在井冈山又派茶陵游击队和茶陵一部分工农革命骨干李炳荣、谭思聪、谭普祥、罗青山、袁兆洪、谭趋新等返回潭湾，指示重建茶陵工农兵政权。于是茶陵县工农兵政府在潭湾又宣告成立。共产党员、缝衣工人谭普祥任工农兵政府主席。县工农兵政府成立后，茶陵游击队活动到浪滩、马江一带，在马江发动群众成立工农兵政府。陈为任区委书记，雇农工人张善诚任区工农兵政府主席，张忠发任区工会主席。

1930 年秋，党领导人民革命斗争胜利发展，军事割据日益扩大，全县红色区域占四分之三，苏维埃运动进入全盛时期，建立起来的工农兵苏维埃政权得到巩固。根据党组织的要求，各区、乡政府都建立工会组织。工会组织普遍建立以后，按照湘赣省 1931 年 9 月 14 日各县工会联系会议精神，紧接着成立以苦力、店员、木工、缝纫、铁业等产业工人为主要成分的“茶陵县职工联合会”。1932 年春，在区、乡建立以雇农为主的“雇农工会”的基础上，建立“茶陵县雇农工会”。茶陵的工会组织，不仅为保护工人合法权益、提高工人政治地位，改善工人生活展开积极斗争，还选拔大批优秀工人参加红军和担负各级党政机关的领导工作。同时，在国民党军军事“围剿”与经济封锁的困难时期，按照中共茶陵县委和茶陵县苏维埃政府的统一部署，积极兴办兵工厂、缝纫厂、煤矿和铁厂。这些厂矿，为发展苏区经济，支援革命战争，巩固苏维埃政权，起到了重要作用。

茶陵工人纠察队的成立 茶陵县总工会于 1926 年 10 月建立了一支 100

多人的工人纠察队。吴耕辛任队长，谭普祥任副队长，每个基层工会都建立了工人纠察队。开始用木棍、梭镖作武器，以后配有长枪 30 多支。1926 年冬，中共茶陵特委派纠察队队员龙从云、孔罗现赴省城，接受省工人纠察队的培训。队员们戴着斧头镰刀的红袖筒，背起梭镖站岗放哨，协助县工农革命军维持地方治安，保卫工农兵政府。每逢县里召开群众大会或农民进城惩治豪绅，茶陵工人纠察队都全副武装，维护秩序，保护群众。一是袭击安仁挨户团。茶陵县工农兵政府成立后，安仁县挨户团在茶安边界，不时骚扰百姓。工人纠察队队员王牛仔、罗忠志、单兰英等十多人，带领工农革命军 20 多名战士，共 30 余人枪，围剿安仁挨户团。战斗结束，缴枪三十八支半，半支断枪是王牛仔背回来的。返回时，在界首又缴枪 10 支，从此，安仁挨户团再不敢骚扰茶陵边境。二是打退高陇地主武装。工农兵政府成立半个月之际，高陇的豪绅谭省吾、罗兆鹏妄想颠覆工农兵政权，纠集高陇一带的地主武装 300 余人枪，向茶陵县城进攻。工农革命军闻讯，将主力隐蔽于对河定灵寺。战斗一打响，工人纠察队过河包围，打死地主武装兵 20 多人，缴枪 20 多支，保卫了工农兵政府。三是掩护工农革命军撤退，踊跃参加正规军。1927 年 12 月 26 日，国民党军调遣吴尚第八军 1 个团攻打茶陵城，与工农革命军在城郊象形山、月形山展开战斗。茶陵县总工会组织工人纠察队积极参战，运送弹药、救护伤员。部队夜里撤退时，鞭炮工人事先制造一种特殊鞭炮，放入洋油铁瓶内，点燃作机枪声，迷惑

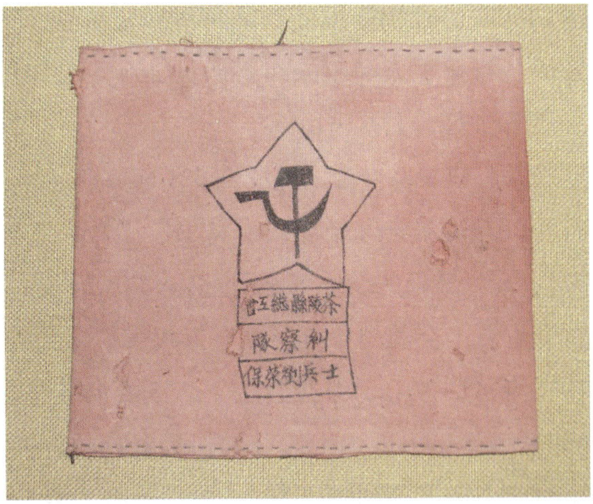

茶陵县总工会纠察队员刘荣保用的袖章

国民党军，机智掩护工农革命军安全撤退。正当工农革命军撤退之际，茶陵的各行业工人和工人纠察队员200多人参加工农革命军，编入第一师第一团第二营，上井冈山。

茶陵职工联合会的成立 1931年4月，第一次全省工人代表大会在永新召开，茶陵派县苏维埃政府秘书、腰陂区张思乡工会主席刘牛仔（缝衣工人）、高陇区墨庄乡铁工陈□□3人出席会议。会议有300多人参加，会上选出全省总工会的领导人，并布置代表们回县开展工人运动，搞好工会工作。1931年4月9日，茶陵县五、八区委向各基层党组织发出《通知第五号》：“加紧领导工人减少工时，增加工资；救济失业工人，领导民众抗租抗债，反对米谷涨价等斗争”和“加紧苦力工会、雇农工会，贫农团的组织”。1931年10月4日，湘赣临时省委召集各县工会联席会议，讨论改造各县行业工会组织，通过赤色工会组织法及贫农团组织法，并成立湘赣省总工会筹备委员会。1931年10月15日，茶陵县苏维埃政府根据中共湖南省委召开的各县行业工会联席会议的精神，在苏维埃代表大会所作的决议案中，对建立各级各类工会组织，作了明确的规定：“苏维埃必须以最大的力量，立即由下而上地建立赤色工会、雇农工会、贫农团等群众组织，并加强其阶级教育，使其成为土地革命中的柱石。”同时提到“要自下而上彻底地改造各级苏维埃政权，吸收工人、雇农、贫农、最老实的中农到苏维埃机关主持工作”。在这个基础上，1931年秋，茶陵县工人代表大会在严塘湾里召开，正式成立茶陵县职工联合会。选举缝衣工人颜子华任县职工联合会主席，彭积云任副主席，郭桂秋任秘书长。刘长希任青工部部长，谢凤玉（女）任青工部委员。

茶陵雇农工会的成立 1931年4月22日，根据省《第五次劳动大会农村工人运动工作大纲决议》的精神，翻印《区雇农工会章程》（草案）发至各区乡，要求按《章程》规定，发展会员，建立组织。这样，全县各区乡的雇农工会很快建立起来，高陇区于1931年冬建立区雇农工会，选举刘冠生任委员长，严尧区也接着成立区雇农工会，谭仕莲任委员长。1932年春，正式成立茶陵县雇农工会，谭普生任主任。从此，与湘赣省雇农工会直接发生工作上的联系。下半年，省雇农工会举办训练班。茶陵派县雇农工会执行委员陈世苟参加学习。他们亲聆任弼时政治报告，结业时还颁发铜质五角星胸章作为纪念品。

早在湘赣临时省委成立之前，即湘东南斗争时期，茶陵县就有了雇农工会组织。雇农工会是产业工会性质的组织，雇农工会的成员，必须是革命爆发之前被地主、富农雇为长工或短工者。革命爆发时仍为雇农的、半工半农的贫农不能加入雇农工会。挑脚、抬轿的苦力工人，须单独组织苦力工会，亦不准加入雇农工会。

雇农工会，在省一级接受总工会的领导；在县一级，即为与县总工会平行的组织，自成独立的组织系统（故县总工会之下不设雇工部）。

县雇农工会自下而上地建立组织。乡设小组，区、县设工会。县雇农工会之领导机构内设组织、宣传、青工、女工部和秘书处。雇农工会小组成员为雇农团的当然成员。

雇农工会成员有政治优势，革命热情高。尽管他们占的总人数的比例不大，但在党员总数上占的比例高于其他人数的比例。据 1932 年 8 月的统计，茶陵县 2985 名党员中，雇农达 254 名。在冲锋季革命竞赛中，有 82 名雇农工会成员参加了红军。

茶陵的广大雇农工人，自建立自己的组织——雇农工会以后，就成为土地革命的柱石，在领导贫农、团结中农打土豪分田地的斗争中，起到重要作用。1931 年 10 月间，高陇区开始分配土地。之前，茶陵县苏维埃政府土地部长在高陇区召开两天时间的会议。传达分土地的方针政策后，成立由区雇农工会成员参加的分配土地机构土地委员会。接着，把全区划为三个片，一至五乡为一个片，由雇农工会委员长刘冠生领导；六至十一乡为一个片，由雇农、区土地委员会委员张马仔领导；十二至十五乡为一个片，由区土地部长谭元领导。他们下到乡后，按乡召开会议。由雇农、贫农组织土地分委员会，每个自然村选出一个雇农为土地委员，具体担任土地分配工作。一个月以后，三个片的领导人，又互相调换，检查工作进展情况以及政策执行情况，使运动健康发展。

第五节 酃县总工会

酃县工人协会 1926年秋，城关、西区、横溪江等地的手工业工人、泥木工人和排运工人，在工运特派员段瑞指导下，分别建立手工业工会、泥木工会和排运工会，各行业工会先后发展会员268人。同年冬，在县城召开全县工人代表会议，成立酃县工人协会，发动工人支援农民运动，开展以打土豪、减租减息、禁鸦片、禁赌博及抵制洋货为中心内容的反帝反封建斗争。1927年1月，中共湖南省委派段瑞兼酃县工运特派员，重新组建农民协会委员会。2月，酃县第一所工人职工学校成立，设针织、织布两个班，学员70余人。3月初，段瑞、朱子和、李却非等人带领工人纠察队和农民自卫队攻打县团防局，夺枪80余支。5月27日，龙溪排运工人联合会在横溪江开会成立，负责人朱帮运、刘仰琴，会员24人。这是酃县第一个基层工会组织，会后游行示威，并开展打土豪等活动。到1927年6月，全县共建立工会组织3个，会员81人。“马日事变”后，龙溪排运工会遭破坏，一批工会骨干惨遭杀害，工人协会的活动停止。

酃县赤色总工会 1929年4月，黄挪潭区成立区工会，发展会员10余人。1930年10月，坂溪区工会成立，发展会员50余人。1931年2月，在石洲里召开工人代表会议，正式成立酃县赤色总工会，陈亮彩任委员长并按行业成立县职业工会和雇农工会。1932年1月，建立黄挪潭、坂溪、石洲、土都4个区工会，34个乡工会，会员发展到600多人。赤色总工会的主要活动是：协助苏维埃政府动员青年参加红军，组织会员打土豪、筹军饷、搞联络、当向导、采购物资，支援红军巩固根据地，组织兵工厂、缝纫厂、红军医院、供销合作社等单位的职工开展劳动竞赛。1934 年冬，第五次反“围剿”失败，赤色总工会被破坏。

1932 年 4 月 3 日，酃县赤色总工会在石洲召开第一次执委会，重新选举了以廖国柱、黄永洪、李先盛三人组成的常委会，廖国柱任赤色工会委员长，黄永洪任雇农工会委员长，李先盛任青工部部长。同时下设组织部、宣传部、失业救济部、女工部等办事机构。此时，全县苏区有工会会员 268 人。

酃县赤色工会成立后，在争取工人利益、服务于革命战争、参加苏区建设等方面开展了一系列工作。遵照湘赣省委决议精神，开展了实行中华苏维埃劳动部颁发的《劳动法》，保护工人合法权益的斗争。除了在县苏维埃政府开办的工厂普遍实行工人在经济上的各种规定外，还组织私营厂、店、作坊的工人与业主开展经济斗争，要求实行 8 小时工作制，不准任意打骂和解雇工人，女工有休假的权利。通过斗争，苏区工人生活得到了改善，地位得到了提高。为敌人打破根据地的经济封锁，保证革命战争和建设的需要，苏区广大工人以饱满的革命热情，响应湘赣省委和酃县县委号召，积极投身于革命竞赛活动。县兵工厂、硝盐厂、缝纫厂、印刷厂、纸棚、铁厂、铸锅厂的工人日夜生产，赶制武器、弹药、军帽、军鞋、军衣、食盐等军工和生活用品。有效解决了部队的给养问题，也促进了苏区的经济

湘赣省酃县十都区苏维埃执行委员会工农检查部印

建设。除此之外，苏区工人还主动参加根据地反“围剿”斗争，承担维护社会治安的任务，充分发挥了工人阶级在革命战争和苏区建设中的骨干作用。

第六节 宁冈县总工会

大革命时，宁冈还是封闭式的半封建农业经济，商业不发达，资本主义经济远远还没有影响到湘赣边界。只有龙市、古城等较大的山区市镇有小型作坊，没有产业工人。全县大都是手工业、铁匠、木匠、泥水匠等。1927年1月，宁冈县分别成立铁匠、木匠、泥水匠、缝纫、店员等工会。成立宁冈县总工会，选举谢珍珠、李子培（杰三）、段羊山、刘鹏举为委员，李子培为主席。

宁冈县工农兵政府所在地——龙市

全县有会员160多人，总工会办公地点设在龙市天厚宫。1928年2月，宁冈县工农兵政府成立后，宁冈县总工会设委员长 1 人，下设组织、宣传、青工、工人武装、女工、失业救济部和秘书处等。总工会委员长由朱天伦担任。全县铁匠、木匠、篾匠、泥水匠、裁缝、店员等手工业工人都参加了工会。龙市、古城、新城、大陇 4 个区成立区工会。

1929 年 1 月，湘赣边界军民第三次反“会剿”失利，县总工会工作中断，6 月以后恢复，林厚斌任委员长。1930 年 2 月，袁文才被错杀。4 月，驻赣滇军八十一团进犯宁冈，总工会再次陷于瘫痪状态。7 月，又重新恢复总工会的工作，主席由谢月高担任。1931 年 5 月，谢月高被选为宁冈县苏维埃主席，总工会主席由柳炳庚接任，谢友才（谢中光）为副主席。

1930 年 7 月至 1932 年 7 月，重新恢复工作后的县总工会经过不断努力，恢复建立 4 个区的工会组织，大的乡圩镇如龙市、新城、古城、睦村、大陇等建立工会支部。1931 年 4 月，在全县还组织雇农工会，把乡村中的雇农划为无产阶级范畴。1932 年 3 月至 6 月，建立 5 个工会支部，会员 111 人。工会把工作重点放在巩固苏维埃政权和红军的工作上：（1）积极领导工人群众参加苏维埃政府所领导的各种斗争——革命战争、土地革命、肃反等；（2）参加苏维埃选举运动，并选举工人中的最积极最坚决的分子到苏维埃政权中（负责指导）工作；（3）有计划地征调工人到红军中去，实现无产阶级领导，并鼓励贫农和中农加入红军。在 1932 年 3 月至 6 月扩红冲锋季的竞赛中有 90 多名雇农和贫农参军。与此同时切实执行优待红军条例，“随时随地解决红军家属任何困难”，帮助红军家属搞好耕种收割。工会还注意本身的改造和巩固，把反动分子及和尚道士、地理先生、流氓、富农等清除出工会。

工会还坚决执行劳动保护。宁冈县赤色一区分工会，1932 年 3 月 28 日通过的第三次代表大会决议公布的“坚决执行劳动保护法”规定为：（1）实行成工 8 小时、青工 6 小时、童工 4 小时工作制；（2）每星期休息 1 天，在休息时间上加工，雇主应加发工资；（3）每逢纪念节应休息 1 天，在休息时应要雇主发给工资；（4）女工产前产后 2 个月休息，月经休息 5 天，工资照给；（5）反对三年学徒出师制，至多不超过两年，反对进师出师礼，在学习时应得相当的工资，青工不做夜工，不做危害身体的工作；（6）实行男工女工同酬。

井冈山斗争时期，县总工会组织工会参加赤卫队，担负站岗、放哨、巡逻任务，配合红军作战，积极参加修理枪械和赶制衣被以及熬硝盐。1928 年 11 月，抽调 80 余名手工业工人参加大井、小井、黄洋界修筑营房及哨口工事。他们于次年 1 月，当湘赣两省敌军“会剿”时，还配合红军作战，奋战三昼夜，终因寡不敌众，大小五井失守，100 多人跟随部队突围，只剩下 30 余人归队，余下的均壮烈牺牲。1932 年 3 月，为完成湘赣省委下达宁冈县 200 名“扩红”指标，工会组织在工人群众中进行扩红宣传，动员大批赤卫队员参加红军队伍。1933 年 1 月，中共湘赣省委配定宁冈革命战争公债 500 元金额的任务，工会积极组织会员认购，保证任务的完成。

县总工会于 1932 年 12 月 25 日作出“年关斗争的工作决定”，指示各区、乡工会组织，在年底认真检查劳资合同与劳动法的执行情况。深入白区捉拿土豪，为游击队筹款 1000 元。同时，年底普遍救济失业工人一次。

1934 年秋，国民党大举进攻，红色割据丧失殆尽，县工会终止工作。

第七节 遂川县总工会

大革命时期，蒋世良、柏能昭等在县城建立了雇员工会小组。1926 年 11 月，遂川第一行业工会（篾业工会）建立，蒋世良任主席。1927 年 1 月上旬，县城的店员、理发、缝纫、木业、排业、船业、鞋业、五金等行业工会相继成立。草林、雩田、碧洲同时成立圩镇行业工会和工人纠察队。是年

遂川县工农兵政府旧址

春，全县建立了基层工会组织 20 多个，80%的工人参加了工会组织，会员人数达 1100 多人。下旬，召开全县第一次工人代表大会，代表 50 余人，成立遂川县总工会，选举蒋世良为主席并出席省第一次工人代表大会代表，选出刘延猷、蒋世良、刘德跃、陈正人等 7 人为县总工会执行委员。会议还通过大会宣言和“统一工会组织”“改善工会待遇”“成立工人纠察队”的决议。5 月中旬，遭国民党军袭击而消失。1928 年 1 月，各行业工会相继恢复，同时成立县总工会。委员长蒋世良，指导员谭震林，办公地点在孔圣庙，会员达 700 余人，从中挑选 100 多名年轻力壮的会员组成纠察队，蒋世良兼队长。1928 年 2 月，县总工会随党政机关迁往黄坳。其中，一部分工人、店员随军上井冈山，编入遂川赤卫队。此后，县总工会经常组织工人运输队，为红军送棉布、药材、食盐等物资上井冈山。县城、雩田和草林的工人武装先后赴黄坳，参加井冈山战斗后，编入红四军二十九团、三十一团。

1929 年 2 月停止活动。1930 年 10 月，在红二十二军帮助下，全县公开大暴动，县总工会恢复建立，由萧邦沂负责。1932 年 8 月，县总工会改称职工联合会，委员长由杜书钦担任，后为凌标山。办事机构设青工部、女工部。下分雇农工会、手工业工会、店员工会、苦力运输工会，区设职工工会。

第八节 永新县总工会

永新境内旧无近代工业。工人成分主要是手工业中的雇佣劳动者、船业和挑业工人、雇农及一部分商店店员。工会组织的建立，始于国共第一次合作时期。1926 年 10 月，县总工会在县城成立，王怀任工会委员长。各行业成立基层工会。1927 年 6 月后，工会组织被破坏。1928 年 5 月，县工农兵政府成立后，县总工会随之成立。1929 年 1 月后，总工会曾一度停止活动，至是年 12 月，县总工会重新成立。全县有会员 400 余人。1930 年 7 月，会员发展到 1100 余人。1931 年后，按照湘赣苏区工会暂行组织规定，由下而上地整顿各级工会组织，清洗 “非阶级分子”出工会，吸收“真正阶级工人雇农手工业工人，失业工人加入工会”。工会的组织系统是：县设总工会，区设区工会，区以下设工会支部、工会小组，雇农工会为独立组织，直属省工会领导，与地方各级工会发生横向联系。工会内部的分工是：县总工会设组织、宣传、青工、女工、工人武装、失业救济等部和秘书处，各区工会设组织、宣传、青工、女工、失业救济科和秘书处，工会支部只设委员 3 人，负责日常工作。据 1932 年 3 月 16 日至 6 月 15 日，3 个月工作竞赛的报表统计：永新工会新发展 29 个支部，会员 684 人，在白区建立 4 个支部，会员发展 21 人。是年，全县区工会共有 10 个，支部 117 个，会员 2543 人。

永新县城

1926年，县总工会成立后，一面组织工人开展争取自身权利的斗争，争得8小时工作制和提高工资15%的经济利益，争得参加工会组织及开会自由和学徒不受体罚；全面动员工人参与政治斗争，支持国共合作，支援北伐战争。1931年，县工会经过整顿以后，大力发动工人群众的经济斗争，普遍开始执行苏维埃的劳动法；积极领导工人参加土地革命斗争，组织工人纠察队，维护城市治安，动员工人参军参战，充实红军队伍，同时，组织工人进行文化学习。

第九节

莲花县总工会

1926年9月，莲花县总工会建立，朱绳武为执行委员，下设店员、木业、铁业等行业工会，有会员200余人。翌年7月，大革命失败，朱绳武被捕牺牲，工会组织被解散。1928年6月，恢复县总工会，设委员7人。县总工会下设秘书处和宣传、青工、女工、工人武装、失业救济5个科，各区、乡相继建立工会组织，乡设工会小组，配正、副组长各1人；在会员较多的行业工会内则建立工会支部，设委员3人。1931年5月，县总工会以产业为基础，建立基层工会。1932年发展会员132人。1933年7月，县总工会辖店员、瓷业、织染业、木铁业、篾业、泥工业、理发业、油漆业等10余个行业的职业工会，共有会员1209人。1934年以后，工会组织消失。

莲花县工农兵政府旧址

第二次国内革命战争时期，在朱绳武等共产党员的领导下，县工会督促、吸收工人加入工会行列，创办工人夜校，组织职工学政治、学文化，提高广大工人的思想觉悟；发动工人参加劳资斗争，开展罢工、罢市、游行示威，争取实行8小时工作制和休假制，提高工资待遇，反对资本家无故开除工人和虐待徒工的剥削压迫行为，保障工人的利益；同时组织工人纠察队，建立工农地方武装，积极扩红支前，配合红军主力开展游击战争，为建立和巩固苏维埃政权作出了贡献。

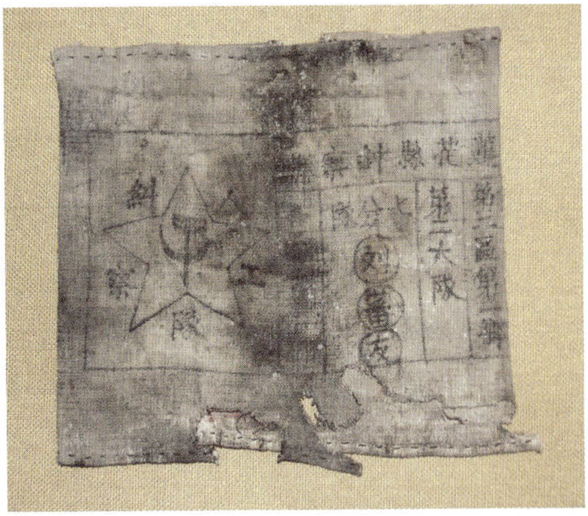

工人纠察队袖章

第十节 攸县总工会

攸县总工会 1925年8月，公开成立攸县工会筹备处。全县7个区也先后成立区工会。11月以后，中国共产党在城区工人中先后吸收谭震林（印刷工人）、宾显梅（缝纫工人）、吴桂林（木工）、朱竹林（泥工）等入党。并筹建书纸业、泥木业、箩业（码头装卸业）、履革业、伞业等30多个行业工会。年底，会员发展至1.18万人。1927年1月，召开全县工人代表大会，正式成立攸县总工会。总工会在中共攸县地方执行委员会领导下，积极支援农民运动，开展筹粮斗争和支援北伐等政治活动。同年5月“马日事变”，国民党对工会干部和积极分子进行残酷镇压，一大批共产党员和工会骨干惨遭杀害，工会活动被迫停止。

攸县苏区总工会 1930年10月，攸县苏区成立总工会，有手工业工人593人，从事被服、枪弹、火药及其他武器的生产，专供赤卫队使用。1933年，苏区工会被迫转移兵工厂、被服厂，迁往江西省莲花县，1934年，苏区工会解散。

第十一节 桂东县总工会

1925年11月，桂东县总工会成立，选举黄宾轩为会长。辖缝纫、木工、铁工、石工、理发等行业工会，有会员近300人。“马日事变”后，工会组

湖南桂东县

织遭到破坏，工会活动被迫停止。1926 年 7 月，国民革命军第二军代军长鲁涤平率部北伐经过桂东，县内手工业工人带头拥军支前，一些人参加北伐军。工农运动开展后，县总工会领导工人参加革命斗争，成立 30 人组成的工人纠察队，保卫工农利益。同时，开办工人夜校，培训工人，招收 16~20 岁的青工入学。12 月，派出代表黄仁昭出席湖南省第一次工人代表大会。1927 年，沙田矿工郭锡纯、木工郭冠球、裁缝郭重生等10 多名工人参加沙田年关暴动。1928 年 4 月工农革命军到达沙田后，沙田工会恢复，黄振山任会长，有会员 20 余人。工农革命军转移后，工会组织被国民党军破坏。1944 年抗日战争期间，在原有 2 个产业工会、5 个职工工会的基础上，由工会理事长与常务理事发起组织桂东县总工会。8 月，铁工刘善才等 8 人加入红四军设在普照乐东水的兵工厂，为部队修理和制造武器。8 月 28 日，召集各业工会会员代表会议，桂东县总工会正式成立。1935 年至 1938 年，一些工人参加湘粤赣边区红军游击支队，后加入新四军。1947 年冬，先后有 53 名工人参加郭名善等在龙头村举行的武装起义。

第十二节 泰和县总工会

1926 年 9 月，在县城成立缝纫、木工、店员等工会后，接着成立县总工会筹备委员会，选举汤节有、胡运椿、陈恒玉等 9 人为委员，汤节有任主任委员。后来，县城和各圩镇先后成立铁业、船业、篾业、搬运、泥业、木业、缝纫、店员等 12 个行业工会和学徒联合会。1927 年 2 月，在县城召开工人代表大会，成立泰和县总工会，选举汤节有任委员长。从此，工人运动蓬勃开展。1928 年 6 月，中龙、苑前、万合等苏区先后成立工会。1929 年 8

月，泰和县总工会先后由张辉川、萧世刚、罗本适、魏国仁、李华章、郑正兴等任委员长。1931 年 11 月，成立万泰县总工会，先后由康福枢、刘明轮、康道仁、刘世魁、钟能桂任委员长，辖 11 个区工会，53 个工会支部，61 个雇农支部，共有会员 170 余人。1932 年，总工会改名为职工联合会，康道仁任主任。1933 年，成立遂万泰县总工会。

第十三节 安福县总工会

1926 年 9 月，北伐军光复安福后，县城陆续建立碾米、理发、木业等 10 多个行业工会。后来，中共地方组织派共产党员刘灿然联络各行业工会的代表于 1927 年 7 月筹建安福县总工会。刘灿然任县总工会主席，委员由各行业工会的主席担任。同时还组建工人纠察队。在近一年的时间内，全县工人运动蓬勃发展，在筹粮筹款支援前方和维护社会治安等方面做了许多工作。1927 年 8 月，安福县各级工会组织被破坏。

1930 年，中共安福县委和县苏维埃政府建立后，县总工会得到恢复。1931 年 10 月，根据中华总工会有关工会组织条例和湘赣省苏区工会暂行办法，县总工会在县委的领导下，自下而上地对全县各级工会进行改造和整顿，并在整顿的基础上召开全县工会代表大会，正式选举产生安福县总工会。各级工会组织在第二次国内革命战争中，积极动员工会参军参战，增产节约，支援反“围剿”战争，优抚革命烈军属，参加各级苏维埃政权建设和土地革命，作出很大的贡献。

1934 年，主力红军退出湘赣苏区后，安福工人运动和工会干部遭到镇压，工会组织遂不存在。

第十四节 万安县总工会

1926年10月初，北伐军过境后，县城各行业工会和县总工会成立，总工会设在县城大成殿，郭定元为委员长。接着，良口、武索、棉津、百嘉、窑头等市镇也相继建立工会组织，并建立工人纠察队。1927年，国民党头领钱大钧到万安"清党"，总工会中坚分子被驱散，县总工会解体，只有窑头、百嘉、良口三地工会组织尚存。1928年1月，万安暴动胜利，县苏维埃政府建立，县总工会恢复工作，赖振柱为委员长。2月，国民党军队派重兵镇压万安人民革命，总工会转到窑头。1930年8月，万安工农第二次暴

万安县城城门

动，攻下县城。县总工会随县委、县苏维埃迁回县城办公。10月，在县城天主堂内召开全县第一次工农兵代表大会，会上，康敷伦当选为苏维埃主席，赖振信当选为总工会委员长，县总工会下有3个工会，即县城工会、县城店员工会、县城五金业工会；有6个区工会，即良口、武索、窑头、潞田、高陂、罗塘区工会；有3个乡工会，即窑头、枧头和顺峰乡工会。1931年1月，国民党军压境，县总工会随县委迁往茅坪。10月，万安、泰和合并，成立万泰县，并召开万泰县第一次工农兵代表大会，万泰县总工会随之建立。参加工会的有工人762人，雇农、工人954人。1934年，红军长征北上抗日以后，万安成立游击区。抗日和解放战争时期，只有滩师工会，设在县城上河街肖公庙。

第十五节 吉安县总工会

吉安总工会 1925年“五卅”运动爆发后，吉安城内的工人群众在中国共产党的领导下，积极参加反帝爱国斗争。这场斗争造就了一大批工人运动的骨干，为工会组织的建立创造条件。是年8月，先后成立米业、染布、染纸、烟业4个行业工会，在此基础上于9月20日成立吉安总工会，共产党员郭化非任总工会书记（后改称委员长）。次年9月，北伐军占领吉安城之后，吉安首届工人代表大会在城隍庙（今吉安五中院内）召开，选举产生第一届执行委员会，共产党员梁一清当选为总工会委员长。此时，总工会下辖米业、染布、染纸、烟业、竹木架、香业、豆腐、裁缝、码头、厨业、布匹11个行业工会，会员共4300余人，并建立一支500余人的工人纠察队，有枪150多支。

总工会成立后，发动全城工人为争取基本的政治权利和生活保障开展多次大规模的罢工斗争，取得很大的胜利。资本家不敢公然虐待和解雇工人；工人获得政治上的自由和8小时工作的权利，工资普遍提高50%，并统一按铜钱一吊抵银元七角的比价以银元支付。同时还创办工人子弟学校、图书馆、俱乐部等文化福利机构。

1927年吉安“八六”反革命政变后，总工会委员长梁一清牺牲，总工会及下属各行业工会均被捣毁。

吉安市赤色总工会 1930年10月5日，中国工农红军占领吉安城以后，城区工人在城隍庙召开代表大会，宣布成立吉安市赤色总工会。总工会委员长王伯年是江西省苏维埃政府委员。总工会下辖码头、轮船、染布、泥业、木业、纸业、铁器、糖坊、烟业、教育、店员、米业、油漆、屠宰、理发、缝衣、纺绳、皮革、印刷、弹花、土车、铜器、锡器、绣业24个基层工会。

市赤色总工会发动各行业工人积极投入拥军支前运动：大批青年工人报名参加红军；印刷工人日夜忙碌，为红军和地方党政机关印刷大量文告、传单和《列宁小学读本》；缝衣工人奋战十多个日夜，为红一军团3万多人缝制过冬服装及挎包、子弹带、粮袋等军用品。在红军和地方苏维埃政府向大商户的筹款工作中，工人们主动反映情况，对不法资本家进行监督，为顺利完成一期60万（银元）的筹款任务起到重要作用。

1930年11月18日，红军主动撤出吉安城，市赤色总工会机关随军转移至吉安县陂头一带山区，不久撤销。

第十六节 湘赣省职工联合会

1931年10月，湘赣省职工联合会是在基层工会组织普遍建立的基础上建立起来的。早在中共湘赣边苏区临时省委成立之初，湘赣革命根据地的工人运动迅速发展，基层工会组织已普遍建立。据1931年10月上半月的统计，有县工会11个，县筹备处3个，区工会100多个，分会20多个，支部200多个，乡工会110多个，有会员10000余名。永新、莲花、安福、吉安、酃县、宁冈、遂川等县先后召集了全县工人代表，正式成立了各县职工联合会。

湘赣省委旧址

第四章

工人运动在井冈山的重要活动

第一节 井冈山地区早期工人运动的发展

大革命时期，在中共吉安党组织的宣传和组织下，各行各业的工会成立，广大工人的思想觉悟普遍提高，积极参加工会组织。为适应工会组织的发展，各县均建立工会。1922 年 8 月，王怀、欧阳洛、刘真、刘作述等人以国民党党员身份在永新县建立了国民党县党部及临时行政委员会。王怀任执行委员兼工会委员长。在王怀的具体组织和指导下，全县的产业工人、手工业工人、服务行业及店员数百人参加了工会组织。随着县工会组织的建立和健全，王怀又具体指导县工会大力发展各行业的基层工会组织，积极开展对不法奸商的斗争，还非常注意在工人积极分子中发展党员，扩大党组织，从而使永新的工会面貌为之一新。吉安建立总工会，下辖 24 个分会。吉安县工会组织成立较早，到 1926 年年底，会员达 1 万余人。永丰县工会会员有 2000 余人，各县在成立总工会的同时组织工人纠察队。吉安县工人纠察队规模较大，有人、枪二三百。新干和万安的工人纠察队有枪二三十支。

组织起来的工人，为了从政治上、经济上、文化上求得解放，在共产党和工会的领导下，与资本家展开坚决的斗争。

1926 年 5 月 1 日，吉安烟叶、缝纫、染布工会召开庆祝“五一”大会，其他工会也召开了执委会进行庆祝。吉安工会总部发表《五一纪念告全国工友书》，号召工人组织起来，进行革命斗争。1926 年 10 月，吉安工人为反对资本家的压迫，首先开展反虐待斗争，并从虐待工人最厉害的“聂万顺号”老板聂万顺入手，迫使聂万顺放鞭炮向工会和工人低头。接着，全县工人为“反对做夜工，实行 8 小时工作制”举行罢工，当日就取得胜利。

11 月，吉安染布工人 1500 余人，反对资本家残酷剥削，要求提高工资，举行了为期 4 天的罢工。1927 年 2 月，吉安工人为增加工资，举行全城罢工，罢工持续 4 天后，资本家不得不为工人增加工资，将工资铜元一吊改为银洋 7 角。3 月 3 日，泰和县一资本家借故解雇 100 多名店员工人，总工会组织工人举行示威，迫使资本家接受复工，并增加工资 25%。万安县城及良口、棉津、罗塘等乡的工人，在工会的领导下为增加工资举行罢工，良口罢工达半个月之久，终于迫使资本家增加工资。当时增加工资最多的为罗塘工人，达 60%，其他均为 30%。吉安县城工人也举行了游行示威，将缝衣店老板陈正山捆绑游街，迫使其增加工资 50%。永丰恩江镇在总工会的领导下，捉拿搜刮民财的“商民协会”会长和虐待工人的铁业老板游街。新干县城工人、农民 2000 余人，展开反对“洪昌米业”老板压迫、剥削、虐待工人的斗争，迫使老板答应工人的要求。莲花县工人为反对资本家、县商会会长李成荫，于 1927 年 2 月 9 日和 4 月 8 日，先后两次举行全城罢工，在第二次罢工中，工人群众痛打李成荫。国民党莲花县党部还根据工人群众的强烈要求，撤销了李成荫的县商会会长职务。永新县工人在县总工会的领导下，要求资本家按日结算工资，反对“长工不满，按月结算；月工不满，按日结算”。

井冈山地区的工人，在党和工会的领导下，除与资本家进行斗争外，还进行反对帝国主义及其走狗和反革命匪徒的斗争。1926 年 11 月，万安县工农群众袭击天主教堂，处决作恶多端的天主教徒。同年 12 月，吉水县水南工农群众 5000 余人，捣毁天主教堂，怒打意大利神甫。1927 年 3 月 8 日，万安良口工人、农民、学生 3000 余人，在当地党组织的号召下，逮捕曾杀害革命者的良口天主教神甫、帝国主义的忠实走狗胡宗尚、杨公易等，后又召开有 2 万余人参加的公审大会，将凶犯当场枪决。在工农群众的严厉打击下，万安和永丰等县许多外国神甫纷纷逃离。1927 年 6 月 4 日，峡江县工人纠察队和农民自卫军，在王芝山围剿以陈勃生为首的反革命匪徒，除陈勃生等少数匪徒逃脱外，其他全部被俘。

第二节 安源工人上井冈山

萍乡安源曾是中共湖南省委、湘东特委等领导机关所在地，中国工人运动的策源地，这里云集安源煤矿和萍乡路矿的数万工人。1927年毛泽东发动和领导的秋收起义，整个战略战术的部署就是在安源张家湾进行的，参加安源军事会议的有安源党组织的领导干部多人。义旗举起，大批当年安源工运中的工人，脱掉工装拿起武器，成为秋收起义武装队伍中一支战斗力极强的力量。

秋收起义中，安源工人与附近县市的农军共2000余人，组成工农革命军第一军第一师第三团，血战几百里，攻打萍乡县城、老关车站，攻克醴

秋收起义标语——“安源工人暴动胜利万岁”

陵、浏阳县城。

1927 年 9 月 29 日，毛泽东率领秋收起义部队到达永新县三湾村。三湾村地处湘赣边区的九陇山区，是茶陵、莲花、永新、宁冈四县的交界地，当时有 28 户人家，在山区算是较大的村庄。起义部队到达三湾的时候，减员较大，人员不足 1000 人，组织很不健全，思想相当混乱。另外，当时部队没有建立基层党组织，党不能切实掌握部队；雇佣军队的影响还严重存在；加之作战失利，连续行军，斗争艰苦，一些意志不坚定的人开始动摇。在这种情况下，如果不解决部队存在的问题，不仅难以适应艰苦的斗争环境，而且无法完成艰巨的革命任务。

为了巩固这支新生的革命军队，适应革命斗争的需要，当天晚上，在三湾村的“协盛和”杂货铺，毛泽东主持召开了前委扩大会议，总结了秋收起义的经验教训，分析了部队的思想情况，针对部队中存在的各种问题，决定对部队进行改编，同时增补了前委委员。

三湾改编主要有三项内容，一是整编部队，把原来的工农革命军第一军第一师缩编为 1 个团，下辖第一、第三两个营共 7 个连，并设立了直属于团部的特务连、卫生队和辎重队，没有安排任职的军官全部编入军官队。改编后的部队称工农革命军第一军第一师第一团。在改编时，毛泽东采取了自愿的原则，愿留则留，不愿留的还给发三到五块银元的路费，允许离队。这样一来，改编后的部队从到三湾时的一千人左右精简到七百余人，虽然人数减少了，但是部队更精干了，战斗力更强了。二是在部队中建立党的各级组织，把“支部建在连上”，班排有党小组，营团设党委，实行党代表制度。在连以上设立党代表，担任党的支部书记，专门做党的工作和士兵的政治思想工作，指导士兵开展群众工作。规定但凡军中的大事情，都要经过支部、党委讨论决定，党代表有最后的决定权，从而确立了党对军队的领导。后来，“红军所以艰难奋战而不溃散，‘支部建在连上’是一个重要的原因”。三是在部队中实行民主制度，连以上成立了各级士兵委员会，规定官兵平等，官长不准打骂士兵，废除繁琐礼节，实行经济公开，士兵有开会说话的自由。士兵委员会是部队实行民主制度的一个组织形式，它的职能就是参加军队管理、维持红军纪律、监督军队经济、开展群众运动、做好士兵政治教育工作。后来，毛泽东在《井冈山的斗争》一文中对士兵委员会的作用给予了高度评价："红军的物质生活如此菲薄，战斗如此频繁，仍能维持不敝。除党的作用外，就是靠实行军队内的民主主义。"并指出："中国不但人民需要民主主义，军队也需要民主主义，军队内的民主主义，将是破坏封建雇佣军队的一个重要武器"。

10 月 3 日清晨，毛泽东在枫树坪下集合部队，发表了重要的讲话。毛泽东的讲话给了官兵们巨大的鼓舞。经过改编后，工农革命军的精神面貌焕然一新，他们高举军旗，离开三湾向宁冈进发，踏上了新的征程。部队离开后，三湾群众无限怀念毛委员和工农子弟兵，在当地还广泛流传着一首《三湾降了北斗星》的红色歌谣：

"三湾降了北斗星，满山遍野通通明。一九二七那一年，三湾来了毛委员。带来工农子弟兵，红旗飘飘进三湾，九陇山沟闹革命。"

三湾改编塑造了一支我党绝对领导下的新型人民军队，它第一次把"支部建在连上"，实行党代表制度，确立了党对军队的绝对领导，塑造了我军的军魂，把"造成真正革命的工农军队"的设想成功地付诸实践；第一次在军队内实行民主制度，形成了新型人民军队的管理基础。因此，三湾改编实际上是我军的新生，它标志着毛泽东的政治建军思想已初步形成，是我党政治建军史上的第一块里程碑。

1927 年 10 月，毛泽东率领秋收起义部队向井冈山进发途中，在遂川县荆竹山村的一座山脚下的田埜中一块巨石上，首次向红军战士庄重地宣布了"三项纪律"：第一，行动听指挥；第二，打土豪要归公；第三，不拿老百姓一个红薯。1928 年 1 月，他在遂川李家坪又提出了"六项注意"：上门板，捆铺草，说话和气，买卖公平，借东西要还，损坏东西要赔。后来在此基础上发展为人民军队的“三大纪律、八项注意”。

安源的工人爆破队，由六十多人组成一支运输队，挑着几十担雷管、炸药赶到浏阳文家市会师，随着起义部队经萍乡、芦溪、莲花，走进永新的三湾村。安源工人爆破队在三湾改编中分散到各个连队，于1927年10月到达井冈山。安源工人在秋收起义中充分发挥工人阶级的作用，中共湖南省委书记彭公达在给中央的报告中曾赞誉道：“在秋收暴动经过中，湖南的无产阶级——安源工人、铁路工人等的奋斗精神表现得十分坚固和勇敢，确是革命的先锋队。”

安源工人运动转入低潮时，也有许多工人骨干回到了家乡，有的转到别地开展斗争。林瑞笙和部分同志一起由组织派遣到了广州，考入了广州国民政治讲习班。政治讲习班是以国民党中央的名义在广州开办的，主要是通过短期的军事和政治训练来提高学员的素质，培养北伐干部。当时毛泽东、李富春都是该讲习班的理事，李富春还兼任了讲习班的政治部主任，我党许多同志在讲习班担任了教员。

讲习班有学员382人，共分了四个大队，林瑞笙在第四大队。他在讲习班里听取了毛泽东、邓中夏、萧楚女等同志主讲的《农民运动》《中国政治经济状况》《职工运动》《社会主义》《国际主义与民族问题》等课程。这些生动而又切合实际的授课，使瑞笙受到了很大的教育和启发，政治觉悟进一步得到提高。

当时在茶陵负责民众运动的湖南省党部特派员杨孔万，在请求北伐军派人协助地方工作时，指名要将瑞笙留下来，并呈报湖南省党部，委任林瑞笙为驻茶陵的省工运特派员。

林瑞笙留在茶陵工作后，与杨孔万等共同努力，不久成立了中共茶陵特别支部，杨孔万任书记，林瑞笙任宣传委员。他在负责茶陵工运期间，首先在较苦的石印等行业的工人中建立工会组织，然后再向其他行业扩展，他起草“告工人书”号召全县工人起来组织团体，进行斗争。他以安源工人教育的经验开办了茶陵县工人夜校，他亲自编写夜校课本并担任教学工作。茶陵工人夜校的开办，培养了一批工人骨干，推动了茶陵工人运动的发展。

安源工人在井冈山的出色表现，引起中共前委书记毛泽东的重视和关注。1927 年 11 月6 日，毛泽东在致信中共湖南省委时，曾请求中共湖南省委增派安源工人到部队中来工作。中共湖南省委回复将有大批工人“加入军队”，但因毛部刚到井冈山，立足未稳，不可能率部回头再去萍乡、安源。中共湖南省委在复函中这样写道：“目前安源工人痛苦异常，每日得一角工资，都万分困难，三餐不饱。兄处如向萍乡推进可短期的占领安源，吸收大批的工人加入军队，改造军队的成分。”并又告知：“湘东特委已陆续派大批工人同志与非同志来兄处当兵，望接收。”同时决定派湖南省委代表袁德生（安源工人）在安源建立交通机关。毛泽东在信中还说：“交通机关的建设极其重要，兹付二百元（黄金百两），交袁、肖两位同志，即由两同志负责设立机关的全部责任，续需经费由此间担负，此点在萍乡。”

正如 1927 年 12 月《中共中央致湖南省委信》中指出，“秋暴的事实已告诉我们，攻打萍乡、醴陵、浏阳，血战几百里的领导者和先锋，就是素有训练的安源工人，可以说秋暴颇具声色，还是安源工人的作用”。

由于安源工人最先受到党的培养教育和工人运动的锻炼，具有很高的阶级觉悟和斗争意志，在毛泽东带领秋收起义的队伍走上井冈山建立红色根据地以后，安源还成为井冈山、苏区对外沟通的联络

秋收起义时用过的单响枪、鸟枪

点和物资供应保障的重要枢纽。

1928 年 4 月湘桂军阀混战结束后，国民党军派两个师的兵力对醴陵农村进行疯狂的报复，致使醴陵党组织及革命武装遭受严重损失。为保存力量，他们得知毛泽东领导的工农革命军正在永新、茶陵一带活动，于是，萍醴游击营撤出醴陵，经萍乡、莲花往永新寻找毛泽东部队。他们采取白天埋伏，晚上行军的计划，摆脱国民党军。但走到萍、攸交界处，又遭到罗定反动地方武装的阻击。激战脱险后，进入莲花县城，与莲花县党组织取得联系，一路转战，备受艰辛。1928 年 5 月下旬，这支近 200 人的队伍，只剩下 50 多人到达永新浬田，终与红四军三十一团会合。刘型回忆说："我们上井冈山时，原有 100 多人，经过六工陂打了一仗，到山上时只有 50 人，这里面有些是安源矿工。"后来，这支萍醴游击营编在红三十一团一营一连，刘型任连副党代表。

1928 年 4 月，朱毛红军会师后，人员增加，物资严重不足，井冈山自身的条件不能养活这么多的红军战士，加上国民党军的重重包围和经济封锁，隔断了井冈山与外界的联络，红军的生存面临着极大的困难。上海党中央的文件不能及时传达到井冈山，人员也不能进来。红军战士兵多武器少，多是梭镖、鸟铳等落后的武器，缺乏弹药，兵工厂原材料缺乏。根据地人民缺医少药，战士们的伤势得不到医治，国民党军到处设卡，禁止各种物资进入根据地和苏区。这个时候，毛泽东决定借助安源这块有着非常浓厚基础的工运基地，借助安源工人和萍乡民众的力量，在安源建立交通机关，在萍乡建立赣西采运处。

安源工人陈桂新和一些在黄埔军校学习过的工人，在上栗县一带打游击。一次以 13 支梭枪，缴获国民党 48 支步枪和 5 支手枪，之后成立萍北独立团，奔向井冈山。数百安源工人和长沙学生上井冈山参加红军。

另据宋新怀回忆，"在 1928 年 5 月间有几百长沙学生与安源煤矿工人克服许多的困难，上井冈山。"袁旦初也回忆说："毛主席要中共安源市委派工人到井冈山去当红军的下级干部，我在安源时曾派过一批去。"

1928年6月，中共中央在给毛泽东、朱德及前委的信中，指示前委与湖南省委商量，调一批安源工人入伍，说："安源是无产阶级的大本营，许多工人具有很多斗争的经验和党的训练，你们应与湖南省委商量调一部分活动分子到各军中担任政治及党的工作。"

1928年4月，中共安源市委委员邓贞谦上井冈山，会见毛泽东，毛泽东交给他一些黄金作为回安源的活动经费。1929年年初，袁德生在安源箢箕街设立交通站，并在五陂下建立交通点。至此，安源交通机关负责沟通湖南省委、上海、井冈山革命根据地之间的联系，担负着传递情报、护送来往干部的重任。原湖南省政协副主席刘亚球回忆说："我送过信，只送到南坑、六市、九都，交给独立团，由九都独立团再送到浏源、南村、垅上一带。我送信到九都有二三次，那时长沙、浏阳、醴陵的干部去井冈山都要经过安源。我都一次十个、八个的送过去两三批。安源就是井冈山对外联络处之一。" 1928年春，曾任中共安源市委委员的袁旦初回忆说："当时安源市委的活动主要是：转送党的文件，向安源的党员传达中央的文件和上级党组织会议精神，上海中央的文件是由安源转送到井冈山的，井冈山的文件也是由安源转送到上海中央的。中央的文

萍乡红色交通站

件有时装在留声机的盒子里，有时放在酒瓶中由交通员带来，市委的人将文件内容用竹纸抄写好，装在雨伞的竹柄里，再由交通员经过莲花、遂川送往井冈山……”

1929年9月成立赣西采运处，由袁德生（时任湘东南苏维埃政府主席）、陈介福（时任莲花县独立师的经济委员）、程海存（在苏区做后勤工作）负责联络和转运工作。采运处采购的物资有药材、文具、纸张（苏区制造货币）、布匹、钢条、洋硝、刨锯、电话机、油印机和油墨等重要物资。赣西采运处历时两年半的时间，为井冈山革命根据地和苏区输送大量的物资，包括药品、弹药、食盐等，粉碎了国民党军企图困死红军、饿死红军的经济封锁，为井冈山根据地的军民奋力抗击国民党军的军事围剿，提供了强有力的物资保障，为井冈山革命根据地和湘赣边界根据地作出了杰出的贡献。

1930年6月，红四军和红三军、红十二军合编为红一军团（1930年8月由红一军团和红三军团合编成红一方面军），朱德任军团总指挥，毛泽东任军团政治委员。根据武装斗争的需要，以第二团的原安源工人爆破队成员为骨干力量，组建人民军队历史上第一支工兵队伍——红一军团工兵连，原安源爆破队副队长王耀南任连长，原安源爆破队队长杨明任指导员，一、二、三排排长全由安源工人担任。以安源工人为骨干的工兵连，逢山开路，遇水架桥，成为中国革命走上胜利的开路先锋。原工兵连的连长王耀南，参加了著名的黄洋界保卫战，架设长征路上的第一桥、乌江天险架竹排等。10月，安源市苏维埃政府主席袁德喜率领一支约300人的工人纠察队到莲花，加入工农红军湘东独立师。

第三节 湘南工人上井冈山

1928年春，朱德、陈毅率领南昌起义余部，由广东北江进入湘南地区，在中共湘南特委的配合下，发动领导了湘南起义。湘南起义为扩大和巩固井冈山革命根据地增添了武装力量和干部。1928年1月12日，朱德、陈毅率领的工农革命军智取宜章县城，拉开了湘南起义的序幕。2月4日占领郴州县城，2月16日攻克耒阳县城。在宜章、郴州、耒阳革命运动蓬勃发展的影响下，永兴、资兴的工农也举行了起义，同时桂阳、常宁、桂东、汝城、衡阳等县的大部分地区和茶陵、攸县、酃县、临武、嘉禾等县的一部分地区的工农也举行了起义，遍及湘南十几个县，有上百万工人农民参加，声震湘粤

朱德

陈毅

赣三省。在湘南起义中，各县工人作出了巨大的贡献。1928 年 1 月 31 日，宜章工人纠察队员和工会会员 240 多人和农民军一道，配合朱德、陈毅部队在梅田一带打垮许克祥 6 个团，俘敌 100 多人，缴获步枪千余支，迫击炮、山炮 30 多门，轻重机枪百余挺，马 13 匹。有革命前辈回忆说：“黄洋界上炮声隆，那个炮就是这里缴来的。”在战斗中，纠察队员杨有元、杨信元英勇牺牲。随后成立的中国工农革命军第三团中，有 30 余名工人纠察队员，100 多名工会会员。在郴州城北修公路桥的 30 多个工人，听说郴州到了工农革命军，他们就集体参加郴州暴动队，进行顽强的斗争。这 30 多个工人当中，有杨得志和他的哥哥杨得麟，兄弟俩后来都上了井冈山，纠察队员邓华也在这个时候参加了工农革命军。安仁暴动时，城乡各行各业的工人积极参加武装斗争。有 100 多个手工业工人，200 多个商店店员参加起义队伍。厨师 30 余人由邝为兄负责，打着厨师工会的旗帜出发参加起义。据宜章、郴

油画：井冈山会师

湘南暴动指挥部旧址

州、耒阳、安仁、嘉禾、资兴、临武、桂阳、桂东等县的不完全统计，参加工农革命军的工农有7万多人，其中参战的工人6900多人，工人参军的有2461人。宜章解放第三天，朱德派谢汉文化装成商人到水口山铅锌矿，发动工人起义。水口山党组织立即着手建立秘密的工人武装，成立暴动指挥部。矿工宋乔生担任总指挥，工人武装夺取了矿警队的枪支，镇压反动团绅，处决矿务局长。战胜反动民团后，与桐梓山的农民武装改编为工农革命军第一师独立第三团，其中工人800余人，农民三四百人，宋乔生担任团长，谢汉文任党代表，这支部队以后跟随朱德上了井冈山。是月，朱少连等在株洲残梅乡召开湘潭、醴陵等县近2000人的工农骨干大会，筹划扩充游击队伍奔赴井冈山。3月，朱德领导的工农革命军第一师在耒阳扩军，招收新兵400余人，其中工人90余人，后跟随工农革命军上井冈山。

为保存革命力量，除留一部分武装继续坚持斗争外，朱德、陈毅率南昌

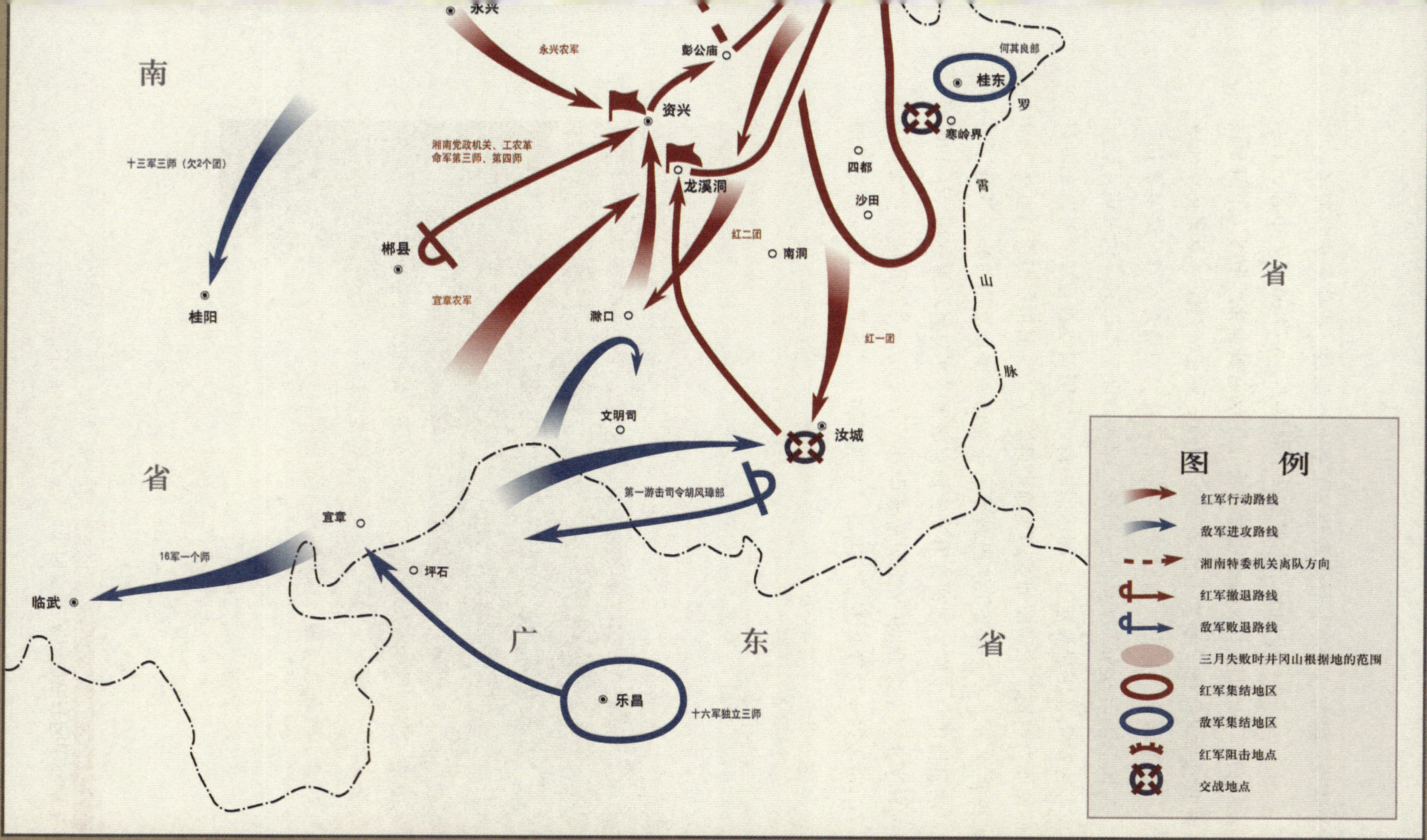

南
省
十三军三师（欠2个团）
桂阳
16军一个师
临武
宜章
坪石
广
东
省
乐昌
十六军独立三师
永兴
永兴农军
彭公庙
资兴
湘南党政机关、工农革命军第三师、第四师
郴县
宜章农军
龙溪洞
红二团
南洞
滁口
四都
沙田
红一团
文明司
汝城
第一游击司令胡凤璋部
桂东
何其良部
寨岭界
罗
霄
山
脉
省
图例
红军行动路线
敌军进攻路线
湘南特委机关离队方向
红军撤退路线
敌军败退路线
三月失败时井冈山根据地的范围
红军集结地区
敌军集结地区
红军阻击地点
交战地点

井冈山会师示意图

1928 年 3月–4月

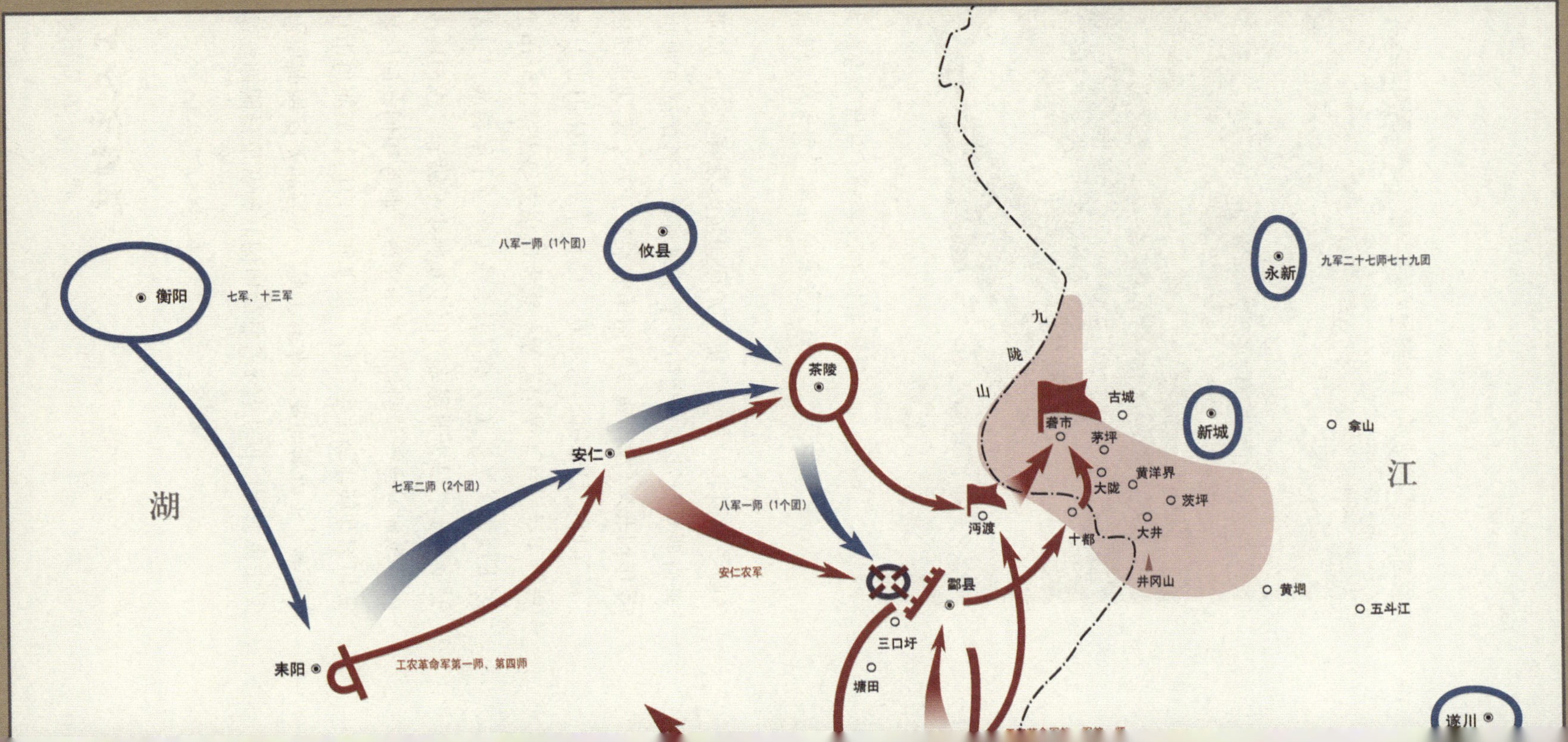

起义部队和湘南起义农军向湘赣边界的井冈山转移，3月下旬，毛泽东率部队在汝城一带击溃了尾追湘南起义的敌军。在毛泽东率部的掩护下，朱德、陈毅率领的部队于4月中旬抵达井冈山市的龙市，与毛泽东统率的井冈山部队胜利会师，这就是著名的井冈山会师。根据中共湘南特委决定，两军会师后，合编为工农革命军第四军，共辖3个师9个团，朱德任军长，毛泽东任党代表，王尔琢任参谋长，陈毅为士兵委员会主任。全军万余人，枪两千余支。接着在宁冈召开了中共工农革命军第四军第一次党代表大会，会上选举产生了第四军军委，毛泽东任书记。5月4日，在龙市广场举行会师大会，正式宣布工农革命军第四军的建立（不久改称中国红军第四军）。井冈山会师，壮大了井冈山的革命武装力量，对巩固扩大全国第一个农村革命根据地，推动全国革命事业的发展，具有深远的意义。朱德后有《井冈山会师》诗云：

革命雄师会井冈，集中力量更坚强。
红军领导提高后，五破围攻固战场。

龙源口战斗遗址

第五章

工人阶级对井冈山革命根据地的贡献

第一节 创办红军被服厂

1927年12月，为了解决给养困难，毛泽东指示余贲民负责，将上井冈山后打土豪得来的少量布匹，征请大陇、茅坪等地裁缝师傅二三十人，在坝上、牛亚陂、马源坑等地开始着手进行被服军需生产。一切全是土法上马：找来几块门板，用凳子架起当工作台；采来“牛眼籽”（一种野生植物），加上茶梓壳粉、黄栀子粉掺和在一起做染料，把一匹匹白布染成灰色，或加点靛青染成蓝色配用。

桃寮被服厂旧址

1928年1月，工农革命军攻克遂川县城后，在大汾、草林等地缴获土豪几百担

红军被服厂用过的缝纫机架

白布，挑回茅坪。为了将这些布匹制成军衣，在宁冈县桃寮张家祠正式建立被服厂，余贲民、杨立三、范树德等负责，工人有三四十人，生产单衣、帽子、盛米袋、绑腿、子弹带等装备。毛泽东亲自为被服厂书写厂牌。

5月下旬，红军首战攻克永新县城，缴获大量布匹、棉花，并缴获6部缝纫机。毛泽东在部队抽调会使用缝纫机的林善宾等6名工人战士，充实被服厂力量，负责教职工使用缝纫机。调整被服厂领导机构，正式定名：桃寮红军被服厂，由余贲民总负责，林善宾任厂长，刘应龙等6人为委员，工人增至130多人，分为13个小组，进行大规模生产。同时，为配合被服厂的生产，由吴朝汉、吴子苏两人负责，在茅坪的铜锣背设立一处染布坊，为被服厂染制军衣。据当年在被服厂当工人的刘应龙回忆，这6个战士是：林善宾、罗华曙、吴千金、贺世喜、王志兵等。

毛泽东对被服厂的工作十分关心、赞赏。1928年2月中旬，部队从遂川返回宁冈，毛泽东便同张子清等一起来到桃寮，看望被服厂工人，并为被服厂题写厂牌，名曰："中国工农革命军被服厂"。可惜，这块厂牌后来被国民党军烧毁。

工农革命军在遂川草林、于田等地分兵发动群众、打土豪筹款子时，还筹集到一批棉花，也运回桃寮，制作了一部分棉衣。

被服厂实行的是按劳取酬。据当年的缝工刘应龙、李继祖等回忆，做一套衣服给130个铜板，快的每人每天可做4套，慢的做两三套不等，统由组长收拢验收，然后付兑。

桃寮被服厂的创办，充分体现了革命军自力更生、艰苦创业的精神。范树德在《井冈山斗争时期的后勤工作》中对此作了详细的记述。他回忆说："为了解决部队的穿衣问题，我们筹建了被服厂，用缴获来的各色布匹，加工、缝制军服，解决部队的一部分穿着问题。当时筹建被服厂一事，主要是由余贲民负责的……打遂川时，大概有6部缝纫机在这里被安装起来、转动起来了，为我们在井冈山坚持斗争出了力……被服厂的产品，一般是根据需要来配发，按需要的缓急和现有东西的多少分别给下面以不同的补充。由此可见，我们军队的吃、穿、用，都是采取了取之于敌、取之于民，利用当地条件自力更生解决的。"

为保证被服生产的需要，被服厂除加强对职工的政治思想教育外，还在工人中建立党组织，发展一些优秀分子入党。同时，采取一套定额生产的方法，即每制一件衣服给65个铜板的报酬，充分地调动工人的生产积极性，有力地推动生产的进度。

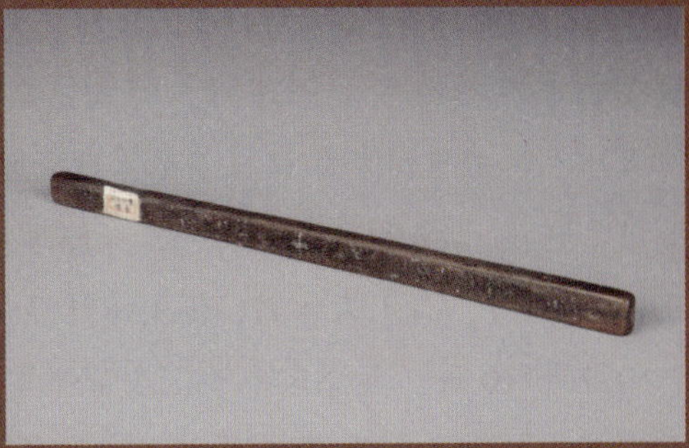

被服厂用过的尺

被服厂用过的熨铁

1928年8月间，由于湖南省委错误地估计敌我形势，强令红军开往湘南，造成边界和红军的"八月失败"。为避免损失，被服厂搬至茨坪李家祠继续生产。1929年1月，红军在反击湘赣两省国民党军的第三次"会剿"中失利，被服厂只好解散隐藏。

被服厂的建立，对井冈山革命根据地的发展和扩大起了很大作用。当时若不因时就势，适时地开办被服生产，红军将士们要安全地度过两个冬天，是难以想象的。同时，被服厂的开办，亦对人民军队后来的军需产业发展提供一定的经验，成为艰苦创业的典范。

第二节 创办红军军械处

红军军械处源于袁文才旧部的枪械修理所。1926 年 12 月，袁文才在坝上谢东山家，创办一个修理所，为农民自卫军修理枪支，由谢凡经负责。1927 年 5 月，袁文才将农民自卫军修理所搬迁至茅坪步云山白云寺，添置修理工具，在南北殿建起两座土炉，除修理枪支外，并操办打造梭镖、鸟枪（又叫鸟铳）等，有工人 4 名，仍由谢凡经负责。

1927 年 10 月，毛泽东率领工农革命军进驻茅坪后，听说袁文才有个修械所，甚为赞赏。工农革命军中这时正有不少坏枪，便与袁文才商定，从工农革命军中找来几位懂修枪的战士（其中还有一位会做步枪的送子簧、退子钩的师傅），将修械所扩增至八九人，并改称为“工农革命军第一师修械所”。

步云山的红军修械所规模虽然不大，但却是井冈山革命根据地兵器工业的雏形，它在战斗中起到积极作用。1928 年 4 月，从湘南来的农军，组成一个梭镖师，他们所用的梭镖、大刀都是修械所制造的，在每次战斗中都起到重要作用。这年端午节，打七溪岭时，三十一团一挺机枪坏了，派人送到步云山修械所，头天晚饭时送来，第二天中午就修好了，在战斗中发挥了威力；打新城前夕，一名赤卫队员的铳坏了，修械所立即修好，使它在新城战斗中发挥了作用。

茨坪红四军军械处

井冈山会师后，湘南农军近万人上井冈山，枪支显得特别紧张。陈毅为师长的十二师，几乎是“梭镖师”。为增加武器，毛泽东、朱德、陈毅等商议，抽调一批湖南水口山铅锡矿工出身的战士，充实到修械所，把修械所正式改为“军械处”，并将水口山工人出身的军部特务营长宋乔生派任军械处处长。

军械处成立后，工人增至20多人，设备也有所添置。工人们忘我劳动，源源不断地把修好的枪送往部队。同时，他们还扩大生产项目，试造土硝、土炮。开始，几番试验都失败。但宋乔生、谢凡经等毫不气馁，经过一段时间的摸索，终于造成一门土炮。毛泽东、朱德等闻讯很高兴，指示部队每打一个地方要注意收集台钳、钻头等，并布置地方政府组织人员广收废铁，充作土炮源料。

龙源口战斗后，部队缴获国民党军七八百支枪，内有不少坏枪。为武装地方赤卫队，军械处再次扩大规模。经毛泽东提议，1928年7月间，军械处从步云山白云寺迁至茨坪，并将王佐部队铁匠出身的参谋长刁辉林调入军械处。

在宋乔生、刁辉林等人的领导下，军械处的工人充分发挥自己的聪明才智，经过反复试验，终于能造“来火枪”“单响枪”。

对于这段历史，谢角铭的儿子、谢凡经的侄子谢翔龙说：“步云山红军军械所，是我叔父谢凡经开始搞起来的。1927 年农历八月底，毛主席的队伍开到茅坪，来了将近 1000 人。袁文才帮着他们在茅坪设立后方留守处、医院。那时节，毛主席的队伍也有一些坏枪要修理，而且来了一个姓宋的人更加会修枪，见袁文才有这么一个小摊子，就要合起来搞，袁文才当然同意。红军几次打下永新后，这个修械处的人更多了，把南北殿的十几个房都占满了。后来，修械处又移到茨坪去了。”

红军军械处的创办，为部队及地方武装修造枪支武器，提高军事战斗力，作出重要贡献，成为人民军队最早的“兵工厂”。

军械处内景

第三节 创办红军造币厂

秋收起义部队上井冈山之前，王佐曾在湘洲一处密闭山坡中，建立一所造币厂。工人有谢荣珍、谢荣光、谢桂福 3 人，都是广东人，他们利用打土豪缴获的银器首饰铸造货币，利用墨西哥版鹰洋自制银元，称为“谢氏造币厂”。

1928 年 5 月下旬，湘赣边界工农兵政府成立以后，创办上井造币厂，是在原“谢氏造币厂”的基础上创办起来的，设在当地居民邹甲贵家中。

20 世纪 20 年代初，广东龙川县有个银匠世家，在兵荒马乱中，兄弟谢荣珍（又叫谢官龙）、谢荣光等迁徙到江西遂川的五斗江避难，后又移居湘州东坑村。谢氏兄弟不善务农，便利用造银器的特长，在东坑偷偷玩起造“花边”之事。开始，不敢贸然从事，造一点用一点，靠此以假乱真，维持生计。后来，兄长去世，家当由其弟掌管。这谢火龙更为胆大，他广收铜板，加以少量银质，造出“银色铜”的假银元，派人成捆成担地挑到广东、湖南及江西等边远山区变售，竟获巨利。后来，官府发现谢氏造假银元，便下令取缔，并通缉谢火龙。谢又将“花边厂”移到永新县牛田村，继续生产，后终因官府查缉甚严，被迫停业。王佐拉起绿林军后，闻知此事，把谢火龙接上山来，专造“花边”，以供绿林军用。毛泽东部上山后，便停造了。

1928 年 5 月下旬，袁文才任湘赣边界工农兵政府主席，他目睹湘赣两省国民党军的经济封锁造成的严重困难，想起王佐曾办过“花边厂”。于是，

红军造币厂旧址

请示毛泽东及边界特委同意后，重新启用谢荣珍（谢官龙）等当师傅，办起造币厂。

花边厂——造币厂，几经沧桑，几经变迁，性质变了，规模大了，成为红军反封锁的一个重要单位，归王佐的防务委员会直接领导。

造币厂设在上井村邹甲贵家，同时分别在黄洋界下的牛路坑及茨坪设立银元粗坯车间。生产扩大规模后，又从跟随秋收起义部队上山的水口山铅锡矿工人中抽调部分战士充实到造币厂。说是造币厂，其实一切生产设备极其简陋，全是白手起家，沿用乡间打铁的风箱、火炉铁钳等，不同的是办了熔银器、冲压架，在厅堂中间架起一个高 1 丈、宽 6 尺的硬木架，安放着一对重约 500 斤的花岗石，嵌入印模。下印模石固定在冲压架的下端中央，上印模石一头系上绳索，通过顶架滑轮，生产时一人将上印模石拔起，一人及时放上粗坯和熔好的白银液体；如此一放一拉，冲压成模，每开炉一次，生产

“花边”四五百枚。

造币厂使用的原材料主要是来源于打土豪所得的各种银质器具。花边印模是墨西哥版的“鹰洋”。为使这种银元与历代官府生产的“鹰洋”有所区别，造币厂工人在银元上凿上个“工”字。因此，边界军民称作“工字银元”，意为工农兵政府发行的银元。“工”字银元流通到市场后，开始商人和群众感到很生疏，有点不敢用，因“工”字银元虽货真，系纯银，但技术方面毕竟比较粗糙。后来，经各级苏维埃政府大力宣传，广大群众和外地商人知道是红军工厂铸造的，又是纯银品，便纷纷使用。对此，当年红四军军需处长范树德回忆说：“我们曾经制造过，那种银元，是用首饰上的银子，如银手镯、银戒指等为原料的，制造成的银元不是‘袁大头’，现在很多人未见过。它不是平的，是一个凹形的，用钢印打上‘工’、‘人’，或者‘七、八、九’等字样，我们将它等同于‘袁大头’发给部队去用。但在开始时，当地人民特别是根据地外的人看到这种银元生疏得很，在市场上使用很不习惯，有点不相信……但经一些有财有势的人，见到银元打上一个‘工’字，这些人就说：这是真的银子，可以市面上流通。经过广泛地宣传……慢慢地人民就相信了，后来当地人民对这种凹形银元很信得过。”

“工”字银元

毛泽东、朱德、陈毅等军中领导非常重视造币厂的工作。1928年6月上旬，毛泽东、朱德等还陪同中共湖南省委巡视员杜修经视察造币厂，鼓励工人们积极生产，强调提高“花边”质量。

此后，为了解决造币厂的银质原料，毛泽东命令部队每打下一处城镇、一家土豪，都要注意收集银器，交军需处备用。

1928 年冬，湘赣国民党军对井冈山根据地发动第三次“会剿”，造币厂迁至大井的铁坑和下井的桐岗山，继续坚持生产。直至国民党军占领井冈山后，工厂被破坏，才被迫停业。

上井造币厂虽然只存在半年时间，但它却有效地缓解了根据地的经济困难，对打破国民党军的经济封锁起了很大作用。井冈山时期“工”字银元的铸造和流通，成为中国新型人民货币的萌芽，充分显示了中国共产党领导下的红色政权强大的经济生命力，为以后的中央苏区乃至后来的新中国货币制造提供了经验。

1928 年 5 月红军造币厂创办以后，开始在湘赣边界工农兵苏维埃政

湘赣边界防务委员会

府财政部的领导下组织生产。此后，红军造币厂的领导和管理工作改由特委委员、红四军军委委员、三十二团副团长王佐具体负责。同年7月，湘赣边界工农兵苏维埃政府的防务处升格为防务委员会，王佐又兼任防务委员会主任，全面担负起井冈山根据地的经济、通讯、防务等项建设任务，从那以后，红军造币厂也就一直在防务委员会的直接领导下开展生产。

防务委员会将铸造出来的“工”字银元，成批地交给湘赣边界工农兵苏维埃政府财政部和红四军军需处。财政部和军需处则将这些“工”字银元按50元一筒，用油纸卷好，按规定分发给红军各级部队、后方各工厂、单位及地方各级政府，在根据地内流通使用。

井冈山的红色政权是在白色政权的包围之中建立、发展起来的。自毛泽东率秋收起义部队登上井冈山之日起，山上的红区和山下的白区形成严重的对立，两区之间的贸易完全断绝，货物、金融不能流通，致使红区内物资奇缺，现金减少，物价昂贵，群众生产困难。而红军尤甚，除粮食外，每人每天3~4分钱的伙食费都很难维持，红军官兵几个月不发零用钱。就这样，一支拥有数千人的红军队伍，每月的伙食费需1.5万元才能维持下去。

考虑到当时井冈山根据地，除了固定的红色区域外，山下大部分平原地区常常在和国民党军展开拉锯式的斗争，有些地方失而复得，根据地的发展也是波浪式向四周推进。为了使根据地的金融适应革命战争的需要，边界党、政、军机关，对根据地内的金融货币的流通采取了各方面的措施：

1. 规定发行“工”字银元为根据地内货币流通的主币，以标志这是红色政权所发行的货币，与其他的银元相区别，但可向白区流通。

2. 确定银毫、铜板、制钱为根据地内流通的辅币，仍保持在国民党统治区能用。

3. 主币与辅币、辅币与辅币之间的换算因地而异，根据地内每枚“工”

字银元等于10枚单毫或5枚双毫（单毫亦叫“一角”或“一毛”，“双毫”叫“贰角”或“贰毛”，按十进位到元）；1枚10文铜板等于10个制钱。

4. 在军队和地方实行严格的薪饷及经济管理制度。

5. 为了活跃根据地内的经济，各地的金融、物资交流，先后在小井、黄坳、草林、大陇等地开办红色圩场。

“工”字银元在根据地内广泛流通使用，深受广大工农群众欢迎。湖南桂东、酃县及江西万安、泰和等地的商人冲破国民党军封锁，偷运各种物资到根据地内搞物资交易，也纷纷将官府银元兑换成“工”字银元，从而使“工”字银元在井冈山根据地内外广泛流通使用，进一步扩大了井冈山革命根据地的政治影响。

井冈山红军造币厂制造的“工”字银元，是中国共产党早期领导的工农兵苏维埃政府首次铸造的、与历代官府相区别的红色政权的银元。尽管“工”字银元从数量到质量都还处在原始的阶段，但是，它为根据地内军民克服资金、给养的困难找到一条正确的途径。“工”字银元沟通了红色区域内外的货币流通，活跃了根据地的经济，为繁荣集市贸易起到积极作用，在湘赣两省内扩大了红军和红色政权的政治影响。

后来，在井冈山红军造币厂的基础上，以永新为中心的湘赣省苏维埃政府创办湘赣省造币厂，依然聘请原井冈山红军造币厂的师傅，继续大量生产“工”字银元。中华苏维埃工农民主政府成立后，便大量发行苏区的钞票。从“工”字银元的诞生，到苏区钞票的发行，这个重要的历史过程中，显示了红色政权所具备的强大经济生命力。

第四节 创办红军石印厂

1928年5月，红军在永新战斗中缴获了一部石印。战士们把它抬回来，放在茅坪的象山庵留守处里。

红军没有印刷厂，军部却有许多毛泽东亲自起草的文件、布告、宣传品需要印刷，于是，便决定使用石印，但是没有人会使用。几个看人家印过东

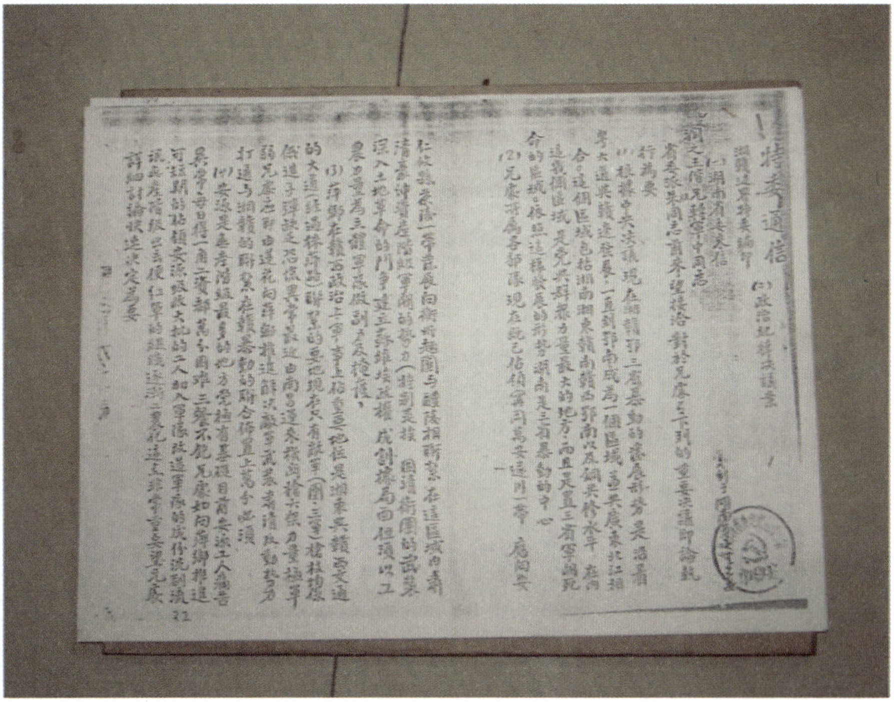
特委通信

红军石印厂印刷的《特委通信》

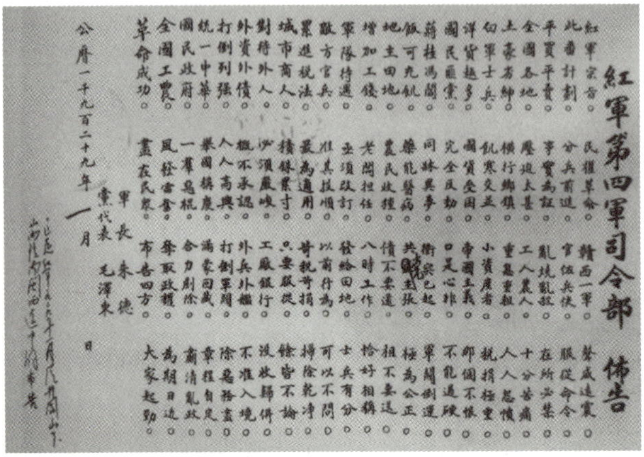

紅軍第四軍司令部佈告

紅軍宗旨。民權革命。贛西一軍。聲威遠震。
此番計劃。分兵前進。官佐兵伕。服從命令。
平買平賣。事實為證。亂燒亂殺。在所必禁。
全國各地。壓迫太甚。工人農人。十分苦痛。
土豪劣紳。橫行鄉鎮。重息重租。人人怨憤。
白軍士兵。飢寒交並。小資產者。稅捐極重。
洋貨越多。國貨受困。帝國主義。那個不恨。
國民匪黨。完全反動。口是心非。不能過硬。
蔣桂馮閻。同牀異夢。衝突已起。軍閥倒運。
飯可充飢。藥能醫病。共黨主張。極為公正。
地主田地。農民耕種。債不要還。租不要送。
增加工錢。老闆擔任。八時工作。恰好相稱。
軍隊待遇。亟須改訂。發給田地。士兵有分。
敵方官兵。准其投順。以前行為。可以不問。
累進稅法。最為適用。苛稅苛捐。掃除乾淨。
城市商人。積銖累寸。只要服從。餘皆不論。
對待外人。必須嚴峻。工廠銀行。沒收歸併。
外資外債。概不承認。外兵外艦。不准入境。
打倒列強。人人高興。打倒軍閥。除惡務盡。
統一中華。舉國稱慶。滿蒙回藏。章程自定。
國民政府。一羣惡棍。合力剷除。肅清亂政。
全國工農。風起雲湧。奪取政權。為期日近。
革命成功。盡在民眾。布告四方。大家起勁。

軍長 朱德
黨代表 毛澤東

公曆一千九百二十九年一月 日

红四军司令部布告

西的红军战士就边学边试，通过实践，学会了使用方法。他们先是用煤油、火烟末子代油墨，但试了一下，发现沾不上去。一个炊事员提议在里面加些猪油。一实验，果然效果不错。后来随着工作的发展，工人们摸索经验，还自己制出了石印石。

就这样，一份份毛泽东亲自起草的文件、报告开始在红军里原原本本地流传开；一张张胜利的捷报和打土豪分田地的布告也在群众中散发开……

石印机的石印石

石印机的轮子

第六章

井冈山工运领导人及群英谱

井冈山的斗争，教育、培养和造就了一支思想觉悟、工作能力和理想信念、意志品质优秀的工人队伍。一批工人出身的中共湘赣边界特委、工农兵政府干部，红军指战员；一批在工会、工厂任职的领导人，他们都是井冈山斗争的英雄群体。在井冈山斗争中，为中国革命事业，作出了不可磨灭的历史功绩。有的成为党和国家领导人，他们中有毛泽东、谭震林等，有的成为名震天下的开国将领，他们中有杨得志、韩伟、赖毅、王耀南、甘祖昌等；有的成为永垂千古的英烈，成为后人学习的楷模，他们当中有余贲民、蒋世良、宋乔生等。这里仅选录部分人物，除毛泽东、朱德、陈毅、彭德怀、滕代远五位井冈山革命根据地创始人，其他人按姓氏笔画排序。

毛泽东

毛泽东（1893—1976），字润之，1893 年 12 月 26 日生于湖南湘潭韶山冲一个农民家庭。1918 年毕业于湖南第一师范学校。1919 年在长沙创办《湘江评论》。1920 年发起组织新民学会和俄罗斯研究会，积极宣传马克思主义。同年在湖南创建共产主义组织。1921 年 7 月，出席中国共产党第一次全国代表大会。后任中共湘区委员会书记。1923 年 6 月，毛泽东出席中共三大，当选为中央执行委员。在国民党一大、二大上当选为中央候补执行委员，任宣传部代理部长。1926 年主办第六届广州农民运动讲习所和武汉农民运动讲习所。

1927 年 8 月 7 日中共中央在汉口召开紧急会议，毛泽东在会上提出

“枪杆子里面出政权”的著名论断，当选为临时中央政治局候补委员。会后到湘赣边发动和领导秋收起义，任前敌委员会书记，后率部上井冈山，创建第一个农村革命根据地。1928 年 3 月前委改为师委，任师长。5 月任工农革命军第四军（后称中国红军第四军）党代表、军委书记、湘赣边界特委书记。11 月重新成立前委，任书记。在此期间，总结井冈山斗争经验，先后写下《中国的红色政权为什么能够存在？》《井冈山的斗争》等著作，提出了“工农武装割据”思想，是井冈山革命根据地的主要创始人。

1929 年 1 月，率红四军主力离开井冈山。后任红一方面军政治委员、总前委书记，中华苏维埃共和国临时中央政府主席。1943 年 3 月被选为中共中央政治局主席。新中国成立后任中华人民共和国主席、中央军委主席、中共中央主席等职。1976 年 9 月 9 日在北京逝世。

朱 德

朱德（1886—1976），字玉阶。四川仪陇人。1911 年在云南参加辛亥革命武装起义。1922 年赴德国留学，同年加入中国共产党。1925 年到苏联学习军事。1927 年参加领导八一南昌起义，任起义军第九军副军长。1928 年年初，发动和领导湘南暴动，并率部万余人上井冈山，同毛泽东领导的部队会合，随即成立工农革命军（不久改称红军）第四军，任军长兼第十师师长、中共湘赣边界特委委员、前委委员、军委书记等职，是井冈山革命根据地的主要创始人之一。1929 年和毛泽东率部向赣南闽西进军，为建立中央革命根据地奠定了基础。1930 年后，任中国工农红军第一方面军总司令、中国工农红军总司令、中央革命军事委员会主席等职。

新中国成立后，任中央人民政府副主席、中国人民解放军总司令、中华人民共和国副主席，在第二、三、四届全国人民代表大会上连续当选为全国人大常务委员会委员长。在1956年中共八届一中全会上当选为中央政治局常务委员，并任中共中央副主席、中央军委副主席。1955年被授予中华人民共和国元帅军衔。1976年7月6日在北京逝世。

陈毅（1901—1972），字仲弘。1901年生于四川省乐至县。1919年赴法国勤工俭学。1923年加入中国共产党。1925年北京中法大学毕业。1927年在武汉中央军事政治学校从事党的工作。南昌起义后，任起义军十一军二十五师七十三团政治指导员。

陈　毅

1928年年初与朱德等发动和领导了湘南起义。4月，率部上井冈山同毛泽东部会师。5月任红四军十二师师长、军士兵委员会主任、军委书记。同月30日当选为第一届湘赣边界特委候补常委，10月选为第二届特委委员。是井冈山革命根据地主要创始人之一。

1929年以后，曾任赣西南特委书记，江西省军区总指挥。1934年中央红军长征后，留在江西坚持了艰苦的三年游击战争，任中华苏维埃共和国中央政府办事处主任。新中国成立后，任华东军区司令员兼上海市市长、人民革命军事委员会副主席、国务院副总理兼外交部部长。1955年授元帅军衔。后任中共中央军委副主席、中共中央政治局委员等职。1972年1月6日在北京逝世。

彭德怀

彭德怀（1898—1974），原名彭得华，湖南湘潭人。曾任国民革命军营长、团长。1928年4月加入中国共产党。7月发动和领导平江起义，组建中国红军第五军，任红五军军长。随后率红五军上井冈山，与红四军会师。1929年1月红四军主力下山后，率红五军与红四军三十二团坚守井冈山。第三次反“会剿”失利后率部突出重围，转战赣南与红四军主力会合。5月，根据红四军前委的决定，率部重回湘赣边界与特委领导军民恢复井冈山革命根据地。是井冈山革命根据地的主要领导人之一。1930年后任红三军团总指挥、红一方面军副总司令、八路军副总指挥、解放军副总司令。新中国成立后，任国务院副总理兼国防部长。1955年被授予元帅军衔。1974年11月29日在北京逝世。

滕代远

滕代远（1904—1974），1904年生于湖南省麻阳县玳瑁坡。1925年加入中国共产党。从事青年和农民运动。1928年2月任中共湘东特委书记。后调任中共鄂赣特委书记，与彭德怀发动和领导了平江起义，组建了中国红军第五军，任军党代表。12月与彭德怀率部到达井冈山与红四军会师，任湘赣边界特委常委。1929年1月，红四军主力下山后，率红五军与红四军三十二团坚守井冈山。第三次反“会剿”失利后，率部突出重围，转战赣南与红四军主力会合。5月，根据红四军前委决定，率部回到湘赣边界与特委一道领导军民开展游击战争，恢复了井冈山革命根据地。是井冈山革命根据地的主要领导人之一。1930年后，任红一方面军副总政治委员，兼红三军团总政治委员等职。新中国成立后曾任铁道部长、全国政协副主席，中共第七、八、九、十届中央委员。1974年12月1日在北京逝世。

以下人物按姓氏笔画排序

刁辉林（1896—1930），又名刁玉山，铁业工人，井冈山市下七（祖籍江西于都）人。早年参加王佐的绿林队。1927年，王佐所部改编为农民自卫军，任连长。同年10月24日，率农民自卫军在大井迎接毛泽东率领的秋收起义部队上山。红四军成立后，任红四军三十二团二营五连连长，红四军军械处副处长，红四军三十二团二营副营长等职。1929年1月，红四军主力出击赣南，留守井冈山，任湘赣边界红军独立一团一营副营长，坚持井冈山斗争。

刁辉林

1930年2月21日，刁辉林随同王佐率领所部开赴永新县城接受所谓的“编队”。2月24日凌晨，边界特委组织力量对袁文才、王佐及其部队发动突袭，袁文才当场罹难。刁辉林随王佐等6人出城渡江，在东关潭中弹沉入潭底。新中国成立后，刁辉林同袁文才、王佐一起被追认为革命烈士。

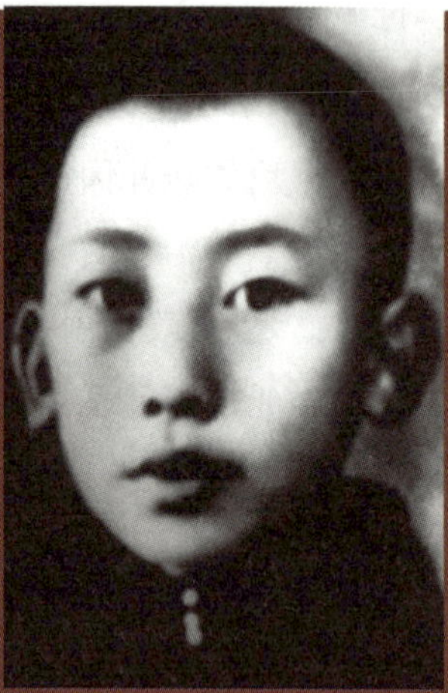
毛泽覃

毛泽覃（1905—1935），1905年9月25日生于湖南省湘潭县韶山冲。1923年10月加入中国共产党。1927年参加八一南昌起义，在叶挺领导的十一军二十五师政治部任宣传科长。同年10月,受朱德派遣，化名“覃泽”，前往井冈山与毛泽东部联络。12月，奉命前往宁冈乔林帮助建立乔林乡党支部，任支部书记。1928年1月，在遂川草林帮助建立各行业工会组织，被选为遂川县委委员，并任遂川县赤卫大队党代表。5月，任湘赣边界工农兵政府工农运动农运部长，后任红四军三十一团一营党代表。1930年曾任中共赣西南特委委员、苏区中央局秘书长等职。1935年4月，在瑞金牺牲。

毛科文

毛科文（1898—1929），湖南宜章人。1898年2月29日生于宜章县毛家村一户贫苦农民家庭。3岁时，父母双亡，受尽生活煎熬，在长兄抚育下识字、习武、干农活，种田糊口。五四运动后，邓中夏回乡传播革命火种，他受到政治启蒙。1925年2月由高静山介绍加入中国共产党，7月被选为中共宜章县地方执行委员会委员。朱毛红军主力下山去开辟赣南新区之后，国民党军大举进攻井冈山。1929年2月1日，他被敌包围。为了全力掩护伤员、疏散群众，他与部队失去了联系。7月初在郴县游击战斗中不幸被俘，他坚贞不屈，一路高呼“共产党万岁!”英勇就义，时年31岁。

王尔琢

王尔琢（1901—1928），1901年生于湖南省石门县官桥村。1924年考入黄埔军校第一期学习，同年加入中国共产党。毕业后，留校任学生队分队长兼党代表，曾率学生队参加平定广州商团叛乱。1926年北伐战争中任东路军先遣司令部政治部主任。1927年7月，任国民革命军第十一军二十五师七十四团参谋长，参加了南昌起义。

1928年1月，协助朱德、陈毅领导发动了湘南起义，任工农革命军第一师参谋长。4月底上井冈山，任红四军军委委员、参谋长兼二十八团团长，是井冈山斗争时期一位优秀的军事指挥员，8月，在江西崇义县思顺圩，为追回叛徒袁崇全带走的部队而牺牲。

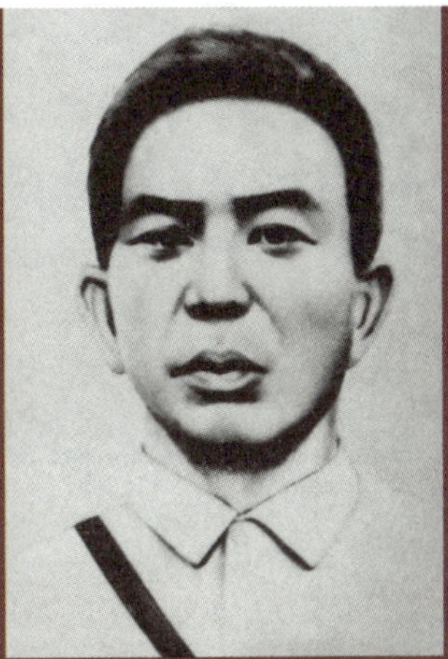
王佐

王　佐（1899—1930），名云辉，绰号南斗牯，井冈山市下庄人。裁缝出身。1921年，投身“绿林”。1927年年初，接受中共遂川县组织要求，将所部改编为遂川县农民自卫军。大革命失败后，保存60支枪，坚持革命。同年7月，协同安福王新亚、宁冈袁文才部，攻克永新城，救出一批被国民党右派关押的共产党员和革命群众，后任赣西农民自卫军副总指挥。10月，毛泽东率湘赣边界秋收起义部队到井冈山后，接受中共领导和改编，任中国工农革命军第一师第二团副团长兼二营营长。1928 年 4 月，加入中国共产党。朱毛两军会师后，历任红四军三十二团副团长兼二营营长、红四军军委委员、中共湘赣边界第一、二届特委委员、湘赣边界防务委员会主任。1929 年 1 月，任红四军三十二团团长，留守井冈山，坚持斗争。后任红五军第五纵队司令员。1930 年被错杀。

王怀（1901—1932），乳名桂香，1901 年 11 月生于江西省永新县高市乡一个贫农家庭。1926 年在吉安省立第七师范学习时加入中国共产党。次年在永新开展农民运动。10 月当选为县工会委员长。1927 年 4 月中共永新临时县委成立，被选为县委委员，大革命失败后在九龙山、宁冈等地坚持斗争。1928 年 2 月任中共永新县委副书记。1929 年 3 月在湘赣边界特委扩大会上，当选为特委候补常委。年底，任中共永新县委书记。1930 年任西路行委书记及江西省苏维埃政府委员等职。1932 年 5 月被错杀。

王耀南

王耀南（1911—1984），江西省萍乡市上栗县上栗镇胜利村人。1911 年冬，出生在江西萍乡一个手工业鞭炮世家。少时家贫，随父到安源煤矿做童工，12 岁参加安源第一个儿童团，16 岁加入中国共产主义青年团。1922 年至 1926 年，参加安源煤矿工人运动。1927 年，参加湘赣边界秋收起义后到井冈山，参加三湾改编和井冈山的斗争。1930 年，加入中国共产党。参加长征。抗日战争时期，任八路军 115 师工兵营营长，一二九师工兵主任，第二十八团团长，晋察冀军区第二、三、四军分区司令员等职。解放战争时期，任晋察冀军区工兵主任，北岳军区第二军分区司令员，华北军区独立第四旅旅长。新中国成立后，任华北军区工程兵主任，中国人民解放军工程兵副参谋长、副司令员等职。1955 年，被授予少将军衔。1984 年 11 月逝世。

王辉球

王辉球（1911—2003），江西万安人。1911 年农历 9 月 18 日出生于万安县芙蓉镇雁塔村一贫苦农民家庭。少年时学徒做工，1927 年冬加入工会，当赤卫队队员。1928 年 3 月加入中国共产主义青年团，同时参加工农革命军。曾任红四军军部司号员、红十二军连党代表、第一零二团机枪连政治委员等职。新中国成立后，历任第五兵团兼贵州军区政治部主任、副政治委员，军委空军政治部主任兼空军政治学校校长，空军副政治委员兼政治部主任，空军政治委员，沈阳军区政治委员、顾问。1955 年被授予中将军衔和二级八一勋章、一级独立自由勋章、一级解放勋章。被选为中共第九届中央委员，第五届全国政协委员。1988 年 7 月被授予一级红星功勋荣誉章。2003 年 9 月 8 日在北京逝世。

邓贞谦（1907—1928），又名邓中坚，1907年生于江西省萍乡市积善区茶源头村一个贫苦的农民家庭。1923年考入萍乡中学读书，在校积极从事“互助社”的组织筹建工作。1926年，考入北京师范大学。1927年暑假回南昌，入方志敏主办的农运干部训练班学习，同年加入中国共产党。毕业后，被派往萍乡从事农运，在萍乡东门外伞铺里建立党的秘密机关。1927年12月被选为中共安源市委委员，年底任湘东区委书记。1928年负责中共湖南省委和井冈山革命根据地之间的交通联络工作，往返于安源和井冈山革命根据地之间，传递文件，汇报、请示工作，护送来往同志。4月执行任务途中被捕，6月8日在萍乡英勇就义。

邓乾元

邓乾元（1904—1934），原名兴坤，化名董清。湖南溆浦人。1924年夏加入中国社会主义青年团，任支部书记。1925年入长沙省立高等工业学校学习，同年转为中国共产党党员，并被选为湖南省学生联合会负责人。1927年4月任中共汉寿县委书记。1928年8月参与中共湖南省委制订秋收暴动计划，被指派为醴陵县委书记。同年9月参加湘赣边秋收起义。1928年六七月间，受湖南省委派遣来到井冈山指导工作，任湘赣边前敌委员会秘书长。年底任中共井冈山特委书记，领导边区军民坚持井冈山斗争。1929年5月在宁冈主持召开湘赣边特委第四次执委扩大会议，任特委书记。1930年7月任红三军团政治部主任兼红八军政委，曾率部参加攻打长沙的战斗。1931年6月任红十六军政委。1932年调中央军事政治学校工作，1933年在“肃反”中被诬陷为“AB团分子”。1934年1月被错杀。

甘祖昌（1905—1986），江西莲花人。1927年加入中国共产党，翌年参加中国工农红军。土地革命战争时期，任江西莲花县独立团军需处处长，湘赣省兵工厂总务长，湘鄂川黔兵工厂总务科副科长。中华人民共和国成立后，任新疆军区后勤部副部长兼供给处处长，兼财务处处长，新疆军区后勤部部长。1955年被授予少将军衔。1957年，甘祖昌回家乡莲花县洋桥乡务农。1986年3月28日在家乡江西省莲花县病逝，终年81岁。

甘祖昌

伍若兰（1903—1929），女，1903年3月生于湖南省耒阳县城南金兰村的一个小知识分子家庭。

1924年入衡阳省立女子师范学校读书，年底加入中国社会主义青年团，1925年加入中国共产党。1926年任耒阳县妇联会主席，从事农运工作。

1928年春，参加湘南起义并与朱德同志结婚。4月底，随朱德部上井冈山，在红四军政治部搞宣传工作。1928年11月，任前委工农运动委员会妇运科科长。1929年1月，随红四军主力下山。2月，在寻邬县项山战

伍若兰

斗中为掩护部队转移时受伤被捕，后牺牲于赣州。

刘型

刘 型（1906—1981），湖南醴陵人。1926 年，考入黄埔军校。1927 年，加入中国共产党。同年 9 月，参加湘赣边界秋收起义。1928 年 2 月，带领安源工人到井冈山参加红军。后任红四军三十一团一营连党代表，参加黄洋界保卫战等战斗。1929 年 1 月，随红四军主力出击赣南，任红十二军团政委、师政委、红十五军政治部主任等职。新中国成立后，任中共湖南省委秘书长，北京地质学院院长兼党委书记，农垦部副部长，中共中央纪律检查委员会常委等职。

刘天干（1900—1931），江西永新人。1926 年，加入中国共产党。大革命时期，任永新县竹业工会委员、中共永新县委委员。1928 年 5 月，当选为中共湘赣边界第一届特委委员；10 月，当选为第二届特委委员，并调湘赣边界特委工作。1929 年，任中共永新县委书记。1930 年，当选为中共赣西南特委常委。1931 年，因肃反扩大化被错杀。

刘仁堪（1895—1929），1895 年生于江西省莲花县浯塘村，中共党员。大革命时期以行医为掩护，秘密进行革命活动，曾任莲花县农协委员、党小组长。

大革命失败后，与朱亦岳等在莲花上西山区坚持斗争。1927 年 9 月随秋收起义部队上井冈山，在军官教导队学习。1928年1月任中共莲花县特别支部宣传委员。4月任农工部长。5月任工农革命军军委委员。6月底，在莲花县工农兵第一次代表大会上当选为苏维埃政府主席。11月任中共莲花县委书记。1929年5月，因叛徒告密，在南村坳背被捕。就义时痛斥敌人，被敌人割去舌头，他就用脚趾蘸着自己留下的鲜血在地上写下“革命成功万岁”六个大字，壮烈牺牲。

刘仁堪

刘亚球（1904—1984），湖南衡山人。1922年任水口山矿工人俱乐部通讯员，从此走上革命征途。1926年在衡阳西乡和衡山岳北等地从事农运工作，任乡农协组织委员。1927年进入湖南农讲所学习，同年加入中国共产党。红八军成立后，任军保卫部长。1933年12月任湘赣边区独立团政委，率部参加反“围剿”战斗。该部编入红军主力部队后，任红六军团政治部宣传部长。1934年8月，随红六军团突围西征，与贺龙领导的红二军团会合，开辟湘鄂川黔苏区，任大庸军分区政委兼大庸中心县委书记，后任红二军团第六师政治部主任。长征中，红二十六军团改为红二方面军以后，任红二方面军四师政委、政治部组织部长和民运部长。1950年夏，主动请求到水口山矿去从事实际工作，任水口山矿务局筹备处主任，后任副局长，代理局长。1962年9月，任湖南省总工会副主席。1978年当选为全国政协特邀委员。1979年当选为湖南省政协副主席。1984年12月11日在长沙病逝，终年80岁。

刘其凡（1905—1933），小名三毛，江西吉安人， 1929年2月，参加中国共产党。1930 年 10 月，调任赣西南特委北路行委书记，管辖吉安以北地区包括新余、分宜、峡江、吉安、吉水、安福等地。1931 年 1 月，根据中央决定，江西省行委撤销，同时在吉安富田正式成立赣西南特区委，陈毅为书记，下设东、南、西、北四路分委，刘其凡调任西路分委书记，驻地永阳，管辖永新、莲花、茶陵、酃县、吉安县西区等广大地区。1931 年 10 月，湘赣省召开第一次党代表大会，被选为省委委员。1932 年 11 月，中共湘赣省召开第二次党代表大会，继续当选为省委常委，兼任职工部书记和党报委员会委员。1933 年 4 月无辜地被错杀于永新县城，时年 28 岁。

刘其凡是延福地区早期革命和湘赣省委的领导人之一。他为早期延福革命根据地的创建和发展作出了贡献，以后在湘赣省委工作期间，积极工作，忠实勇敢，王首道称赞他“是一个革命的好干部”。

朱兴亿（1888—1971），别号己妹，井冈山市大陇人。1906 年，从师学木工。1927 年，投身革命，以手工业工人身份加入中国共产党。1928 年，任乡土地委员，兼管大陇至大小五井一带的粮食转运工作。同年 5 月，主持设计建造大陇红色圩场。10 月，主持设计建造小井红军医院。1929 年后，小井红军医院被国民党军烧毁。20 世纪 60 年代，根据朱兴亿回忆旧样，按原貌修复小井红军医院。

朱昌偕（1908—1931），江西永新人。1926 年，参加革命，任永新县青年工人联合会委员长。1927 年，加入中国共产党。1928 年 5 月，任中共永新县委常委、总工会委员长；12 月，任中共永新县委书记。1929 年 2 月，当选为中共湘赣边界特委临时特委书记；5 月，重任中共永新县委书记。1930 年 10 月，当选为江西省苏维埃政府执委会执委。1931 年，任中共赣西南特委常委兼管西路分委工作。

朱绳武（1908—1927），字如贻，江西莲花人。1922 年考入吉安第七师

范学校。1925年利用学校放假之机，回乡与陈竞进、朱亦岳等人组织“青年学会”，团结进步青年，传播革命思想。1926年1月加入中共组织。同年为迎接北伐军，党组织派他以党务特派员身份回莲花，与朱亦岳、陈竞进、贺昌炽等创建中国共产党在莲花的第一个组织——中共莲花小组，并为负责人。1926年9月，任总工会执行委员，积极领导工人运动。1927年3月底，中共莲花县支部成立，任支部书记。6月，江西省农会负责人方志敏来莲花视察工作，他积极协助方志敏工作，受到方志敏的器重。同年7月2日，国民党军罗定部200余人进犯莲花城，农民自卫军寡不敌众。次日清晨，他奉命前往安福请援，行至下坊清塘村，不幸被捕，并被国民党军绑在贺家亭子的柱上，开膛破腹活活弄死，时年不到20岁。方志敏在所著的《我从事革命斗争的略述》一书中对朱绳武之死表示十分惋惜：“他若不死，无疑的会成为我们党的一个得力干部。”

朱建盛（1893—1929），曾用名朱宗其，湖南浏阳人。1925年，参加工人运动，不久加入中国共产党。曾任浏阳县泥木业工会委员长、县总工会委员长。1927年，“马日事变”后，率工人纠察队参加十万工农围长沙的斗争。同年9月，参加湘赣边界秋收起义。后随部上井冈山，任中国工农革命军第一军一师三团特务连连长，负责前敌委员会和毛泽东的警卫工作。1928年5月，任红四军第三十一团连长、副营长、营长。1929年1月，红四军主力向赣南闽西出击时，奉命留守井冈山革命根据地，任红四军三十二团副团长。1月下旬，在黄洋界战斗中牺牲。

朱少连（1887—1929），原名朱天资，字汉英，号孝莲。湖南衡阳人。中国工人运动的早期领导人之一。少年时读私塾，1904年入衡阳中学，毕业后考入湖北铁路学校。1912年毕业后到株萍铁路实习，稍后成为正式火车司机。1921年担任株萍铁路管理局行车部总司机，同年冬在安源见到毛泽东、李立三，加入中国社会主义青年团。1922年1月协助李立三办起平民夜校，

2月加入中国共产党。1929年1月4日重返安源时被国民党特务逮捕，坚贞不屈，严守机密。1月8日在萍乡大西门外英勇就义。

江华

江华（1907—1999），出生于湖南江华县瑶族贫苦农民家庭。历任萍乡县委秘书、茶陵县委书记。1928年11月调回红军军部工作，先后担任红四军前委秘书、红四军政治部秘书长，是红军初创时期在毛泽东直接领导下的军队政治工作领导人之一。参加了井冈山三次反“会剿”斗争。1929年6月红四军党的第七次代表大会后，他随毛泽东离开红四军到闽西，任闽西特委秘书长、福建省委军委常委。1929年年底，到上海参加中央军委军事训练班学习。1930年春改名黄春圃回红军军部工作。历任团政委、师政委，参加了五次反“围剿”斗争。新中国成立以后，先后担任中共中央华东局书记处书记，南京军区政委，最高人民法院院长。是中共第八、十届中央候补委员和第十一届中央委员，中央顾问委员会委员。于1999年12月24日在杭州逝世，享年93岁。

何长工（1900—1987），原名何坤，湖南华容人。1918年毕业于湖南长沙甲种工业学校。1927年“四一二”反革命政变后入国民革命军第二方面军总指挥部警卫团，后任连党代表。同年9月参加湘赣边界秋收起义，后上井冈山。1928年年初曾被毛泽东派去联络朱德部和到王佐部队做政治工作。先后任工农革命军第一师二团党代表、红四军三十二团党代表兼中共宁冈中心县委书记，农民自卫军总指挥，中共湘赣边界特委委员。新中国成立后，曾任重工业部副部长、代部长，1952年任地质部副部长、党组书记。1975年10月任军政大学副校长。1977年12月任军事学院副院长。是第七次、第八次全国代表大会代表。1982年9月至1985年9月为中央顾问委员会常务委员。第三、四届全国政协常务委员、第五届全国政协副主席。1987年12月29日在北京病逝。

何长工

余贲民

余贲民（1888—1933），字金榜，号世英，别号楚龙，湖南平江人。1909年，考入湖南新军49标军官学校，毕业后任连长。1911年，参加辛亥革命，不久退伍回乡。1922年春，创办平江县农民协会。同年5月，经毛泽东介绍加入中国共产党。1926年年初，入广州农民运动讲习所学习。8月，返回平江任县团防局局长。1927年6月，任平江县工农义勇队队长。同年9月，率部参加湘赣边界秋收起义，任中国工农革命军第一师副师长、前委委员。10月，到井冈山创办红军被服厂，任厂长。1928年5月，任湘赣边界工农兵政府财政部部长、中共湘赣边界特委委员。1929年1月，随红军主力下山。1930年以后，任湘鄂赣省红军学校校长，湘鄂赣省苏维埃政府内务部部长、军事部部长、红十六军军长等职。1933年4月，在江西省万载县逝世。

吴仲廉

吴仲廉（1908—1967），女，原名吴统莲，又名吴仲莲。湖南宜章人。1927年加入中国共产党。大革命失败后参加湘南起义，随朱德、陈毅上井冈山，后在井冈山前委工农运动委员会妇动科工作。1929年1月随红四军主力开赴赣南闽西。后任红军总部直属女子义勇队指导员、红九军敌工部副部长、八路军山东纵队政治部组织部部长兼秘书长、苏皖纵队政治部主任、山东军区政治部秘书长、中共中央辽东分局妇委书记。新中国成立后，任中共浙江省委组织部副部长和监委副书记、浙江省妇联主任、省政法委员会副主任、省高级法院院长。1967年1月19日逝世。

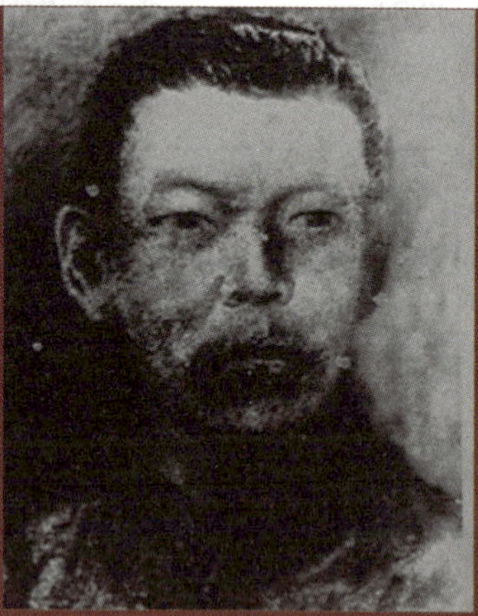
宋乔生

宋乔生（1891—1929），号增桥，字春生，湖南湘潭人，工人出身。1922年12月，加入中国社会主义青年团。1923年5月，转入中国共产党。同年11月，与蒋先云等领导水口矿区罢工。1926年，任水口山特支委员。“马日事变”后，1927 年 8 月，任中共水口山特别区区委书记。1928 年年初，配合朱德、陈毅发动湘南起义。湘南起义后，任中国工农革命军第一师第三团团长。同年 4 月，参加朱德部队上井冈山，任中国工农革命军第四军军委委员、特务营营长。7 月，任红四军军械处处长。11 月 6 日，重组前委，任前委委员兼工农运动委员会主任。1929 年 1 月，在大余县南平坳对国民党军作战中英勇牺牲。

张世熙（1894—1929），又名张少西，化名王又新、刘永祥，出生于江西省万安县窑头乡中塘村。大革命时期，担任中共万安支部干事会书记、中共万安县委书记，是土地革命初期万安暴动的主要领导人之一。1928 年 1 月 9 日，率领农军进行第四次攻打县城。4 万多农军战士兵分四路奋勇作战。由于事前毛泽东率领工农革命军已经攻占遂川县城，加上这次攻城的声势浩大，敌军无心固守，慌忙向赣州败逃，农军胜利占领县城。1 月 11 日，在县城东门外召开了全县工农兵大会，庆祝万安暴动的胜利和万安县工农兵苏维埃政府的成立。大会选举了曾天宇、张世熙、刘光万、刘兴汉等为主席团成员。

党的第六次全国代表大会闭幕后，张世熙又应共产国际的邀请，于 7 月 12 日向共产国际代表大会作了《万安工农斗争及 1927 年 10 月到 1928 年 3 月大暴动经过情形》的报告，受到共产国际与会者的赞扬，称赞万安人民不畏强暴，敢于斗争的革命精神。

1928 年 12 月 5 日至 12 日，全省第二次党代表大会先在鄱阳湖，后移到湖口县舜德乡王遂村举行。大会选出了新的省委领导班子，张世熙被选为省委书记。

1929 年 12 月底，张世熙壮烈牺牲，时年 35 岁。张世熙在南昌被害后，万安的反动派又将其妻严秋香和 18 岁的儿子张理景杀害了。张世熙一家为中国革命事业，献出了宝贵的生命。

李 光（1900—1929），曾用名李岁青、李南华、李连华。湖南汉寿人。1926 年 4 月，开始从事革命活动。同年 10 月，加入中国共产党。曾任汉寿县木工工会主席、工人纠察队第一分队分队长。1928 年年初，被中共南华安特委派到国民党军独立第五师第一团，以彭德怀的勤务兵身份，负责党的秘密交通工作。同年 4 月，任中共独立第五师第一团支部领导成员。积极参加平江起义的组织工作，参加 7 月 18 日晚召开的决定 22 日起义的八人秘密会议。后任红五军军委委员，红五军十三师七团宣传员、中队长，第九大队大队长。12 月，随彭德怀部上井冈山，与红四军会师，参加坚守井冈山的革命斗争。1929 年 2 月，跟随彭德怀从井冈山突围南下赣南时，在江西南康新城遭遇国民党第十六军范石生部夜袭，率领一支部队与主力走散，进入广东南雄境内，被当地地主武装杀害。

旷 彪（1909—1984），江西永新人。1928 年参加革命，同年加入中国共产党，在钱溪区委会工作。1931 年，任永新县总工会青工部部长。1932 年，任湘赣省总工会青工部部长。1933 年 4 月中旬，少共湘赣省第二次代表大会在永新召开，省委书记为王龙光，旷彪任副书记。8 月，王龙光奉命去中央苏区，旷彪接任少共湘赣省委书记。1934 年 1 月 31 日，中华苏维埃共和国第二次全国苏维埃代表大会在瑞金正式开幕，旷彪出席大会。大会选举产生中央执行委员 175 人，旷彪当选为第二届中央执行委员会委员。1934 年任中共遂（川）万（安）泰（和）县委书记。同年 7 月，永新县委与永（新）安（福）县委合并，成立中共永新中心县委，任中心县委书记兼湘赣独立第一团政委。1935 年，遭国民党军第七十七师围攻，县委机关和部队被冲散。在突围转移中，旷彪不幸被捕入狱。一年多以后，他通过亲戚关系取保释放，出狱后到湖南寻找党的组织未果。新中国成立以后，重新参加革命，恢复党籍。1984 年病逝于永新。

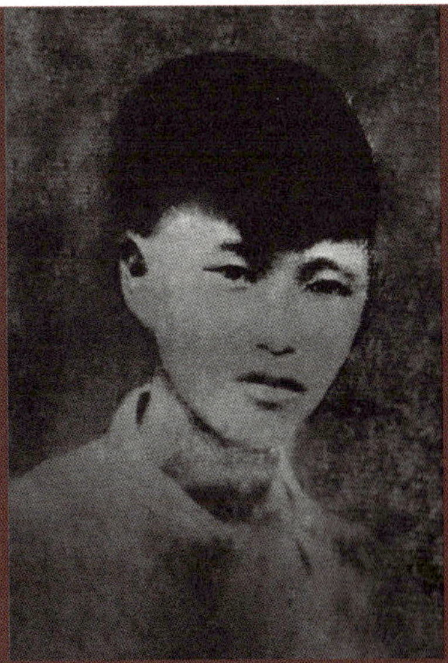
李却非

李却非（1899—1932），又名李树彝，曾用名李焕业，湖南炎陵人。1922年，在北京大学文科院读书时，参加马克思学说研究会，加入中国共产党。同年，受中共北方区委和北方劳动组合书记部派遣，担任唐山市工运特派员。1923年，随何孟雄在北京长辛店一带从事工人运动。1925年夏，被中共组织派往安源煤矿，以工人子弟学校第二分校主事的身份为掩护，进行党的秘密活动。1926年，回县组建中共酃县特别支部，任支部书记。1927年10月，上井冈山，在中共湘赣边界特委工作。1928年6月，回酃县担任中共酃县县委书记。同年10月，当选为中共湘赣边界第二届特委委员。1932年，在安仁县游击时被国民党军杀害。

李端娥（1905—1933），女，出生于江西省永新县合田乡枧田村一个贫苦农民家庭。1926年投身于大革命运动，1927年加入共产主义青年团，同年转为中共党员。参加了井冈山斗争，先后担任枧田乡团支部书记，里田区妇委书记兼妇女部长，永新县妇女部长。1932年11月，当选为中共湘赣省第二届执行委员、省委候补常委、湘赣省委妇运委员会书记。1933年4月，中共湘赣省委、省苏维埃政府改组时担任省委常委、省苏政府副主席兼土地部长等职。同年11月间，受王明“左”倾错误迫害致死，时年28岁。

1988年4月12日，国家副主席王震、中顾委常委王首道亲笔致信永新县委、县政府，同意为李端娥“平反昭雪、按革命烈士待遇”。永新县人民政府于7月作出了为李端娥“平反昭雪、按革命烈士待遇”的决定。

杨得志

杨得志（1910—1994），湖南醴陵人。少年时随父亲学打铁，后到江西萍乡安源煤矿当工人。1928年，参加中国工农革命军，参加湘南起义。4月，随部上井冈山。朱毛会师后，编入红四军特务营任班长。同年，加入中国共产党。1929年1月，随红四军主力出击赣南，任排长、连长，第四十五师管理科科长、九十三团团长等职。参加长征。抗日战争时期，任中国人民抗日军政大学学生队队长，冀鲁豫支队支队长，陕甘宁晋绥联防军教导第一旅旅长等职。解放战争时期，任晋冀鲁豫野战军第一、第二纵队司令员，晋察冀野战军司令员，华北军区第二兵团司令员，第十九兵团司令员。新中国成立后，任中国人民志愿军副司令员、司令员，中国人民解放军总参谋长，中央军委副秘书长等职。1955年，被授予上将军衔。是中共第八届候补中央委员，第九届、第十届、第十一届中央委员，中央书记处书记，中共第十二届中央政治局委员。

陈正人（1908—1972），原名陈林。1908年生于江西省遂川县盆珠乡大屋村。在吉安读书时因支援“五卅”运动而遭到反动派通缉。1925年11月加入中国共产主义青年团，1926年春加入中国共产党。中共江西地委成立时，调秘书处工作。同年冬以国民党省党部特派员的身份回到遂川，组建中共遂川特支，任特支书记。大革命失败后，调吉安地委组织部任干事。

1928年1月任遂川县委书记。5月，在湘赣边界党的第一次代表大会上被选为特委委员。10月在湘赣边界党的第二次代表大会上，被选为特委副书记。1929年1月，井冈山失守后，在湘赣边界继续坚持斗争。同年5月，湘赣边界特委进行改组，被选为特委常委、秘书长。1930年"二七"陂头会议后，调赣西南特委、江西省委工作。新中国成立后，曾任中共江西省委书记、第八机械工业部部长等职。1972年在北京逝世。

陈正人

易湘苏（1909—1978），女，湖南醴陵人。谭余保之妻。1926年加入中国共产主义青年团。曾任醴陵县女子联合会特派员。1931年转入中国共产党。后任中共湘赣省委妇女部委员、新陕县委宣传部部长、湘东南特委白区工作部部长、茶攸莲中心县委宣传部部长。1940年后，任中共中央组织部干事、八路军三五九旅供给部生产指导员。新中国国成立后，历任湖南省妇联主任、全国妇联第三届执委。是第二、三届全国人大代表。

贺子珍（1909—1984），女，江西永新人。1925年加入中国共产主义青年团。1926年转入中国共产党。曾任中共永新县委负责人和共青团永新县委书记。1927年参加组织永新农民武装暴动后上井冈山，参加创建井冈山革命根据地。后与毛泽东结婚。1928年在中共湘赣边界特委和红

贺子珍

四军前委机关工作。1929 年 1 月随红四军主力下山，后任机要科科长。1934 年随中央红军长征。1937 年冬去苏联治病和学习。1948 年 8 月回国。新中国成立后，曾在杭州市妇联工作。是第五届全国政协委员。1984 年 4 月 19 日在上海病逝。

贺敏学（1904—1988），江西永新人。早年就读于县立中学。1926 年发动组织学生爱国运动和农民运动。1927 年加入中国共产党。任永新县农民自卫军副指挥、指挥。7 月曾偕其妹贺子珍等会同王新亚部、袁文才部农民自卫军攻占永新城，任永新县革命委员会主席、中共永新县委书记。同年冬策应毛泽东率工农革命军创建井冈山革命根据地，不久加入工农革命军第一师一团，先后任班长、排长、连长。1928 年夏任红四军第三十二团党委书记。1930 年后任红军纵队司令员、军参谋长，中国人民解放军副军长。新中国成立后，任华东军区防空军司令员兼政治委员、上海防空军副司令员、华东军政委员会工业部副部长兼华东建筑工程总局局长、福建省副省长等职。第二、四、五届全国人大代表，第四届全国政协委员，第五、六届全国政协常务委员，第七届全国政协委员。1988 年 4 月 26 日因病在福州逝世。

晏福生（1904—1984），原名晏国金，湖南醴陵人。1923 年，参加安源煤矿工人俱乐部，曾任工人纠察队队长，从事工人运动。1926 年 7 月，加入中国共产党。1928 年年初，回乡参加醴陵暴动。同年，参加中国红军。历任湘东南独立师第三团副官，红八军二十二师四十九团政治委员，红六军团第十八师和第十六师政治委员等职。参加长征。抗日战争时期，任八路军一二〇师三五九旅七一七团政治委员，陕甘宁留守兵团警备第一旅副政治委员，八路军南下第二支队政治委员，三五九旅政治委员。解放战争时期，任东北民主联军独立第一师政治委员，第二十八师政治委员，第四野战军四十七军副军长。中华人民共和国成立后，任湘西军区司令员，湖南省军区副政治委员，广州军区副政治委员、顾问等职。1955 年，被授予中将军衔。是中国人民政治协商会议第四、五届全国委员会委员，中国共产党第七、八次全国代表大会代表，在中共十二大被选为中纪委委员。1984 年 4 月，在广东逝世。

袁德生（1894—1934），湖南浏阳人。1922 年，参加安源路矿大罢工。1923 年，加入中国共产党。1926 年 12 月，在广州农民运动讲学所学习，毕业后担任国民党湖南省党部农运特派员，在株（洲）萍（乡）等地从事农运。1927 年，参加南昌起义。后奉命重回安源，组织安源工人武装力量参加湘赣边界秋收起义。1928 年 5 月，任中共湖南省委特派员，先后两次以湖南省委代表身份到井冈山传达省委指示，指导工作。1929 年，任中共湖南省委委员。1930 年，任湘东南苏维埃政府执委、中共湘东南特委常委。1931 年 7 月，任湘赣省苏维埃政府主席等职。1934 年 4 月，被害于泰和县，牺牲时年仅 40 岁。

袁德生

袁旦初（1901—1983），湖南望城人。1924年，入上海美术专门学校学习，学习绘制漫画技术，年底肄业。1925年赴广州，任国民革命军第二军政治部艺术股股员。是年底入国民党中央政治讲习班学习，曾聆听毛泽东讲授农民运动和阶级分析，并受萧楚女、恽代英等教诲，思想日趋进步和成熟，其间加入中国共产党。1926年7月，袁同郭亮一起回湘开展工作，任全省总工会教育部长，主编《工人画报》。不久当选为省总工会执行委员。1949年10月任铜官乡完小校长，继而调靖港完小、铜官陶业职工学校任教员。1951年8月被聘任为湖南省文物管理委员会委员，1955年任湖南省人民委员会参事室参事。1958年在省博物馆任文物保管员，时约两年。1983年4月逝世。

郭化非（1899—1930），江西万安人。江西省立第七师范学校毕业。1924年，加入中国共产主义青年团，任吉州学生联合会总务部主任。1925年9月，加入中国共产党，任吉安总工会书记、委员长、共青团吉安特别支部代理书记、书记，并在万安发起组织进步团体“前进社”任委员长。1926年1月，任中共吉安小组组长。3月，任中共吉安特别支部书记。9月，任中共景德镇支部书记。1927年，参加万安暴动。1930年，在战斗中英勇牺牲。

康克清

康克清（1911—1992），原名康桂秀，江西万安人。1925年，开始投身革命，在本乡从事妇女工作。1926年，加入中国社会主义青年团。1931年，加入中国共产党。1927年，担任江西省万安县罗塘湾乡妇女协会常任秘书。1928年9月，和近百名赤卫队员参加中国工农红军，上了井冈山。1929年，与朱德结婚。1932年，在江西瑞金任红军总司令部直辖的女子义勇队队长，直属队政治指导员。1934 年当选为中华苏维埃共和国临时中央政府执行委员会候补委员。参加了长征。后曾任八路军总司令部直属队组织股长、政治处主任，党总支书记，晋东南妇女救国会主任。新中国成立后，历任全国妇联常委、副主席、主席，中国人民保卫儿童全国委员会秘书长、副主席、主席，全国政协副主席等职。是第十一届、十二届中央委员，第五、六、七届全国政协副主席。

梁一清（1899—1927），革命烈士。江西吉安人。原名性兴、字恒德。幼时学徒。1920 年秋，考入江西省立第七师范学校，在校发起反对校长贪污公款的斗争。1925 年，积极投入“五卅”爱国反帝运动，在工人中组织募捐委员会和仇货检查组。7 月，任国民党吉安县党部工人部部长。1926 年春，加入中国共产党。5 月，组建中共吉安总工会支部，任书记。9 月，国民革命军进驻吉安城后，任吉安总工会委员长，领导工人为争取正当的政治权益和经济利益多次举行罢工，并通过开办工人书店、工人图书馆、工人夜校提高工人觉悟。10 月，参与建立中共值夏支部。1927 年，“四一二”反革命政变后，在吉安组织吉安各界二万余人召开讨蒋大会。8 月 6 日，被敌诱捕。12 日，在吉安中山场英勇就义。当晚，遗体被工人代表从刑场抢出，运往家乡安葬。1930 年 10 月，中国工农红军攻克吉安城后，举行了隆重的追悼大会，毛泽东、朱德题挽词：“梁一清同志精神不死！为革命牺牲，死的光荣！”

彭　儒

彭儒（1912—2010），女，1912 年生于湖南省宜章县黄沙堡琦石彭家村。1926 年入衡阳省立第三女子师范学校读书。1927年3月加入中国共产主义青年团。1930年6月加入中国共产党。“马日事变”后，回家乡从事秘密工作。1928年年初，参加湘南独立第三师，任宣传员和交通员。4月底，随朱德部上井冈山，先后在红四军二十九团和二十八团做宣传工作。后调湘赣边界特委做妇女工作。1929年1月14日，红四军主力下山，她和丈夫陈正人等留守井冈山，坚持斗争。同年秋，调安福县委工作。新中国成立后，曾任中央纪律检查委员会专职委员等职。2010年10月在北京逝世。

曾志

曾志（1911—1998），女，原名曾昭学，1911年4月出生于湖南省宜章县，少年起即投身革命，1926年10月加入中国共产党。1928年春，参加朱德、陈毅领导的湘南暴动，并于4月上井冈山。1928年12月，曾志在井冈山大井生下小孩后不久，即到小井红军医院担任党总支书记，1929年1月，曾志调任前委工农运动委员会任民运股长。她将年幼的儿子留在井冈山，跟随红四军主力奔赴新的战场，留下了一段“井冈送子”的动人佳话，并从此与井冈山结下了不解之缘。此后，曾志转战南北，先后担任过厦门、福州中心市委秘书长、闽南特委组织部长、中央妇委秘书长等职。新中国成立后，曾任广州市委书记、广东省委委员、常委、书记处候补书记、中共中央组织部副部长、中顾委委员等职。曾志逝世前留下遗嘱，丧事从简，不举行追悼会，不举行任何形式的遗体送别，骨灰撒到八宝山、井冈山和广州白云山做肥料。1998年6月21日，曾志在北京逝世。根据曾志的遗愿，6月30日，她的骨灰由她的亲属护送到井冈山，葬在她曾经工作过的小井红军医院旁边的小山包上，坟前是一块小小的墓碑，碑上镌刻着“魂归井冈——老红军战士曾志”几个字。

程海存（1890—1932），江西萍乡人。1904 年在药店学徒。1922 年，入安源工人夜校读书，常参加安源工人俱乐部的活动。1925 年，因“共党嫌疑”被捕入狱，后获释。大革命失败后，被派往湘赣边界工作。1928 年 4 月，加入中国共产党。1929 年 6 月，利用其父在萍乡城内开的“春和生药店”为掩护，设立赣西采运处，负责联络和转运工作，积极为根据地采购各种物资。1932 年 6 月，因被叛徒出卖，不幸被捕。17 日，被杀害。

蒋世良

蒋世良（1905—1932），江西遂川人。1925 年“五卅”惨案后参加革命运动，随后加入共产党。1926 年冬，当选为篾业工会主席。1927 年 1 月，被选为遂川县总工会主席并出席江西省第一次工人代表大会。“马日事变”后被捕入狱，受尽严刑，毫不动摇。7 月，在遂万农民自卫军的营救下出狱，转入秘密活动。1928 年 1 月，工农革命军攻克遂川城，任县总工会主席。12 月，任遂川县工农兵苏维埃主席。1929 年 1 月，红四军主力出击赣南后，在遂川山区坚持斗争。1930 年，出任泰和至吉安沿河哨口总指挥。1932 年 9 月，在泰和麻州巡哨时，中弹牺牲。

谢中光（1914—1997），井冈山市古城人。1928年2月，加入中国共产主义青年团。同年5月，参加中国工农红军。1929年5月，加入中国共产党。土地革命战争时期，任江西省宁冈县总工会副委员长兼青工部部长，湘赣省儿童局书记，贵州省毕节县独立团政治委员，红六军团十八师政治部宣教科科长等。参加永新里田、湘南新田、甘肃天水等战斗。新中国成立后，任中国人民解放军公安军上海总队总队长，江苏省军区副司令员，江苏省军区顾问等职。撰写了《井冈山旌旗奋》《卖桥》《苗汉亲一家》《三官殿歼敌记》《黄桥决战侧记》《苏中七战七捷片断》等回忆录。担任《从奴隶到将军》电影的军事顾问。

谢月高（1907—1933），井冈山市古城人。1927年，加入中国共产党。1928年2月，任古城区政府土地委员。1930年，任宁冈县总工会主席。同年4月，代理宁冈县苏维埃政府主席兼裁判部部长。1931年5月，被选为宁冈县苏维埃政府主席。1933年因肃反扩大化，在永新县被错杀。

谢官龙（1872—1929），又名荣珍。广东龙川人。银匠出身。1928年，参加革命。20世纪20年代，因生活所迫，到井冈山湘州东坑办起一个对花厂（即造币厂），以造花边（银元）为业。1928年5月，红四军军部在井冈山上的上井村借用农民邹甲贵的民房，创办井冈山红军造币厂，谢官龙被聘请为造币师傅，指导造币。1929年1月，井冈山失守后，造币厂被国民党军烧毁，人员被冲散。后湘赣革命根据地在永新县牛田村创办红军造币厂，谢官龙再被聘请为师傅。1929年，在永新牛田造币厂牺牲。

韩伟（1906—1992），湖北省武汉市黄陂区人。少年时学徒做工。1922年，参加安源路矿大罢工。1924年，加入中国社会主义青年团。1926年，转入中国共产党。参加北伐战争。1927年，参加湘赣边界秋收起义。随毛泽东部到井冈山，任中国工农革命军第一师一团排长、副连长。1929年后，任红四军二纵队四支队十一大队大队长等职。参加长征。抗日战争时期，任晋察冀军区军政干部学校军事教育主任，雁北支队司令员等职。解放战争时期，任热河军区司令员，晋察冀野战军第二纵队副司令员兼参谋长，第二十兵团六十七军军长。新中国成立后，任华北军区副参谋长，北京军区副司令员等职。1955年，被授予中将军衔。是第三、四、五届全国政协委员，中国共产党第七次全国代表大会代表。

韩伟

赖毅（1903—1989），原名赖玉生，湖南平江人。15岁当造纸工。1924年，参加平江工农革命运动。1926年，加入中国共产主义青年团。1927年，转入中国共产党。同年，参加湘赣边界秋收起义后到井冈山，任中国工农革命军第一军一师一团班长、排长等职。参加长征。抗日战争时期，任军委后方留守处主任，八路军第四纵队六旅政治委员，新四军第四师十一旅兼第二军分区政治委员和中共地委书记等职。解放战争时期，任华中军区第七军分区政治委员兼中共地委书记，华东军区卫生部政治委员，苏北军区政治部副主任、主任、副政治委员。新中国成立后，任华东军区干部部第一副部长，南京军区政治部副主任、副政治委员。1955年，被授予中将军衔。是第二、三、四届全国政协委员、第五届常务委

赖毅

员，第四届全国人民代表大会代表。1989 年 4 月，在南京逝世。

鄢辉（1900—?），湖南沅江人。从小学裁缝，后到国民革命军第四集团第二军警卫团当兵，任三营八连班长。1927 年 9 月，参加湘赣边界秋收起义，随毛泽东部上井冈山。朱毛会师后，任红四军三十一团三营八连连长。后任永新县赤卫大队大队长，坚持井冈山革命斗争。

谭汤池（1908—2005），出生于湖南省茶陵县秩堂乡毗塘村一个贫苦农民家庭。做过学徒，当过缝衣工。1929 年冬参加赤卫队。1931 年 8 月，加入中国共产党。1930 年 2 月至 1934 年 3 月，先后任茶陵县高陇区职工联合会常委，茶陵县苏维埃政府粮食部部长，茶陵县赤色职工委员会委员会长，茶陵县政治保卫局局长。1934 年 8 月，调任湘赣省政治保卫局侦察部长，奉命留在湘赣边界坚持游击斗争。11 月，省党政军机关转移到安福县泰山区后，领导机构作了调整，谭汤池增补为中共湘赣省委常委，任省政治保卫局局长。新中国成立后，1952 年 10 月任青海省公安总队副政委。1955 年 2 月，任青海省军区海北军分区副政委。1955 年 5 月，被授予上校军衔并获三级解放勋章。2005 年 6 月 19 日，在长沙逝世，享年 97 岁。

谭思聪

谭思聪（1908—1932），湖南茶陵人。1926 年秋，在茶陵汇文中学读书时加入中国共产党。“马日事变”后，在平水裘家一带坚持农民运动。1927 年 8 月，与陈韶、谭趋新等领导茶陵游击队，坚持在谭湾山区开展游击活动；11 月，任茶陵县总工会委员长。1928 年春，任中共茶陵县委书记。10 月，当选中共湘赣边界第二届特委委员。1930 年 3 月，选为赣西南特委委员，任中共莲花县委农工部部长，茶陵游击大队政治委员等职。1931 年 2 月，任湘东独立师政治委员；8 月，任湘赣独立一师政治委员。1932 年 1 月，在江西永新一次战斗中英勇牺牲。

谭家述

谭家述 (1909—1987)，湖南茶陵人。1924 年到药店当学徒。1926 年 7 月加入中国共产主义青年团。后被派回家乡开展农民运动，曾任农民协会秘书。1927 年 8 月参加南昌起义。1928 年 1 月转为中国共产党党员。先后任茶陵县游击队副队长、中国红军第四军三十一团二营五连副连长，参加了创建井冈山革命根据地的斗争。1929 年年初调回茶陵，任游击队队长、大队长、纵队长，参加创建湘赣革命根据地。1930 年后，任湘东独立师 (后改为湘东南独立师) 参谋长兼第三团团长，湘赣独立第一师参谋长兼第三团团长，湘赣独立师师长，红八军第二十二师师长，红六军团参谋长，华北军政大学教育长、副校长。新中国成立后，任军委防空军副司令员兼参谋长、高炮指挥部司令员，空军副司令员兼空军军校部部长。1955 年被授予中将军衔。1987 年 8 月，在北京逝世。

谭普祥 (1904—1942)，湖南茶陵人，缝纫工人出身。1926 年下半年，加入中国共产党。任县工人纠察队副队长。1927 年 8 月，参加茶陵游击队。同年 12 月，任县工农兵政府主席。1928 年 5 月，当选为中共湘赣边界第一届特委委员。1930 年，任湘东南行委办事处主任。1931 年 1 月，任茶陵县苏维埃政府主席。后回家，1942年病逝。

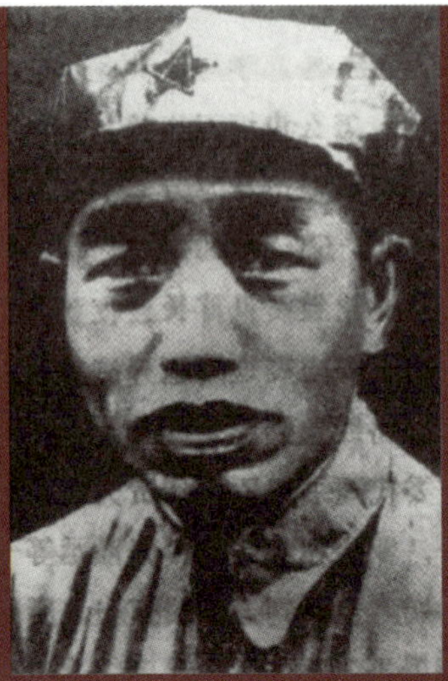
谭震林

谭震林（1902—1983），原名喜起，湖南攸县人。印刷工人出身。大革命时投身工人运动。1926年10月，加入中国共产党。曾任攸县工人纠察队队长。大革命失败后，被迫转移到茶陵县。1927年秋上井冈山。同年11月，中国工农革命军攻克茶陵，先后任茶陵县总工会主席、茶陵县工农兵政府主席、中共茶陵县委书记。1928年，任中共湘赣边界第一届特委副书记、第二届特委书记、湘赣边界工农兵政府土地部部长、前委委员。1929年春，随红四军主力下山，调任前委职工运动委员会主任。7月后，任红四军第四纵队政治部主任、司令员等职。新中国成立后，任中共中央政治局委员，国务院副总理，第四、五届全国人大常务委员会副委员长等职。是中共第八、十、十一届中央委员，中共十二次代表大会上被选为中顾委委员，并在第一次全体会议上当选为副主任。1983年9月，在北京逝世。

谭冠三（1901—1985），曾用名谭才儒、谭年春。湖南耒阳人。1926年加入中国共产主义青年团，同年转入中国共产党。1928年参加湘南起义。土地革命战争时期，历任工农革命军第四军军需处文书、中国工农红军第十二军一纵队政治部宣传科科长、第三十四师训练队队长、第十二师特务连政治委员、第三十四团政治委员兼特派员、师政治部组织科科长兼三十六团政治委员、红一军第九师二十五团政治委员、师政治部组织科科长、红一军团政治部组织部巡视员、陕甘支队第四大队政治部主任。长征和抗日战争时

谭冠三

期，任中国人民抗日军政大学政治部主任、秘书科长、冀中军区政治部副主任、第一军分区兼七支队政治委员、南进支队政治委员。解放战争时期，任冀中纵队政治部主任、豫皖苏军区第八军分区政治委员、第二野战军十八军政治委员。新中国成立后，任西藏军区政治委员、中共西藏工作委员会第二书记、监委书记、西藏政协主席、最高人民法院第一副院长、成都军区顾问。1955 年被授予中将军衔。是中国人民政治协商会议第四、五、六届全国委员会常务委员，中国共产党第七次、第八次全国代表大会代表。1985 年 12 月 6 日，在成都逝世。

第七章

革命前辈回忆录和故事选录

对于井冈山工人运动，亲历者回忆录甚多，故事众多，内容丰富。本篇，仅选录回忆录 14 篇，故事 12 则。

第一节 回忆录选录

一、谭震林回忆从印刷工人到任县总工会主席、特委书记（1977 年 10 月）

我家在湖南攸县城关镇。我 12 岁当学徒，做印刷工人。1926 年 10 月参加了中国共产党，先后担任攸县工人纠察队队长、县总工会宣传干事、县党部工农运动特派员。马日事变之后，在攸县站不住脚，先后到长沙、武汉找党组织，没找到。又跑到茶陵一家书店，在那里当学徒。老板是个好人，他只知道我搞过工运，不知道我是共产党员。他说你不要随便往外跑，不安全。就这样，我在书店里当装订工，白天劳动，晚上出去做党的地下工作。茶陵搞工运的人我都认识，很快就与基层工会接上了关系。

1927 年 11 月，工农革命军第二次打下茶陵。当时茶陵县委还在山上。我去接头，找到宛希先，问他怎么办。他说你是工人，应首先组织工会。不久，我们就成立了县总工会，大家选我当县总工会主席。第一次攻克茶陵时，成立了茶陵县人民委员会，委任谭梓生当县长。由于大家都没经验，开始时按旧衙门的章程办事，坐堂审案，派捐派款。毛委员知道后，立即来信指示要通过工农兵代表会议产生政府。不久，在茶陵召开了工农兵代表大会，有八、九十人参加。会上投票选举，我当选为主席，是工人代表，陈士架是士兵代表，还有个姓李的农民代表。我们三个常委实行集体领导，主要是做部队的后勤工作，筹粮筹款。我们还分派了人员到城郊农村发动群众，打土豪，组织赤卫队，县里建立了游击大队，大队长是谭家述。县政府成立后，还出过布告，是石印的，政府的印鉴是长条形，名称叫茶陵县工农兵政府。这是湘赣边界第一个工农兵政权。不久，国民党军压境，我军撤退，茶陵县被国民党军占领，茶陵赤卫队200多人也跟我们一起上了井冈山……

1928年2月，我受毛泽东委派，到永新县九陇山区做社会调查。我详细了解土地占有情况，倾听群众意见，主持农民大会，组织农民代表讨论土地问题，并提出分配方案，为毛泽东起草《井冈山土地法》提供了第一手材料。同时，也为日后各革命根据地的土地分配提供了经验。同年5月，中共湘赣边界特委和边界工农兵政府成立，我当选为第一届特委委员、副书记和工农兵政府土地部长。10月，任第二届特委代理书记。11月，任特委书记，并当选为前委委员。1929年1月，我随红四军主力转战赣南闽西，任红四军第二纵队党代表。

二、何长工回忆关于改造袁、王部队（1977年春）

井冈山的王佐和袁文才是老庚（把兄弟）。当时，龙超清对袁文才做了不少工作。可是毛泽东同志还没有摸清王佐的特点。他对我说："王佐原来是一个裁缝师傅，在井冈山整掉了几个土匪头。凡是要经过井冈山的，都要摆酒席，送驳壳枪、送光洋。河南的一个土匪头樊钟经过井冈山时，王佐把他卡了。王佐这个人不简单，所以要你去。"我问："可不可以不去？"他说："你一定要去。"我问："派多少干部去？"他说："又不是去打架。就派你一个人去。"张子清参谋长也说一定要我去。他说："毛泽东同志是要你去改造王佐部队，这个任务很大。"

毛泽东同志亲笔写了信给王佐，信中说叫我当山上的党代表。我上了井冈山之后，跟王佐谈话，谈话几乎跟唱戏一样，特别威风。王佐这个人没有什么文化，但是枪法很准。他有一个秘书姓黄，办了文稿给他看，他还能提出意见，加一两个字或减几个字。

他把我安置在大井，起初不让我离开司令部，我是在大井改造王佐的部队的。王佐的部队原来是中队编制，以后改为营。改造王佐部队，主要是毛泽东同志指导思想的胜利。同时，山下革命形势发展，群众起了变化，有了进步，也推动了王佐前进。回忆起来，我们改编袁、王部队是在大陇，那里有个朱家祠。改编以后，袁文才当团长，王佐当副团长，我是党代表。

三、陈正人回忆中共湘赣边界第二次代表大会（1959 年6 月）

为了加强党的领导，指导边界斗争，1928 年 5 月 20 日，在宁冈茅坪召开了湘赣边界党的第一次代表大会，主要任务是成立湘赣边界特委，作为地方党组织的统一领导机关，选举了毛泽东同志为书记。

这次大会讨论了如何进行土地革命和政权建设，工农武装建设，发展、整顿党组织等问题。决定以罗霄山脉中段的井冈山为中心建立巩固的革命根据地。在这次会议上，毛泽东同志回答了有些人在困难和危急的时候，提出的“红旗到底打得多久”的问题，这是关系到中国革命胜利的最根本的问题。

毛泽东同志在这次大会上，根据辩证唯物主义和历史唯物主义的原理，科学地回答了这个问题。根据中国革命的具体条件，能不能首先在农村建立革命政权，能不能以军事斗争即武装斗争为主要的斗争形式建立工农割据(即工农红色政权)。毛泽东同志如此及时地把马列主义普遍真理同中国革命具体实践相结合，解决了中国革命理论中这个极其重要的根本问题，并从理论上回答了“红旗到底打得多久”这个极其复杂、极其重大的革命理论问题，为中国革命的胜利奠定了科学的理论基础。

湘赣边界第一次党代会形成了文件，但是以后找不到了，毛泽东同志离开井冈山时，曾把六七箱（铁皮箱）文件放在王佐那里，解放以后多次组织过人找，但没有找到。

边界党的二大，是在毛泽东同志亲自主持领导下于1928年10月4日在茅坪召开的。在会上，毛泽东同志根据几个月来收集的时事材料，分析当时的形势（在井冈山，毛泽东同志非常重视收集报纸，以了解国内外的情况。有一次，他专门派了三十一团第一营去打大军阀谭延闿的家乡高陇，收集到了不少报纸）。他认为国民党的反动统治，即新旧军阀的统治是不稳定的，内部有着许多不能克服的矛盾。他特别发现新旧军阀之间有不可调和矛盾，有争权夺利的斗争，而且斗争越来越厉害。他认为，分析当时的国内形势，估计要爆发蒋桂战争。同时他又认为，军阀混战爆发以前，敌人必定会对井冈山发动新的“会剿”。因为红军在井冈山已经打了很多胜仗，产生了极大的影响，这对国民党反动派的统治是个大威胁，特别是对湘、赣、鄂的反对统治都是个极大的直接威胁。所以，军阀混战爆发以前，敌人为了保持其反动统治，必定会“会剿”井冈山，企图解除我们对他们的威胁（后来证明毛泽东同志的预见是正确的）。

根据毛泽东同志当时对形势的分析，大会确定湘赣边界特委的中心任务是，加强军事根据地的建设，准备打破敌人的更大规模的军事进攻，保卫井冈山根据地。为此，大会以后，井冈山军民在毛泽东、朱德同志的带领下掀起了挑粮运动，削竹钉，修工事，从思想上、政治上、军事上、组织上做好各种准备工作。

会议还讨论了《工会组织法》。这次大会后，谭震林任特委书记，因为中央有个规定，党的领导机关负责人都要由工人出身的党员来担任。

四、晏福生回忆1928年安源党组织和工人支援井冈山的斗争（1959年6月）

1922年我10多岁时去安源做工，1926年入党。1927年，许克祥发动马日事变。国民党军利用反共委员会把党组织破坏得很厉害。1928年，湘东特委设在安源。安源有二十多个党支部，是大发展。后来，湘东特委中的一些人叛变了，成了叛徒。1928 年 1 月醴陵暴动，党派一部分安源工人去。醴陵暴动有几千支枪，张子意是总指挥，醴陵暴动后成立了政权，成立了党支部，办了农民协会。我们组织醴陵赤卫团，对抗国民党，没成功，之后我又回到安源。同年，我和十几名安源工人化装成挑米的去了井冈山，是经过莲花、宁冈到达井冈山的。1928 年，安源党组织和工人纠察队出去一部分人当红军，一部分还在安源。1930 年红军打长沙，安源工人又有一批参军，后来组成工兵队。安源工人在红军中起了很大作用，有很高评价。红军北上时，还与安源有关系。

五、刘亚球回忆安源工人支援水口山的工运和井冈山的斗争（1967 年 3 月）

我是衡山人，从小和哥哥刘东轩在水口山做工。水口山罢工后，来到安源煤矿做工。安源工人大罢工的胜利给水口山工人很大的影响。在水口山工人大罢工前，我哥哥刘东轩（水口山俱乐部副主任）就写信给在安源的舅舅了解安源罢工的情况，我舅舅赵国臣是安源工人的代表。由于未回信，所以我哥哥在 1922 年 9 月至 10 月间亲自去安源请求派人支援，找到了朱少连和赵国臣。后来，湖南党组织和李立三领导的安源工人俱乐部派蒋先云、谢怀德来水口山领导工人罢工。水口山罢工时，要与衡阳三师的党组织联系。我当时是通讯员，经常送文件到三师英文教师张秋人（党员）那里。后来蒋先云参加了北伐军，打河南而死。谢怀德在 1927 年大革命失败后，在萍乡上栗市搞暴动而死。这两位同志都光荣地牺牲了。秋收起义前夕，安源矿警队支队长陈鹏动摇了，要把全部枪支带过去投降，矿警队活动很厉害。党组织在新街米仓开了会，宣布了陈鹏的罪恶，决定当晚就动手，由杨士杰等人对付陈鹏，我们就搞掉那个连长。我们一动手，全部武装都夺过来了。所以，秋收起义中，安源工人武装成为工农革命军第一师第二团的主要力量。起义队伍中有湘南起义的一部分，人数不多，是在湘南暴动后转去的。没有带武器，全部参加了工农革命军。不久，就打萍乡，没打进去，走老关打醴陵，后来打浏阳，国民党军有两个团的兵力向我们打来，那时我们队伍刚组成，有的纪律不严趁机发洋财，有的政治基础不牢，结果被打散了。1927年间，湖南省委与井冈山有联络。我记得在1928年要湖南和萍乡安源支援人力、物力。当时，我在安源煤矿当工人。我送过信，只送到南坑、六市、九都，交给独立团，由九都独立团再到浏源、南村、垅上一带，我送信到九都有二三次。那时长沙、浏阳、醴陵的干部去井冈山都要经过安源，我都一次十个、八个地送过去两三批。还有些干部在来安源的途中，经南坑时化装不好，被保安团抓了去。以后我们就不走南坑，绕路奔向井冈山。安源就是井冈山对外联络处之一，直到1929年，我记得最后一次是安源负责人把一个姓郑的人（名字记不清了，是醴陵人）交给我，我送他到莲花后，组织上把我留在了莲花独立团。店员工会会长朱伯林带了几千元钱曾去萍乡安源买枪。结果，他不回莲花来了，枪也没有买成。1930年，黄公略率领红军到安源，我们又发动了一批安源工人纠察队的人参加了红军。关于朱少连叛变的问题，我看不可能，如果说他在水口山自首，但他没有去过水口山。1929年至1930年国民党军没有用自首政策，抓了就杀。袁德生原来是安源俱乐部的总代表，湘东特委书记。上井冈山时是湘赣苏区主席。后来，国家保卫局进行肃反。那时公安保卫部门都是垂直领导，直属中央。吴德峰将他骗到中央苏区，在1933年过赣江时故意把他淹死的。后来吴在延安党内整风时才承认是处理错了，误杀了自己的同志。当时，我也参加了延安这次会。

六、易湘苏回忆1928年的安源党组织和井冈山的斗争（1959年6月）

秋收起义后，组织派我去井冈山。由于国民党军白色恐怖厉害，没有去成。那时，安源比周围的环境都好些，湖南有一大批人转到安源去。1928年3月，我一人避难到萍乡。我住在萍乡，国民党军常来搜查，后来我到安源，许多党的负责人都在安源。4月，我与安源市委接上头，我住在刘仁康家里，接线人是张东四，他经常去李涤生家，我们做交通工作，与上海来往，传送党的文件。1928年，安源党员很多，有13个党支部。1928年6月，当时实在待不下去了。有一天晚上，我在刘仁康家，他很害怕，我就没去开会，市委就这么被破坏了。原来，何键派了一个团的人到安源，不准出入。由于党内出现叛徒，国民党军又组织了反共委员会，安源市委被破坏，捉了七个革命同志，情况很严重，我又到王少庆家中隐蔽起来，还是待不下去。7月，湖南省委陈海涛调我和张东四回省委，我以学生的身份，带着文件赴长沙。在火车上叛徒盘问我，要我登记自首，我说我是学生。到长沙时，张东四被捕牺牲。1929年8月至9月，地方党组织了工人纠察队，一部分人跟红军走了。1928年安源工人参加了黄公略的部队，1929年至1930年参加的是中央红军。直到红军北上时，红军与地方党还有组织关系。1930年红军攻赣州城时，安源工人起很大作用，应给予很高的评价。滕代远是从湘东特委去安源的，滕代远以后是马赤萍，他直至1930年还在安源。袁德生是湘东特委苏维埃主席，他那里是联络站。

七、袁旦初回忆1928年的中共安源市委和井冈山的斗争（1979年11月）

1927年年底，我由湖南省委宣传部部长任旧宣派往安源。我到安源时，是去与火车站附近一个开饭铺的姓颜的人接头。此人瘦瘦的，20多岁，党员，由他带我去找廖保庭。安源市委机关设在俱乐部右边小丘陵上耶稣教堂旁边的一户人家里，房东姓盛，房子是四栋三间式样的普普通通的小民房。家中有一位婆婆，她有两个儿子，都是矿上的工人，一个是党员，一个有一点傻气。女婿叫咸宜，是黄埔军校第一期毕业的学生，担任安源市委的军事委员。这家旁边还有一户姓刘的人家，姓刘的工人不是党员，但赞成革命，我们曾在他家开过会。

我到安源任市委组织委员，我那时的名字叫周菊生。市委书记是廖保庭，市委宣传委员姓郭，市委秘书是李运钧，江华（当时叫黄琳）在市委搞司书，如记录、抄抄写写等。我在安源时，市委的成员只有廖保庭、我、李运钧、咸宜、姓郭的宣传委员、黄琳和袁枚初这几个人。当时安源市委的活动主要是：转送党的文件，向安源的党员传达中央的文件和上面党组织会议的精神，送人到井冈山去参加红军，组织工人暴动等。市委负责人白天分散居住，晚上在革命的工人家里开秘密会议。开会时传达中央文件或上级党组织的会议精神，讨论如何训练工人。当时工人也不懂得什么主义，说要干什么，就干什么。市委的工作没有什么章程，无正式的办公机关，开会就是几个人围在一起商量工作，有时以打麻将作为掩护，有时用打手势代替谈话。当时安源有 21 个支部，200 多名党员。支部分布的情况不记得了，只记得紫家冲有一个支部。支部会议有时在井下开，有时晚上在工人家里开。党员的名字不登记，是怕名册落入国民党手中，支部书记把名字记在心里。当时工人入党是要举行仪式的。宣誓时，印有锤子镰刀的红旗挂在墙上。入党誓词是：牺牲个人，努力革命，遵守党纪，永不叛党。上海中央的文件是由安源转送到井冈山的，井冈山的文件也是由安源转送到上海中央的。安源市委的王枚生，是个二十多岁的青年，长沙人，在安源做工，他是专门负责转送文件的交通员。中央的文件有时装在留声机的盒子里，有时放在酒瓶子中由交通员带来，市委内的人将文件内容用竹纸抄写好，装在雨伞的竹柄里再由交通员经过莲花、遂川送往井冈山。毛主席要安源市委派工人到井冈山去当红军中的下级干部。我在安源时，市委曾派过一批人去。

1927 年 12 月 30 日晚上，咸宜带领四十多个勇敢的路矿工人党员去攻打上栗市团防队，缴获了二十多支枪，埋藏在乡下的农民党员家里，要用的时候再把枪拿出来。安源市委还领导工人在矿上开展了罢工、暴动的斗争。

1928 年 1 月，工人举行了罢工，要求增加工资。工人有时还破坏铁路，剪断电线，自制小炸弹“洋葛古”，深夜丢在驻军附近，扰乱驻军。但这些斗争效力不大。市委没有人专管经济。上海中央给我们送来过一些活动经费，我还听廖保庭说过，毛主席从井冈山几次派人送来了黄金，给我们作经费，时间大约是1928年春天。

八、王耀南回忆安源第二团爆破队工人上井冈山（1984年9月12日）

我祖籍湖南，父亲是安源煤矿的井下工人。我八岁以前要过饭，八岁就成了矿上的童工，十岁就到矿井里学爆破。安源工人运动前一个时期的情况我不清楚，因为年纪小。我参加了1927年9月爆发的秋收起义，那时我才15岁。在我的记忆中，毛主席第一次到安源是1921年秋天。当时我还小，是井下的童工，不懂事。毛主席1921年秋天到安源考察的事，是听我父亲和其他的大人们讲的。

1927年9月10日，我们安源工人1300多人在毛主席的领导下举行了秋收起义。安源工人和当时在安源的各地工农武装被编为工农革命军第一军第一师第二团。我们安源煤矿60多名爆破工人被编为第二团爆破队。杨明同志任党代表兼队长，我任副队长。爆破队是在安源老火车站附近的一个房子里成立的，由第二团团长王新亚同志给爆破队授了队旗。第二团从安源出发攻打萍乡县城时，爆破队担任了爆炸城门的任务，后因被国民党军发觉没炸成。接着，王新亚同志带领队伍打老关、醴陵、浏阳。我们爆破队奉命回安源造"洋藠古"，准备迎接新的战斗。我们回到安源不久，9月20日，接到王新亚签署的命令，要我们到修水师部去参加整编。于是，我们便在9月13日凌晨三四点钟从安源出发去修水。经过老关向北走，在离老关约二十华里的一个地方，因为大家都很疲劳，便在那里休息一天。然后继续向北走，经过东峰界、黄茅到石鼓山。

9月16日下午，在石鼓山的高排又接到命令，说不要去修水了，要我们赶到文家市去。这样，我们爆破队60多人便全都到了文家市。我们到达文家市的时候，那里人山人海好热闹，有一团的人，三团的人，也有二团的人。这时我们才知道二团在浏阳县城被打散了，只有第二营营长吴杰带了四五十个人，第六连连长熊坤山带了周成福、李文成等六七个人，闻讯赶到文家市会合。吴杰他们住在一所中药店里，我和杨明去那里看过他们。后来知道，二团在浏阳被打散后，大部分人分头返回安源、萍乡、安福、莲花、醴陵等地，有的在醴陵、萍乡农村开展游击战争。部队在文家市会合后，向萍乡方面进发，我们爆破队走在部队前面。有一天，当我们走到一座山上的时候，突然听到后面十几里以外的芦溪方向有枪声，大家估计可能发生了战斗。待我们走到莲花甘家村休息时，才听说部队在芦溪遭到伏击，总指挥卢德铭同志牺牲了。部队到达永新县的三湾进行改编。我们爆破队的干部战士因为都是经过斗争锻炼的产业工人，在改编时被作为骨干分散编到各个连队，我被编到一连一班当班长。

1930 年 6 月，原来爆破队的人员又奉命集中起来，组建成第一个工兵连。

九、江华回忆秋收起义以后的中共安源党组织和井冈山的斗争（1975 年 6 月）

我到安源工作以前是湖南省委的长沙至衡阳的交通员。1927 年 9 月底，即秋收暴动以后，省委派我到安源工作。1928 年 5 月初离开安源上井冈山，在安源工作了 7 个月左右。我到安源是与郭炳坤（安源市委委员，平江人）接头的。廖保庭、袁达时我都认识。郭炳坤、廖保庭都是由周总理从广东黄埔军校调到安源的，我在安源用的名字是黄琳。我在那里是刻钢板的，当时油印机印的材料都是一些宣传材料。罢工的材料也有一些，但很少，主要是宣传教育工人的，也登一些各地的情况，是不定期的。当时，安源党组织未遭到破坏。刘思明是十三支部（窿内）的党支部书记，余文璧是九支部（电厂）的党支部书记。我当时就是联系这两个支部。

1927 年冬，安源成立了罢工委员会。罢工委员会 9 个人当中有 8 个是党员，郭炳坤是罢工委员会的负责人。在广州暴动后不久，安源就爆发了罢工，时间可能是10月或12月。

1928年3月间，成立了萍乡县委。县委书记是一个姓王的（萍乡西区人），他是安源工人。安源市委书记是李运钧，市委和县委都属特委管，是平级的。特委书记是滕代远。当时安源是属湖南管。3月份，我从安源市委调到萍乡县委工作，4月份调离安源，上井冈山，在县委工作只有一个多月时间。安源工人运动与井冈山的斗争有一定联系，毛主席当时写了四封信给湖南省委，要求派安源工人去井冈山。以后湖南省委派袁德生去井冈山。

十、刘型回忆萍乡游击营和安源工人到井冈山参红军（1967年7月27日）

1927年我在武汉中央军事政治学校（共产党领导的）当预备生。同年8月，组织上介绍我到萍乡东桥搞农民运动。我去后，排上靖卫团内举行了一次起义，其中有两个共产党员颜云生、颜雨生两兄弟，他们原是安源工人，从军队中暴动出来，带了几支枪，跑到东桥和我们联系。从此，我们东桥就有了枪，组织了游击营，我任营长兼党代表。

1927年秋收暴动，我没有参加，是在东桥搞农民运动配合。东桥的党组织是由醴陵南四区发展的，秋收暴动时受醴陵县委领导。1927年12月以后，醴陵县委把我们拨归安源市委领导，属小西区委。这时湘东特委在安源，邓贞谦到过我们那里，我负责军事。我们组织了上万人打下埠靖卫团。游击队还打了腊市、白竺的“青皮梨子”和攸县的罗定。那时，下埠、东桥、广寒寨、大路里一带都是游击区。

1928年春，国民党军一个营进攻我们，一个团到醴陵清乡，醴陵一个共产党员领导的游击营跑到东桥这边来了。这个营八支枪，营长叫游龙。我这个营，七支枪，二三十个人。春节后约一个星期，两个营合为一个营，营长为游龙，我是党代表。市委派邓贞谦和我们联系，要我们不要在一个地方乱转，要打游击，还指示我们往莲花靠，上井冈山。

5月下旬，我们这支部队由萍乡经莲花、永新、茶陵、宁冈，上井冈山。出发时有二三百人，我们没有打旗子，穿的是农民服装，带了梭镖、马枪、大刀，白天躲，晚上走。在白竺，我们和攸县来的反动军队打了一仗。经过六江壁（现在的六市乡）和莲花县城，我们同县靖卫团又打了两仗，缴获了两支枪。过永新时才和毛主席的红四军联系上，这时我们只剩五十多人了，之后我们被编入江西军第三十一团第一营，我任一营一连党代表，连长是陈伯钧。我们连里有一些是安源矿工。

在井冈山斗争时期，毛主席曾写信给湖南省委，要派安源工人上井冈山当红军，湖南省委答应送三百人来。6月间，湖南省委调了一批安源工人来井冈山。结果，被莲花独立团挡住了，留在那里参加了莲花独立团。我们打开龙源口以后，安源派了80多名工人来井冈山，我们连就来了20多人。7月上旬，第三次打开永新以后，我们的地方扩大了，安源送来了一百多工人参加红四军。安源多次送工人参加红军，使工农红军增加了无产阶级成分，又使工人经过武装锻炼逐步成长为干部。

十一、张水恩回忆莲花党组织、安源党组织与井冈山的联系（1972年5月）

1927年以前，我们这里的党组织就和萍乡有联系。1927年，在萍乡达成师范读了书的张子铭回到莲花工作。他家里人多不方便，经常在我家开会。记得同年阴历七月，秋收起义前夕，萍乡的张宗和从宁冈返回萍乡，在路上被反动派抓住，押解到萍乡城里被杀害了。还有一次，张子铭从萍乡带回一封信来。这封信是用五倍子写的，我用清矾水一浸，就现出字来了，信的内容是说要调上塘杨锡麒（良善）的兵去安源编队。不久听说去了，还打了浏阳。

1928年，安源市委委员邓贞谦从宁冈回安源工作，身上带了六两多黄金。他走到萍乡南坑附近的乌龙桥时，被反动派捉走。当时，萍乡曾派人送信给张子铭，要他设法营救邓贞谦，但没有成功。我们莲花六市鸡冠石党支部原由安源地委管辖，萍乡派来王培华当我们的支部书记，以后是张俊敷担任支部书记。安源工人常来莲花，我们也常到萍乡、安源去送信。在安源党组织工作的夏益笃多次来莲花通知张俊敷去安源、紫家冲开会。莲花县委的陈兢进也经常去安源开会。

记得有一次，我和张俊敷一道假装去安源卖米。我们挑着担子走到安源街上一个纸烟摊子旁边，张俊敷告诉我就在这里等，果然过不多久，就有一个人来买纸烟。这个人故意多给纸烟摊上四枚铜板。张俊敷见了，知道这是党组织联络员的信号，就带上信悄悄跟他走了。他们具体联络些什么，我不清楚。

十二、刘冬连回忆大革命失败后安源的交通工作与井冈山的联系（1972 年 6 月）

1914 年，我与易泽恩结婚后随他来到安源，住在安源筲箕街，他在煤矿修理厂洗煤台吊车。一年多后，我们由筲箕街搬到安源花冲，住盛春生家的房子。我丈夫 1922 年冬入党，这时候我才知道安源有党组织。大革命失败后，党组织内的人经常来我家活动，并把我家作为通信联络地点。当时外地党组织与安源党组织的通信常寄到我家，信中的称呼用老表、兄弟等亲戚名称来代替。住在这一带的只有三户人家，我们一家，盛春生一家，还有郭炳坤家。党组织从株洲买来一部油印机，样子和现在的油印机相似。这部油印机放在我家，印好的材料放在盛春生家。

那时，湖南的浏阳、长沙、醴陵等地经常派干部来安源工作，住在我家的就有李运钧、易礼容、黄琳、杜修经等人，虽说我们是两口之家，但吃饭常常有一二桌人。黄琳本姓虞，后改名叫江华。他从学校毕业后，组织上派他来安源工作，住在我家时已是阴历十月间。天气冷，下雨下雪，他穿得比较单薄，冷得受不了，就向公家领了一件学生装的棉袄。为了便于掩护，他住在我家时叫我姨妈，叫易泽恩姨父。他在安源市委内的工作是刻写钢板，印油印，有时候也用药水写信。

第二年阴历三四月间，他离开安源奔莲花去了。因为要改装，走前，我将丈夫的一套衣服改改后给他穿去了。盛春生的妹夫咸宜（又名韩宜、韩咸宜、盛得亲）是1923年来安源的。首先在牛角坡的工人补习学校内教书，和他一起当老师的有蔡增准、袁达时等人。后来，他是安源市委负责人之一，参加了农民围攻长沙的战斗。打到易家湾后，不幸落入国民党军手中，不久，被害于衡阳，与他一起遇难的还有唐泽民。秋收暴动以后，杜修经来到安源。他在党组织里的任务是用药水写信、洗信。写信用明矾、五味子水，写在信的空格子中间。看信时将信放在一盆清水中，字就显现出来了。有的信中这样写着：有些地方党组织遭到破坏，你们要提高警惕，等等。

1928年4月，党派我们夫妻两人，还有林育英（从上海派来）、李×（浏阳人）、艾玉（女）、张汉文（湘潭人）等人到株洲。到后不久，我们就建立了一个交通机关，加强了党中央与湖南省委、井冈山根据地的联系。后来，机关被破坏，我们中的十七位同志被国民党军逮捕，我和丈夫带着才二十岁的艾玉到衡阳，给了她点钱，让她走了，后来不知她的下落。张汉文后来被国民党军杀害于湘潭。我丈夫是7月8日从衡阳回株洲时被国民党军抓去的，判刑14年，送到湘潭坐班房。后因没饭吃，他们把牢房冲破了。他坐了12年班房，就这样逃回了家。

十三、王辉球回忆从学徒工到当红军（1986年1月）

由于家境贫困，经人介绍我只好离家到遂川去当学徒，以便减轻家中困难。那个时候要当个学徒也是不容易的。记得带我去的是本村的一位师傅，到了店上得交上十元大洋作为押金的见面礼，实际上是赎身费。1927年正月，我只有十六岁，就要担水、做饭、扫地、洗衣、侍候师傅老板。连跑腿等一切勤杂事务都得干。还要给老板家庙祖公上香点烛。我们老板是地地道道的地主出身，前有店堂、后有老大一座后院。房屋一大片，他值钱的东西都放在自己的楼上，不让别人去动一下。我整天干的就是这些杂活，累得要命。商店里的事不得沾边，成了他们家的雇工。就这样的干下去，什么也没有学到。当时，认为自己不该来做这个学徒工。但这种世界自己又有什么办法呢？我在遂川县当学徒这一年遇到过一些什么事件对我的思想给予很大的刺激呢？回忆起来可谓在我的一生中是难以忘怀的。

到了 1927 年冬，纷纷传出一个消息。说有一支共产党领导的队伍要来攻打遂川县城，县城的反动分子造出很多谣言，说这支队伍杀人放火，劫富济贫，吓得做买卖的人都惶惶不安。有钱人都跑到乡下躲起来了。我在的商店掌柜也逃到乡下去了。师傅也跑回家去了，一个偌大的商店就剩下我一个人，他们要我看守商店，我心里想，你们都逃吧，我是不怕的，看看来的到底是什么样的队伍。他们说得那么可怕，我就不信，不到几天，在县城的国民党县保安队听到枪声就逃之夭夭，吓得不知逃到哪里去了，整个遂川县很快就被新的队伍占领了。来的是什么军队呢？没有跑的人们都怀着疑虑的目光注视着新的军队。看他们见到人们的态度非常和蔼，穿戴的服装大多数是军服。都戴着红袖章，脖子上有一条红色的带子。他们一到县城就公开说是中国工农革命军，到处有人宣传讲课，他们讲的是蒋介石叛变了革命，屠杀共产党，屠杀工农，要革命就要打倒蒋介石，打倒反动军阀，打倒帝国主义，实现土地革命，打土豪分田地，组织工会农会，穷人要翻身全靠自己救自己，他们叫人们不要害怕，商人要开店营业，公买公卖，他们说穷人不打穷人，只打倒土豪劣绅，贪官污吏。这些讲演我第一次听到，是打心眼儿里高兴，说到我们穷苦人心坎上了，盼望已久的共产党队伍真正盼望到了，有了共产党人就真正有了自己的出路，县城里各阶层人民都沸腾起来了。国民党反动县政府的造谣破灭了，人民群众好些人都从乡下返回城里来了，商店大部分开门营业了，街上又开始热闹起来了，我们商店因只有我一个人无法营业。

隔了不几天，有个穿便衣的工作人员来店动员我去参加店员工人开会。我去了后，在旧县政府那里亲眼看见很多店员和学徒，都是熟人，召开什么会呢？等了一会儿来了个穿便服的军人。他自己介绍说他叫谭震林，也是当店员出身的，并说明今天开会宗旨，是要组织店员工会，工人没有组织就没有力量。组织起来搞革命工作，工人阶级要自己起来勇敢奋斗，要我们报名，我当即和大家一起报名参加了店员工会，工人们鼓掌欢迎，我自己也觉得很光荣，从这天起我就成了遂川县店员工会的成员，心里非常兴奋。当时报名参加店员工会的有百十个人，发给每人一个红袖章，从那天起谭震林同志几乎天天要给店员工会的同志们讲话，讲革命的道理，工会内部也分了工，宣传组的同志到街上向群众进行宣传，张贴标语等，调查组的同志在城里进行调查，查封土豪劣绅的财产，召开群众大会分发土豪的财物。经过这些斗争，遂川四乡的穷苦人民都发动起来了，这些活动都是工农革命军的同志带领我们工会的同志去干的，谭震林同志还告诉我们不久就要在城里万寿宫召开群众大会，说有毛委员讲话，要店员工会的同志们去参加。那天我们见到毛泽东委员，他只是穿件中山便服，留的分头，高个子，讲话声音洪亮，一口湖南话。他说蒋介石已经叛变了革命，要我们动员起来，组织工农革命政府，组织工会、农会，打土豪分田地，武装起来同国民党反动派斗争到底。紧接着在遂川县成立了工农兵政府，选举王次淳同志为主席，陈正人同志为委员，各乡也纷纷成立了工农政府和农民协会。遂川县成立了赤卫大队，店员工会内部也成立了三十余人的赤卫队。当时我也报名参加了店员工会赤卫队，每人发给一支梭镖，作为斗争的武器，当时大家的革命热情是很高的。

工农革命军在遂川县城度过了1927年的旧历年，到了年节时候，广大人民举行了游行示威，店员工会组织了高跷队、狮子队等，热烈庆祝遂川县人民的解放胜利。记得是过了旧历年后2月左右，工农革命军要离开遂川县，店员工会和赤卫队也动员大家愿随工农革命军和县赤卫大队的同志报名，当时我是毫不犹豫地报名愿随工农革命军和遂川县赤卫大队去参加革命。当时周围的少数人劝我不要去，说是随工农革命军去了要连累家庭，要杀头的。我没有听他们这一套劝告，我说我不怕杀头，跟着共产党干革命这是我的志愿，任何人也阻挡不了我选择这条道路，只有干革命才有出路，留在店里也是死路一条。当时报名参加遂川县赤卫大队的有三百余人，就有高传遴同志。他比我大一点，是遂川县人，裁缝徒工出身，他和我的关系非常密切，我们编入县赤卫大队一个中队，这就是我参加革命的起点，是一生难忘的一件值得引以为豪的事情。当时遂川县赤卫大队有三百余人，大队长是王次淳（应为王次楼）。我们随着工农革命军第一团进到井冈山根据地，驻在大井进行军事训练。在井冈山训练的一个时候，把我和其他几位年小的同志调到工农革命军第一师第一团少年先锋队工作，少年先锋队是工农革命军第一团的一个建制单位，这个队的成员，是从武汉警卫团、浏平秋收起义队伍中和解放遂川来的一些青少年组织起来的，年龄都在十六七岁。打这时起，我们成了工农革命军第一团团直属队的一个单位，1928年在井冈山的斗争是很艰苦的，记得当时曾到过湘南桂东、汝城一带迎接朱德、陈毅同志的部队，参加过七溪岭、黄洋界等战斗。是年9月（应为1月）随红四军离开了井冈山，转战闽粤赣地区，开辟新的革命根据地。

十四、甘祖昌回忆在湘赣边界兵工厂的日子(1991年4月)

1930年9月，党领导下的湘东、赣西的地方武装和湘鄂苏区的两个独立团，按照上级指示合并成立了红军独立第一师。随着独立师的建立，队伍不断地扩大，因而需要的枪支也就越来越多。为了解决这个问题，独立师命令由原来的保管处、石印处和新成立的修械所三个单位共同承办这件事情。当时，我任保管处主任。

石印处、修械所开始设立在莲花南陂的倒树下村，由于国民党反动派的屡次“进剿”，工厂被迁至武功山脉脚下的黄沙村。工人们在十分恶劣的环境下，克服重重困难，上山采伐竹木，自己搭救厂房；没有饭吃，就吃地瓜、笋干，充分地体现了工人阶级不怕苦不怕死的革命精神。

石印处、修械所初建，由于工人们的共同努力，工厂得到了很大的发展，增加到100多人。这时，国民党以两个师的兵力进犯莲花，在敌强我弱的情况下，石印处、修械所为了免遭破坏，迁到了莲花北面的辽里冲。

辽里冲四周环山，古木参天，是一个天然的隐蔽所。这里只有几栋小房子，十多户人家，工厂迁来后，首先要解决住宿问题。于是，工人们有的砍树做梁，有的割茅叶做瓦片，开始了一场搭棚建厂的战斗。厂房建起以后，工人架起修械工具，叮叮当当地干了起来。十月的辽里冲，山里吹来一阵阵寒风，工人们在红通通的火炉旁，干得挺欢，并打趣说："厂棚里安装了自来风扇，多舒服呀!"表现了革命乐观主义精神。

日子一天天过去，带来的粮食也一天天少了。怎么办呢？工人们又想办法，改成晚上修枪械，白天大家上山采野菜，挖蕨根，把蕨根打成蕨粉做饼子，把野菜当青菜，工人们高兴地叫："糟米饼子加青菜，吃得嘴甜开心怀。"就这样，克服了一个又一个的困难，没有一个人叫苦。大家只有一个目标，就是加快修枪速度，早日把武器送上前线，狠狠地打击国民党军。

随着形势的迅速发展，中央指示湘东南和赣西南合并，成立以永新为中心的湘赣省。修械所也随着迁到了永新县的九陂村，同赣西南从永新乐山搬下来的修械所合并为湘赣省兵工厂。我担任总务长，负责采购原料和食品工作。

两所合并后，共有500多人，力量明显壮大了。但是，也出现了新的问题，就是不少工人好胜心强，争着要搞制造，而不愿意去搞修理。大伙争论不休，谁也不让谁，对工作影响很大。我了解到这个情况后，便向厂长汇报，并建议说："不妨让他们都试一试，看看谁的本领大，谁就可以搞制造。"厂长同意了我的意见，吃饭后，召集了那几个争得特别厉害的人开会。我也参加了会。会上，我以商量的口吻逐个征求工人意见，先对一个名叫彭子赤的工人说："你能造枪，我们非常敬佩你，并且还要支持你，但你要什么材料?”彭说：“只要天河煤矿小铁路的铁轨就可以了。”我又朝另一个工人说：“你呢?”那工人说：“天河煤矿的铁轨需要一半掺用，另外要到外面买锉刀。”接着，我又问那位能造轻机枪的工人说：“你需要什么材料?”他说：“要3000斤重的一块铁。”这时，坐在旁边的厂长插话说：“根据现有的材料，就让彭子赤造枪，因为天河有小铁轨，能办到。需要锉刀造枪的计划是不可能实现的，因为前方很紧，还有很多步枪、重机枪、迫击炮都需要用锉刀修理，所以工具有限。至于造机枪需要用大铁，眼前无法解决。”厂长换了口气接着说：“你们还是集中精力去修枪吧，现在前方部队每天都有枪械需要修理，我们是工人阶级，修好枪支支援部队，是我们的天职。”说完，又提出了修重机枪的意见，把60多支重机枪、迫击炮按好坏等级检查出来，展开一个“修好、修快、少试子弹”的竞赛，修得又快又好的受奖。

第二节 故事选录

一、王佐战斗在井冈山

王佐又名王云辉，绰号南斗牯，井冈山下庄村人。他自幼丧父，童年时随母磨豆腐，又给豪门富家放牛，挑石灰，伐薪烧炭，漂泊流离。十五岁开始学裁缝，三年后成了井冈山有名的裁缝师。他还在罗浮拳师王冬文那里学了几年武功。1922年冬，王佐回到下庄不久，一天，从遂川县城来了四名荷枪实弹的税警在下庄催粮派款，王佐当即邀集李开昌等人到他家谋划，决计设家宴款待税警。席间王佐极力劝酒，待他们烂醉如泥后，众兄弟一齐上前，夺下了4支步枪。这年年底，王佐首次用这些枪率弟兄们行动，“吊”黄坳大土豪马江保一举成功，索得大洋500余元。这批钱王佐除给兄弟分发部分外，剩下全部都接济了穷苦的百姓，自己分文未拿。

几天后，他和众弟兄们在下茅坪的郘王将军庙内聚义，提出了“打富不打贫，打疏不打亲，打远不打近”的口号，盟誓：“不求同日生，但求同日死。”此后，王佐名声大震，绿林中的散兵游勇纷纷带枪前来投靠，附近的贫苦农民也先后揭竿而起，归顺王佐，使这支队伍日益壮大，枪支也不断增加。后来，王佐又火并了先后窜上山来的绿林唐光耀、马文林、陈荣彪等几支队伍，成为井冈山区最大的绿林武装。

王佐得势使豪绅富户更加不安，永新县府不得已，只好同意王佐提出的种种条件，将其所部编为新遂边保卫团，由王佐担任团长。保卫团成立后，王佐将“打富济贫”的口号改为“抽富济贫”，为井冈山的贫苦农民减租免税，对那些土豪富户则加捐加税。1926年遂川县农民协会先后派胡开甲、王文铮上山与王佐联络，王佐同意在井冈山各个乡村办农民协会。这样，原小井团防门前便挂起了“新遂边陲农民协会”的牌子，原保卫团也改称“农民自卫军”，王佐任总指挥。

1927年10月，毛泽东率秋收起义部队进驻宁冈茅坪后，通过袁文才与王佐联络，王佐同意毛泽东及其部队进驻井冈山区。10月24日，当毛泽东同志率部从荆竹山到大井时，王佐亲自率众弟兄在大井村的学堂排路口迎接，并送500担稻谷给工农革命军做给养，毛泽东为表示对王佐的真诚谢意，回赠他70支枪以使其扩充队伍。王佐后来在毛泽东、何长工等同志较长时间的教育、帮助下，决意抛弃绿林生活，投身革命。

毛泽东率领秋收起义部队来到三湾、古城后，曾多次开会，决定在宁冈一带建立根据地并制定对袁、王部队团结改造的方针。王佐开始对工农革命军的情况不大了解，当他接到袁文才来信，说这支部队是共产党领导的，他立即表示欢迎，并派代表前往荆竹山迎接。

毛泽东有事来大井时，总要抽空找王佐谈心，讲革命道理。经过一个多月的政治教育和军事训练，王佐部队的面貌发生了很大的变化。1928 年 2 月上旬，在宁冈大陇的朱家祠举行了升编大会，袁、王部队正式升编为工农革命军第一军第一师第二团，袁文才为团长兼第一营营长，王佐为副团长兼第二营营长。

1928 年 5 月，工农革命军第四军宣告成立，王佐任第四军第三十二团副团长。在 1928 年 5 月和 10 月召开的湘赣边界党的第一、第二次代表大会上，他均被选为中共湘赣边界特委委员。

1929 年 1 月，红四军主力离开井冈山，向赣南进军，红五军和红四军三十二团留守井冈山。这时，袁文才离开了三十二团，随红四军主力出征。指挥三十二团的重任落在王佐身上。敌人出动兵力约三万余，而根据地只有约一千多人的部队。在异常艰苦的条件下，王佐顾全革命大局，勇挑重担，反复以我军守山的有利条件，说服有疑虑的同志，表示坚决与敌血战到底，誓死保卫根据地。

王佐率领部队，以顽强的精神和坚韧不拔的毅力，坚持了一个多月的游击战争。边界特委于 1929 年 3 月 17 日给江西省委转湖南省委的报告中写道："五井击破后，王佐部队仍埋伏于五井山上，分散力量，减少目标。后来敌人屡次搜山，王佐曾与敌人斗争。结果无大损失……"

1929 年 5 月初，红五军根据前委指示，从赣南打回湘赣边界。彭德怀在茨坪见到王佐。当王佐谈到他的部队未遭受什么损失时，彭德怀高兴得连声称好。晚上，王佐参加边界特委、五军军委和新遂边陲特别区委联席会议。会议研究了恢复红色区域，扩大红军，在边界坚持长期斗争等问题。会议决定，王佐部编入红五军，与红五军第五纵队合并为一个纵队，王佐为司令员。会后，王佐奉命率队与红五军其他部队一起，出击湘南粤北。次第攻克广东之城口、仁化、南雄诸城镇后，又回师井冈山。"通过这次行动，筹集了现款数万元及大批食盐、布、药品等，将其大部分救济了边区群众，也缴获了三百支步枪以及数万发子弹。"扩大了红军的影响。8 月初，彭德怀率领红五军挥师北上。王佐部留下来，担任保卫边界的艰巨任务。

红五军离开边界后，永新、茶陵等四县反动武装又联合起来，趁机进攻各县地方武装活动的中心九陇山。王佐利用敌人行动不一致，各自都想保存实力的弱点，指挥部队，首先打击宁冈县肖庚光的採户团，歼其大部，然后配合各县地方武装打另一路敌人。边界各县的红色政权与党的组织渐渐恢复起来，使边界进入了较为稳定的发展时期。

二、龙超清、刘辉霄支援红军

龙超清，又名龙济民，1905 年出生于江西省宁冈县塘南。父龙钦海曾留学日本，回国后历任江西省议会议长、省教育会会长等职。龙超清在家乡读完小学，1922 年秋来到南昌，在省立二中就读。

1925 年秋，经肖国华（江西女界著名的共产党人）介绍，龙超清加入了中国共产党。

入党之后，龙超清虽然还在学校读书，却以主要精力从事党的工作，成为南昌共青团地委经济斗争委员会领导人之一，组织广大工人、店员开展反对资本家和厂商剥削工人的经济斗争。

毛泽东在秋收暴动之前，就从工农革命军第二团团长王兴亚那里，了解到宁冈、永新一带的政治和经济的情形。秋暴部队向湘赣边界退却，军至莲花，接到宋任穷送来的江西省委的指示信，省委明示秋暴部队："你们可到赣西的宁冈去，那里有我们的党，有一支几十支枪的队伍。"省委对于宁冈各方面情形的了解，是龙超清报告上去的。这对于毛泽东率部上井冈山建立根据地起到了重要作用。

龙超清等人在三湾与工农革命军接上头，使毛泽东进一步确定了屯兵井冈山的决心。10 月 7 日，工农革命军进驻茅坪。10 月 8 日，部队移到宁冈古城，毛泽东在文昌宫召开了前委扩大会议，讨论决定到何地建立根据地等问题。龙超清出席了会议，他完全赞成前委关于在以宁冈为中心的井冈山区域开展武装割据的主张，并向与会人员详尽地介绍了这一区域的各方面有利条件。会议经过讨论，决定部队不再追赶叶、贺主力或去湘南了，留下在井冈山区域建立革命根据地。古城会议结束的当晚，龙超清赶到茅坪安排毛泽东与袁文才的会见。龙超清与袁文才商议，由县委和农民自卫军帮助部队设立了后方留守处和医院，县委又发动群众为部队筹粮，使工农革命军迅速地在宁冈安下家来。

以毛泽东为书记的前委，制定了以宁冈为中心区域，逐步向四周发展割据的战略方针。因此，抓好宁冈的各项工作，于整个根据地的建设极为重要。龙超清按照前委的指示，在县委会议上决定集中全力发动农民打土豪，分浮财，并自告奋勇到自己家乡去。他回到塘南，村里的土豪摆酒为他接风，他严正地拒绝了，并对这些人说：只有主动地把剥削来的财富交出来，才是识时务者。他首先动员家里“交出了 100 多担谷子，6 缸茶油，把一本借据租约也烧毁了”。村里有的农民不敢来领取打土豪的浮财，龙超清就带人送上门。塘南一带的群众工作打开了局面后，龙超清又来到柏路，组织农民到大土豪杨唐臣家开仓分谷，杀猪分肉，焚烧债契。从 1927 年 10 月到翌年 2 月，全县打土豪的工作取得显著成效。

1929 年 1 月，红四军主力前往赣南开辟新的革命根据地，红五军及袁、王部队留下守山。根据前委决定，成立了宁冈中心县委，由何长工任书记，龙超清为副书记兼西北特区书记。中心县委的任务是统一领导边界各县的地方武装，守卫九陇山军事根据地。龙超清带着宁冈县赤卫大队开到九陇山后，部分人从古城、龙市挑粮上山，部分人在各个隘口险处修筑工事，日夜赶制土硝、梭镖。2 月下旬，湘敌四个团向九陇山发起进攻，龙超清指挥赤卫队经过两天两夜的鏖战，利用山险挡住了从茶陵坑口进犯的敌人。龙超清还派出许多联络员下山，接应在井冈山被打散的同志，先后把宛希先、陈正人、邓乾元等人接上山来。湘赣敌军攻占井冈山后，各县的反动地主武装死灰复燃。宁冈县挨户团经过扩充，由团总肖庚光带领扎在龙市，封锁通往九陇山的大小通道。为消灭这支敌军，打通九陇至龙市的通道，龙超清多次派人侦察敌情。8 月 6 日，龙超清率领赤卫队 200 多人，冒着小雨夹雪从石口河里沿河滩行走，拂晓前赶到龙市，一举全歼了措手不及的挨户团，将许多弹药、粮食运回九陇山。是年秋，特委调龙超清去莲花担任县委宣传部长，工作三个月后，调回宁冈，专任边界特委宣传部长。

1930 年 2 月上旬，赣西苏区的局势大为好转。8 月中旬，赣南、赣西、湘赣边界三个特委合并为赣西南特委，刘士奇、曾山、龙超清等十七人为委员。特委下设六个行动委员会，原来的湘赣边界特委改为西路行委，龙超清开始任团的行委书记，至同年 8 月，任党的西路行委书记。龙超清担任西路行委的领导工作后，着重抓了彻底平分土地和加强各地党政建设这两方面的工作，以此开创了赣西革命斗争的新局面。边界各县曾两度分田，由于敌人的不断进犯和豪绅阶级的破坏，各地的土地分配出现了反复，存在许多问题。行委针对性地作了若干新的规定，如好坏搭匀，不准留公田，农具、耕牛同时分配，该分青苗的分青苗等。这就基本上达到了彻底平分土地的要求。在党政建设方面，主要是开展党组织的整顿和苏维埃政府的改造。有些地方的党组织和乡政权平时工作缩手缩脚，惧怕敌人进攻，敌人一来便销声匿迹。行委决定对这样的地方实行严格审查，坚决更换负责人，对软弱分子经教育无效者予以清除。同时纠正了由党包办苏维埃工作的现象。龙超清很重视行委对各地工作的巡视，布置行委除留下个别常委主持机关事务，其余的干部都到各地去了解情况，进行实际领导。这两方面工作的开展有力地推动了其他各项工作。至同年 9 月，西路行委所辖各县的军事斗争、经济建设、农业生产、文化教育等均有新的起色。这为建立以永新为中心的湘赣革命根据地奠定了坚实的基础。

刘辉霄是井冈山斗争时期的重要人物，又名善庆，1900 年生于江西宁冈县白石小圩镇里的一个富豪家庭，幼时在家乡读书，1922 年考入南昌私立法政学校。

1924 年刘辉霄从法政学校毕业，先回到家乡，在宁冈新城开办了一所新型学校——文明小学，自任校长，秘密宣传革命思想。组织了“文明社”，公开与地主豪绅组织的“新民社”相抗衡。

1925 年暑假，龙超清、谢希安、刘克犹等一批在外求学的青年学生也回到家乡，与刘辉霄一起积极宣传“打倒列强”“反对北洋军阀的反动统治”的政治主张。

1926 年 7 月，为策应北伐，龙超清受赵醒侬派遣，以国民党特派员的身份回到宁冈，开展革命工作。首先联络刘辉霄、刘克犹组织了马克思主义学习小组，秘密串联，广泛传播马列主义，宣传革命道理。10 月，北伐军由湖南进入了江西，刘辉霄积极配合龙超清，趁宁冈敌兵空虚，策动袁文才率领保卫团起义，一举攻克了宁冈县城新城，逮捕了清乡局长谢述庭，缴获枪支 12 支，驱逐县知事沈清源出境，成立宁冈县人民委员会，龙超清担任委员长，刘辉霄为常务委员 (负责总务兼宣传)。此次武装起义，“宁冈的土籍革命派和客籍相结合，在共产党的领导下，推翻了土籍豪绅的政权，掌握了全县。”这年年底，在龙市龙江书院的文星阁秘密成立了中共宁冈县支部，龙超清为书记，刘辉霄为宣传委员，刘克犹为组织委员。农会的各级组织也相继建立。刘辉霄兼任农会的党团书记，他的妻子龙庄正为妇女委员，全县的农民运动更加蓬勃发展。可是，马日事变以后，反动豪绅阶级大肆捕杀共产党员和农会干部，刘辉霄面对猖狂进攻的反动势力，没有被吓倒，他和龙超清、袁文才等一起领导宁冈人民与反动派作坚决斗争，国民党反动政府先后派林笑佛、张廷芳、易敌无前来宁冈当县长，结果是林笑佛被杀，张廷芳被迫辞职，易敌无则不敢上任。宁冈县控制在革命者手里长达一年之久，为井冈山革命根据地的创立打下了良好的基础。

1927 年 9 月底，毛泽东率领工农革命军到达永新三湾村。当时袁文才不知来的什么部队，把农民自卫军撤到茅坪，加岗增哨，严加戒备。一日，袁忽然得到毛泽东写来的信，提出要在井冈山落脚安家，与袁文才合作。袁找到龙超清、刘辉霄、陈慕平及其部下开会研究。龙、刘、陈都十分赞成毛泽东的主张。刘辉霄分析了农民自卫军的处境说：“马日事变后，国民党翻脸不认人，派重兵天天‘围剿’我们，我们正处风雨飘摇之中，此时，有中央委员来领导，我们以后就好办了。能和他们合作是好事，如果有问题，我们可以担保。”经过分析和劝说，大家终于同意了与毛泽东合作的主张，并派了龙超清、陈慕平等前往三湾接头。1927 年 10 月 7 日，工农革命军进驻茅坪，开始了井冈山的伟大斗争。

1929 年 1 月，为了粉碎湘赣两省敌人对井冈山根据地的第三次“会剿”，红四军主力出击赣南。刘辉霄被任命为前委秘书长，随红四军主力下山，同年 4 月，重返湘赣边界，参加县委工作，在茅坪、源头、大亚山等地实行割据。第三次反“会剿”后，县赤卫大队被打散，仅剩两班人，20 支枪，他积极动员青年农民加入，并找回失散人员，8 月扩充为 50 余人枪。10 月 15 日，流落在湖南的国民党县长陈宗经，秋收时带领人马从酃县进入宁冈睦村抢粮，刘辉霄动员西北特区上千群众配合县赤卫大队攻打来犯之敌。在睦村击毙县长陈宗经，缴枪 30 支，使县赤卫大队扩大为一连人，110 支枪。红五军从赣南回到边界以后，他又随红五军转战到粤北南雄、湘鄂赣等地，几度恢复了宁冈、遂川、永新等县，为坚持井冈山革命根据地的斗争做出了卓越的贡献。1930 年调任红五军参谋长，后任新编红军第八军政治委员。

1930 年 9 月，红军向长沙发动进攻，因久攻不克，刘辉霄亲临前线，指挥部队冲锋，不幸中弹英勇牺牲。时年 30 岁。

三、余贲民建设后方

1927 年金秋时节，一天晚上，毛泽东在八角楼征求副师长余贲民的意见：“袁文才支持我们在这里设留守处，太好了。我想把你留在后方搞经济工作，怎样？”“服从命令。”余贲民二话没说，愉快地接受了任务。红军留守处设在茅坪，杨立三当主任。被服厂设在桃寮，余贲民为总负责人。接受任务后，余贲民轻装来到了“山峻水澄，幽古森宁”的桃寮村。桃寮村只有三个自然村十几户人家，分布在方圆 0.3 平方公里的山岗上，要在这样一个地方办起被服厂，难度可想而知。厂房、人员、设备、资金一无所有，真是白手起家啊！

面对这一大堆的困难，余贲民没有动摇。他首先考虑的是选定厂址。“对了，张家祠有80平方米的面积，岂不是一个很合适的厂房吗?!”余贲民高兴极了。“老表！这里有没有裁缝师傅?”“有，都参加赤卫队去了。”余贲民到县赤卫队挑选了十多个会做裁缝活的队员。不久，红军又从遂川、永新缴获了六部缝纫机，还有棉花布匹。工人采取手工操作与机器加工相结合的方法进行生产，将门板作工作台，用五倍子、茶子灰制复合染料。就这样，被服厂开工了，这是井冈山根据地的第一家工厂。万事开头难，经过余贲民的一番奔波、组建，被服厂成立并投入生产。一批又一批的军需品出厂了，有棉衣、棉裤、棉被，还有绑腿、米袋和子弹袋等等。时值天寒地冻，红军补充了这一大批冬装，那真是雪中送炭啊！

余贲民白天安排生产，检查质量，与生产工人一起琢磨改进服装设计、裁剪、染色等技术问题，忙得不可开交；晚上，还要在微亮的油灯下搞统计、算账、包装，一弄就是深更半夜。他身上穿的仍然是两层夹衣，床上盖的是一条线毯。“这套棉衣、棉裤、棉被就给你留着用吧，不能老这么熬下去！”杨立三说。“先满足前方战友们的需要吧，我这点困难算不了什么。”余贲民谢绝道。

井冈山革命斗争时期，余贲民不仅是被服厂的厂长，还要负责部队的其他后勤工作。大家都听说他有个小金库，里面都是打土豪时收回的珠宝。不过，余贲民平日不是一身灰军装就是一件洗得褪了色的旧汗衫，脚上也没双像样的鞋，人们笑称他“抠门”的余贲民。

“天气已经变冷了，他怎么连鞋都不穿呢?”余厂长他们走远后，小张自言自语道。

旁边的女工们见状打趣道：“你要是心疼呀，就做一双鞋给人家呀！”

“做就做！”小张想都没想就接过了话茬，“可惜我现在没布，要不连夜就可以为他做双鞋子。”

“哟！按我们永新的老规矩，只有新媳妇才给未来的男人做鞋哦！”小张的脸一下子就红了，大家也被逗得呵呵直乐。

深秋的井冈山，秋雨绵绵，空气中已有阵阵寒气。被服厂仍然在加班加点地赶制着保障根据地战士们过冬的棉布棉被。女工小张虽然年龄最小，可每天都超额完成任务，这让余贲民格外注意这个女孩子。

一天，余贲民视察完工作刚出车间，小张便紧随出来。她两只手背在后面，喊了声“余厂长”。余厂长见是小张，笑道：“永新女孩，每天超额完成任务，很能干啊！有什么事吗？”听余厂长这一表扬，小张圆圆的脸一下子变得通红，“我，我，天冷了，给你双鞋，这是我用自己的布料做的！”说完，小张将鞋塞给余厂长，便转身跑回车间。

就这样你来我往，小张真的和余厂长走在了一起。一次，小张回家探亲，和母亲说起这件事。张妈妈心想：“这余贲民可是个厂长啊，据说还有个小金库呢，身上的钱肯定不少。”于是拉着女儿的手说：“女儿，你看爹妈把你拉扯到这么大，怎么说也要余厂长送你对金耳环当聘礼吧？”

回厂的途中，小张心中嘀咕着，我该怎么开口啊？余厂长自己都没一件像样的衣服，他会答应吗？如果他答应了，他就不是我心中的厂长了，可要是他不答应……她突然想试试他。

“那个，贲民，跟你说个事。”小张鼓起勇气说，“我妈说，你要娶我，就得拿一对金耳环当聘礼，不然，不同意我们结婚……”

余贲民语重心长地对小张说：“我有个珠宝箱，这些都是打土豪分给部队的。现在根据地生活困难，枪支弹药都得靠它们来换。我们不能因一己私利而乱用部队的东西啊！我是打心眼里喜欢你，可是……”他顿了顿。

“你别说了，我都知道！这才是我心中的贲民！”小张抢着说。

四、赖毅水口入党

1927年10月13日，毛泽东率领秋收起义部队来到酃县水口。第二天上午，党代表何成匈把赖毅叫去，递给他一份油印的《入党志愿书》，要他马上填好，同时通知他，晚上跟他一起去团部开会。赖毅出生于湖南省平江县的一个贫苦农民家庭，15 岁当造纸工。1926 年春加入共青团，随后到国民革命军第四军当兵，并随军参加了北伐战争。后来离开部队回乡担任农民自卫军队长。马日事变后，被国民党通缉，潜往江西修水，加入武昌国民政府警卫团，并随部参加了湘赣边界秋收起义，担任班长。开会的地点在水口墟叶家祠的阁楼上。傍晚时分，赖毅与五班班长李恒随党代表进入叶家祠。这时屋里的几条长凳上坐了十几个人，各连的党代表都来了，还有几个班的班长。毛委员早就来到了会场，正和一营党代表宛希先说话。会场前头放着一张小长桌，桌上点着一盏煤油灯。桌面上压着两张下垂的红纸，一张写着入党誓词，另一张写着“CCP”三个英文字母。赖毅心中一阵高兴，今晚就要在这里举行入党宣誓仪式，成为一名中国共产党党员了。人到齐后，毛委员站起来宣布开会，他宣布会议议程后，就让各个入党介绍人分别介绍入党对象的简历和表现。接着，毛泽东走到六个宣誓人的面前，依次提问。毛委员来到赖毅面前，问：“你为什么要加入共产党？”赖毅坚定地回答说：“要革命，要翻身，要打倒国民党，打倒土豪劣绅，入了党就更有力量。”毛委员笑着说：“讲得好。”接着，毛委员叫赖毅、鄢辉、李恒、陈士榘、欧阳健等六人站到方桌前，亲自带领大家宣读入党誓词，洪亮而庄严的声音久久地在阁楼中回荡。宣誓结束后，毛委员亲切地握着新党员的手说：“从现在起，你们就是中国共产党党员了，今后一定要团结群众，宣传群众，多做群众工作，要严格组织生活，严守党的秘密……”

五、穿上军装就是不一样

工农革命军初上井冈山之际，马匹很少，只是两个人有马，即毛委员和原副师长、前委委员余贲民。余贲民是工农革命军后方留守处主任，统管军中的后勤。他见部队没有专门的马夫，有一次从宁冈大陇带回一个叫谢今古的青年，让他给毛委员养马、牵马。

时年 18 岁的谢今古，是江西清江县人，随父母在大陇开药店已有多年。他不喜欢在药店站柜台，也没有学医的心思，有点性野。1927 年春节前夕，余贲民骑着马到大陇办事，把马拴在朱家祠门前坪地的树下，谢今古偷偷地解开马的缰绳偷马骑，骑上去被马掀翻了，摔得手脚皮破血流，余贲民赶回来，对小伙子说："你喜欢骑马，给我们当马夫怎么样？天天有马骑。"谢今古一听立即作答："行，当马夫就当马夫。"

谢今古来到茅坪，当了毛泽东的马夫。毛泽东骑的是一匹身架不大的瘦黄马，性情较为温顺，谢今古一骑就骑上了。这匹马原来没有马厩，只在八角楼院内有个拴马桩。谢今古在旁边的树下用竹子、木板搭棚子作为马厩，早晚都牵着马到茅坪河边吃草，还给割回嫩草夜喂。瘦黄马很快就长膘了，毛泽东骑上它感觉到马的脚力大不一样，也就愿意骑了。

在井冈山的红军当中，谢今古年龄较小，身架单薄，而且形象有点邋遢，经常流鼻涕，身上长着虱子。由于部队还没有发服装，他的衣着也较为破旧。总之，谢今古缺乏红军战士那种年轻的俊武。但有一条人们对他刮目相看，就是他养马养得好，用今天的话说非常敬业。谢今古经常在毛泽东身边，毛泽东有一次对他说："今古，擦干净鼻涕，去找余老（指余贲民，余为红军中年龄最大者，1887 年出生）要一身衣服来。"

谢今古来到 25 里外的桃寮红军被厂，找余贲民批了一套灰布军装，一穿上就大不一样。毛泽东见了他笑着说："真是人要衣装，马要鞍装，今古精神得多了。"

六、"工"字银元，救下罗荣桓

罗荣桓是红四军三十一团三营八连党代表。以前的几个月，部队发"伙食尾子"和零用钱，发的都是银毫子。可红四军成立的这个月底，大家发到了一块红军自己铸造的"工"字银元。这种银元是红军设在上井村的造币厂铸造的，工人们用上千斤的石头在墨西哥版的模具上，冲压出银元，再在上

罗荣桓

面崭上一个“工”字，象征着这是工农政权自己的银元。银元有8钱重，银子成色很足，工艺精美。罗荣桓和大伙一样，非常喜欢“工”字银元。

领到“工”字银元没过多少天，三十一团奉命在新七溪岭阻击赣敌杨如轩部一个团的进攻。红军据守在“望月亭”下面300米的“吊谷上仓”一带，利用陡险的石崖反击国民党军的仰攻。战斗正在激烈的时分，忽然“当”的一声，一颗子弹迎面射在罗荣桓的左胸上，罗荣桓觉得一股不小的推力差一点把他击倒在地。他站定身子摸了一下胸部，从荷包掏出银元一看，见银元的中间被打出一个深凹，差一点就要击穿了！拿在手里还感觉到有点热。罗荣桓明白了：正是这块银元挡住子弹头救了自己的命，他重新装起银元，继续投入战斗……

打那以后，罗荣桓一直舍不得用掉这块银元，什么时候都带在身上。即使长征路上那样艰险危难，他都珍藏下来了。新中国成立以后，罗荣桓将“工”字银元献出来，后来陈列在北京中国人民革命军事博物馆。

七、红军的“印刷师傅”

红四军第二次打下永新县城，从杨如轩二十七师师部缴获了大量弹药和物资，其中有一架石印机。

这架石印机由永新的赤卫队运到了茅坪。毛泽东对朱德说：“石印机对我们大有作用呀，要把这架机器用起来。”

朱德回道：“那是当然，有了机器印刷，宣传上是如虎添翼呀，把它交给伍若兰她们吧。”

毛泽东却另起考虑，深思后沉吟着说：“我看特委要有自己的印刷厂，让刘辉霄来，怎么样？”

朱德一听立时表示赞同：“还是你想得周到，刘辉霄是最好的人选！”

刘辉霄是中共宁冈县委常委、宣传部长，在前不久的边界一大上，被选为第一届特委委员，又是特委候补常委。毛泽东的提议使他成为了特委印刷厂的“厂长”。不过，厂长也好，印刷工人也好，只有他一个人。他考虑把机器搬到象山庵比较合适。于是，印刷机再次搬运。

刘辉霄在南昌读书时搞过钢版油印机，对这样的石印机还不会摆弄。不过，油印与石印的基本原理是相通的，他对机器琢磨了几天，动手试验了几次，就基本摸清了套路，能够开机印刷了。

石印机使用了十余天，遇到没有油墨的问题，原来的大半瓶油墨用光了。这种东西要到南昌、长沙才能买到。一时间不能到手，刘辉霄决计自己制造油墨。他开始用煤油掺上墨研粉，加热后调制。结果，这种油墨太稀，印出来很不容易干，而且稍微接触纸张就沾糊在一起。刘辉霄又试验用茶油调制，仍然不行。他想到了猪油，在猪油中掺上少量的润滑粉，增加油剂的浓度。反复试验了五六次，终于研制成理想的油墨，而且可以掺上蓝色、红色的色泽。刘辉霄将印出来的材料拿给毛泽东看，毛泽东高兴地说：“好啦，特委和红军有了自己的石印师了。”他说完略略一想，又说：“辉霄呀，你不能既当师傅又当工人，你现在出了师就得收徒，再添一个帮手吧。”刘辉霄点头答应了。

特委有了自己的印刷机后，对于下发学习材料、宣传讲义等方便得多了。根据老同志回忆，特委在 1928 年 10 月至 11 月中，在步云山、象山庵举办了三期经过洗党后的训练班，多的一期受训党员 100 余人。办班期间的学习材料、讲课讲义，都是由刘辉霄印刷的。

1929 年 1 月，红四军离开井冈山征战赣南的前夕，石印厂印刷了“红四军司令部布告”，印刷的数量也很大。这份宣传共产党主张、红军宗旨的布告，由红军官兵们沿途张贴，起到了很大的宣传作用。

八、当兵就要当红军

从 1932 年 3 月到 10 月，湘赣边界掀起两次扩大红军的高潮。在扩军的高潮中，各县涌现了许多生动事迹，到处出现了“父送子、妻送郎、全村欢送好儿郎”的动人景象。泰和县桥市乡工人王文成已 56 岁，他带领 22 人参加红军，到区里集中时，领导见他年纪大，动员他回去，他坚决不肯。他对领导说，我不能扛枪打仗，就去前线当三年伙夫，为战胜国民党军出点力也好。永新县木栅乡工会支部一位干事，41 岁，带领两个儿子一起报名当红军。莲花县九都乡枧下村有一位 70 多岁的老婆婆叫伍冬仔，儿子因当红军牺牲，又送孙子参加红军上前线。茶陵县高陇区浦江乡农业工人周则元年过 50，报名参军，儿子周雷生闻讯后，三番五次对父亲说：“你年纪大了不合适，还是我去好。”周则元无奈，只得让儿子去，并亲自送到区政府。尤为可贵的是，工会领导带头形成一种无形的动力，莲花、永新两县的总工会委员长亲自参军，带动了大批工人去当红军。当时，湘赣边界千家万户到处流传一首歌谣：“当兵就要当红军，处处工农来欢迎，官兵士兵一个样，没有人来压迫人。”

九、贺家三兄妹

贺子珍，1910 年 8 月出生于江西省永新县禾川镇。贺子珍祖居永新县烟阁乡黄竹岭村，自祖父始，迁到县城，开了一间名叫“海天春”的小店铺，开设茶馆，经营杂货。父亲贺焕文、母亲温土秀继承父业，继续经营店铺，家境尚可。贺子珍兄弟姊妹 6 人，除她与三哥贺敏学、妹妹贺怡，被世人称为“贺家三兄妹”外，其他姊妹则鲜为人知。

1926 年春，贺子珍从福音学校毕业后，受聘在秀水小学任国文教师。这时，欧阳洛、刘真、王怀等共产党员从外地回到永新进行革命活动。他们在县城创办了一所平民夜校，贺子珍和妹妹贺怡成了平民夜校的第一批学员。

在平民夜校里，贺子珍受到了革命思想的教育，还主动阅读了很多进步书刊，思想觉悟提高很快，政治上迅速成长。同年夏，贺子珍被发展为第一批共青团员，不久，担任了第一任共青团永新支部书记。

由于贺子珍在革命工作中的突出表现，1927 年 5 月，中共永新县委批准她为中共正式党员并委任她为县委书记。不久，因工作需要，贺子珍被派往吉安担任永新县党部驻吉安办事处联络员，并任中共吉安特委委员兼特委妇委组织部长。同年 6 月 10 日，永新发生了国民党右派抓捕共产党人的反革命事件。消息传到吉安，贺子珍满腔怒火，心急如焚，她立即与吉安党组织取得联系，组织人员请愿，要求释放被捕的共产党人和群众，并惩办凶手，但请愿毫无结果。这样，在吉安的永新县委部分领导人开会决定：联络宁冈、安福、莲花三县农民自卫军，会攻永新城，营救被捕的同志。贺子珍因自己早与袁文才熟识，便主动提出由她写一封信给袁文才，请袁文才率自卫军攻打永新城，信件由专人负责传送。同时，她还写了一张条子给在永新的舅母，要舅母秘密地把条子传给狱中的哥哥，以便内外配合，进行暴动。7 月中旬，经中共吉安特委同意，贺子珍交代了工作，不顾盛夏酷暑，烈日炎炎，兼程赶回永新。当贺子珍抵达永新城时，永新城已于 7 月 18 日被袁文才、王佐率领的兵力围攻，贺子珍随同贺敏学、袁文才撤往宁冈茅坪。在茅坪，贺子珍担任了宁冈农民自卫军的宣传队长，她白天带人刷写标语，编写宣传材料，有时也和队员们一起参加练兵，晚上，给自卫军战士讲革命道理，讲共产党人为普天下劳苦大众谋解放的崇高思想。

1927 年 10 月 6 日，毛泽东率秋收起义部队到达茅坪大仓村，在这里，贺子珍第一次见到毛泽东。初次见面，毛泽东刚毅、亲切的神态和睿智、风趣的谈吐，给贺子珍留下了深刻的印象。毛泽东和贺子珍当时都住在袁文才的院内，他们朝夕见面。贺子珍经常向毛泽东求教马列主义和有关革命理论的问题，同时也悉心照顾毛泽东的生活，俩人的感情也与日俱增。1928 年 5 月的一天，毛泽东和贺子珍在茅坪结婚。婚后，贺子珍担任了井冈山前委秘书。她的任务是整理报纸，提供各种资料，保管文件、记录，誊写文稿等，工作琐碎而繁重，她经常陪伴毛泽东工作到深夜，有时甚至还一起通宵达旦地工作。

毛泽东十分重视土地革命问题。1928 年 5 月中旬，毛泽东来到永新县夏幽区的塘边村进行土地分配试点，贺子珍也随同来到塘边，先后住了四十多天。她和毛泽东以及永新县委刘真、胡波等同志一道深入群众，访问调查，召集群众开小型座谈会，与群众商议土地分配的方法。一般是毛泽东提问，贺子珍记录整理。毛泽东的《永新调查》就是在塘边调查的基础上写成的。

1929 年 1 月，毛泽东、朱德率红四军主力离开井冈山，向赣南进军。这时，贺子珍有孕在身，行军十分艰难，毛泽东经常用自己的马来接应贺子珍，但她总是把马让给伤员骑，自己硬是咬着牙赶路，始终没有掉队，仍然跟着毛泽东搞社会调查，整理调查记录，誊抄毛泽东的文稿。同志们见她如此奔波劳累，非常感佩，经常劝她多休息，而她只是微微一笑说："不要紧。"

红四军党的第七次代表大会以后，毛泽东离开了前委书记的领导岗位，住在龙岩苏家坡养病。贺子珍一边照料毛泽东，一边了解到苏家坡村因缺乏教师而办不了学校，孩子们不能识字读书，就主动筹办了一所小学校，自己义务担任教师。"红军妹子当老师"的故事，一时在苏家坡山村传为佳话。1929 年 12 月，古田会议召开后，毛泽东重新担任了前委书记。1930 年 2 月，贺子珍随红四军来到吉安县陂头村。根据上级指示，成立赣西南妇女工作团，贺子珍任主任。贺子珍为培养赣西南妇女干部，领导赣西南妇女运动做了大量工作。1933 年 3 月上旬，中央政府和中央军委机关从叶坪迁到沙洲坝。沙洲坝是个严重缺水、年年干旱的地方，老百姓喝水、洗衣都十分困难。毛泽东、贺子珍见此情况，就组织政府机关工作人员在村口打井。贺子珍带着天真活泼的小毛毛参加抬土抬砖、拾鹅卵石等劳动。经过十几天的奋战，终于建成了一口深两丈的水井，群众把这口井取名为"红井"。1934 年 10 月，中央红军开始长征，贺子珍随干部休养连踏上了漫漫征程。这时，她又怀了孕，但她拒绝被人照顾，一路上除帮助做宣传工作外，还主动兼管了三四副担架。进入贵州后，道路更加崎岖，沟壑纵横，气候恶劣，淫雨霏霏，行军十分艰难。由于长时间受着饥寒、潮湿的折磨，使本来就体弱的贺子珍更加瘦弱，她鼻孔经常出血，头发晕，但她咬紧牙关，以顽强的意志克服种种困难，始终紧跟着部队。在贵州境内，贺子珍分娩了，她把孩子寄放给老乡后，忍着心中的痛又踏上了征途。

贺子珍在整整一年的长征途中，以顽强的革命意志和惊人的毅力，战胜了伤痛的折磨，克服了种种难以想象的艰难困苦，随同中央红军于 1935 年 10 月胜利地到达陕北。

到陕北后，贺子珍进入红军大学学习，但是她伤病未愈，身体极差，有一次竟晕倒在“红大”的厕所里。贺子珍向毛泽东写信，申请去苏联治病和学习。毛泽东虽然不同意贺子珍去苏联，但由于贺子珍的迫切要求，最后还是批准了她的申请。

1938 年 1 月，贺子珍到达莫斯科。3 月，进入东方大学学习。她如饥似渴地学习俄语，学习政治经济学，攻读马列主义著作。但是，她来莫斯科时，已有孕在身，到 1938 年 5 月，小生命呱呱坠地了。她极爱这个在异国而生的小宝宝，但是，仅仅 8 个月，小宝宝得了一场大病，由于未得到及时治疗，便离开了人间。贺子珍极力抑制住内心的悲痛，继续学习。后来，接二连三的沉重打击又落在她身上，家庭的变故、母亲的不幸逝世以及自己被诬陷为“精神病”被关进“疯人院”整整一年，等等，但这些都没能够摧毁这位中国共产党的坚强女儿的革命意志，她经受住了考验，终于迎来了光明。

1947 年夏天，在罗荣桓、王稼祥等人的关怀下，贺子珍离开了生活 9 年的异国，回到了哈尔滨。不久，组织安排她到东北局财政部任总支书记。后又调她到哈尔滨工会干部学校任政治教员，她一如既往，满腔热情地工作。

1949 年 8 月，贺子珍南下到了上海，华东局根据贺子珍的身体情况分配

参加中华工农苏维埃第一次全国代表大会的女红军合影。前排左起为曾碧漪、彭儒，后排左起为康克清、钱希均、周月林、贺子珍

她到浙江任杭州市妇联主任。同年 12 月，妹妹贺怡到赣南寻找毛泽东、贺子珍长征前夕留在赣南的孩子毛毛，孩子未找着，在返回途中，因车祸牺牲。贺子珍在极度悲痛之余，将贺怡的 3 个孩子接到自己身边，组成一个家庭，在坚持工作的同时，又挑起了抚养遗孤的重担。

十、生死患难两“老庚”

袁文才、王佐同生于 1898 年，一个在井冈山下的茅坪，一个在井冈山上的茨坪，同是当时的绿林领袖，后都从井冈山走上了革命道路。1926 年，他们在宁冈茅坪磕头结拜时，对天盟誓：“既是同年生，亦愿同时死。”1930 年 2 月 24 日晨，两人同时被错杀于永新县城。

袁文才是客家人，原名选三，原宁冈县茅坪马源坑人。家境比较贫苦，读了几年书，懂些纲常礼义，很想安贫乐道，不幸的是，他母亲被当地土豪所杀，结发妻子被土豪霸占，自己不得已投奔了绿林“马刀队”。王佐，原名云飞，绰号南斗牯，井冈山下庄村人，家境也十分困苦，全靠母亲范辰妹做小生意维持生活。后其母被土豪逼嫁，家里生活更加困难。为报家仇，他参加了朱孔阳的绿林军，先是做水客（侦察），后因“吊羊”（绑票）得手，势力逐渐扩大，自封为首领。

大革命时期，袁、王各自发展到有60支枪、300余人的队伍。打的旗号是“打富济贫，除暴安良”，在各自地区的群众中有一定的威望。中共宁冈县委成立后，书记龙超清对袁文才进行了团结教育，并于1926年发展他参加了共产党组织。1927年元月，遂川县委派王文铮到井冈山做王佐的工作。袁、王两支部队都先后打出农民自卫军的旗子。7月，两部会合安福农民自卫军，在王新亚统一指挥下，攻打了永新县城，从监狱中救出了贺敏学等共产党人，成立了永新县革命委员会，贺敏学任主席，袁文才、王佐任副主席，并组织了赣西农民自卫军，王新亚任总指挥，王佐、袁文才任副总指挥。

袁、王两人虽然参加了革命组织和革命活动，但他们的队伍仍带有浓厚的封建帮会色彩，流寇思想、游击习气严重。为此，毛泽东对他们进行团结改造。1927年10月6日，当毛泽东要去大仓村会见袁文才时，袁文才心中十分恐惧，派兵埋伏在村庄周围以防不测。结果，看到毛泽东只带了两个警卫，袁文才这才放了心。毛泽东向他介绍了革命形势和工农革命军的性质，还表示要帮助他们发展队伍，并赠给他104支枪。以后见到王佐，赠给他70支枪，这对他们两人是个极大的肯定。后又帮助王佐以调虎离山之计，除掉他的仇敌——永新五县联防总指挥尹道一。1928年2月，袁、王两支部队被编为工农革命军第二团。袁文才任团长，王佐任副团长，何长工任党代表。不久，王佐参加了共产党。王佐、袁文才对毛泽东开辟井冈山革命根据地起到了积极作用。

党的“左”倾错误，使边界的土客籍矛盾恶性发展，加上袁、王两人自身存在的问题，三者合一，造成1930年2月杀死袁、王的错案。党的六大决议案中关于对投诚的土匪部队的政策有“要杀戮其领袖，教育收编其士兵”的内容。中央特派员彭清泉到边界后，于1930年1月18日在遂川雩田召开了赣西特委、湘赣边界特委、红五军军委联席会议，决定的第三条是“坚决解决袁文才、王佐”。以朱昌偕为书记的边特和边界各县委书记都是土籍人，他们十分拥护这一决定。另外，袁、王二人骄傲自大，不尊重边界特委和各县县委领导人。1929年年底，他们抓住了茶陵县的大土豪罗克绍，将其带到茅坪以后，袁、王想要罗克绍帮助其购买造枪工厂设备，便采用感化手段劝降，以十分友好的态度对待罗。此事未经边界特委同意，引起特委的极大怀疑，误以为袁、王勾结罗克绍谋反，必须采取果断措施解决之。这就是造成错杀袁、王的导火线——“罗克绍事件”。1930年2月23日，袁、王根据边特的通知，到永新县参加特委会议，24日晨，朱昌偕带部队冲进袁文才住所，把袁打死在床上，永新县工农兵政府主席彭文祥带部队杀王佐，王佐和把兄弟刁辉林跳窗逃跑，因永新通往井冈山的东门浮桥被事先拆除，结果王佐在禾水河中被淹死。

历史虽然应验了袁、王同时死的盟誓，但却给革命根据地造成了极大的损失。原三十二团参谋长谢角铭（袁的妻兄）、二营副王云隆（王佐的胞兄）率残部投敌叛变，井冈山军事根据地从此失守，直到1949年8月才重新回到人民手中。

十一、“奋斗”的半面红旗

曾延生，学名宪端，字麟书，1897年3月10日出生于江西省吉安县白沙曾家村一个“世代书香”家庭。父亲曾彩芹是清朝秀才；母亲康春玉是勤劳俭朴的家庭主妇。兄弟姐妹7人中，他排行老大。

曾延生从8岁开始，先后在本村族祠“三省堂”和邻近的永乐寺、坳路村以及吉安县城读书，学习成绩优异，深得老师赏识。后来，又考入南京体育师范学校。1921 年秋肄业归来，受聘于吉安白鹭洲中学担任体育教员，并在吉安县立高小兼授一个班的国文课。

1924 年秋天，曾延生踏进了中国共产党领导设立的上海大学的校门，选读了社会学。他在这里阅读马列主义经典著作，探求革命真理。不久，经刘九峰等人介绍，加入了中国共产党。

曾延生入党后，先后和在南昌、吉安的同学亲友建立了通讯联系，给他们寄去《向导》《中国青年》《新青年》《资本论入门》等多种社会科学书刊，热心传播马列主义。

为了推动和发展上海各区的工人运动，曾延生肩负党的使命来到沪东杨浦区，适值上海教育界开展平民教育运动，他便以创办“平民夜校”作掩护，启发引导工人觉悟，建立发展工会组织。

1925 年 2 月，日商纱厂的工人举行了声势浩大的“二月罢工”。曾延生发动沪东工人参加到沪西工人发起的罢工行列，斗争持续一个月，终于迫使厂方请求谈判。这一斗争，迅速扩大了杨浦区的工会组织，几天之内会员就增加到 3 千多人。

1925 年 6 月中旬，曾延生以上海工商学界宣传代表身份，奉命来到南昌，向各界人民陈述帝国主义制造的“五卅”惨案的真相和继续在上海、汉口、青岛等地屠杀工人的罪行。当他回到吉安时，吉安学联已组织“沪案交涉干事部”，他便应聘担任特别干事。

曾延生进学联工作后，迅速组织开展反帝宣传。除他自己亲临各机关、店铺及农村宣传外，还组织学联宣传队，每日下午分赴城区及郊外宣传；组织青年团员宣传组，分别深入到各行各业工人中去，成立“募捐委员会”和“仇货检查队”。几天之后，吉安掀起了反帝风暴，声援上海“五卅”运动。

与此同时，曾延生还实地指导建立和发展吉安的革命组织。他以学联名义促成各校尽快组织学生会，再由各学生会分头开办平民夜校，培养工运骨干。不久，先后建立米业、烟业、香业、染布、染纸、竹木架等行业工会。他常在“沪案干事部”举办谈话会，耐心培养教育同志，加速青年团组织的发展及其素质的提高。此外，他还特别注意考察介绍进步分子加入中国国民党。

1925 年“五卅”运动后，曾延生带着党的使命从上海回到吉安，并在家乡白沙组建了进步组织“觉群社”，受兄长的影响，其弟曾山、曾炳生也参加了“觉群社”的活动，开始投身革命。

1926 年夏，在北伐战争高潮中，曾延生积极率领贫苦农民，组织农民协会，开展对土豪劣绅与不法地主的斗争。

同时，他还在白沙附近组织了吉安农村第一个农民协会，提出“打倒土豪劣绅”的口号，得到农民的热烈拥护。“觉群社”的活动唤醒了农民，打击了豪绅。

1926 年 10 月，曾延生奉命重返上海大学，被派往隶属上海区委的中共引翔港部委会任宣传委员，为发展和巩固工会，创立工人自卫军而奔忙。11 月 4 日，北伐军攻克九江城。曾延生偕纺织女工出身的妻子蒋竞英，被党派往九江工作。根据江西区委决定，将“中共九江特支”改组为“中共九江地委”，曾延生任书记。在曾延生的指导下，11 月 6 日，公开成立了以共产党员为骨干的“中国国民党九江市党部”，由严延生主持工作。接着，南浔铁路、久兴纱厂、轮船码头、九江第六师范和郊区的黄老门、马回岭、港口等群众团体相继建立。同时，举办政治训练班、工农武装训练班，培养政治工作和武装斗争的骨干；成立反奉运动大同盟和反文化侵略大同盟，开展反对奉系军阀“南阀”和帝国主义文化侵略的斗争。

从 12 月 26 日起，九江的英商太古、怡和和日清公司的码头工人，因要求增加工资、改善待遇而遭到太古、怡和两公司拒绝，于是宣布罢工。

翌年 1 月 6 日，九江税务司职员欲雇工搬行李上船，借此挑拨，码头工人以其破坏罢工而出面干涉，遭到英国水兵的突然袭击，致使工人吴宜山当场毙命，数名工人身受重伤，酿成“一六”惨案。惨案发生后，中共九江地委立即采取紧急措施：成立九江市民对英外交行动委员会。一面向英领事馆提出抗议，一面派兵保护现场，同时发表《九江市民对英外交行动委员会宣言》。这一行动，迅速得到全国人民支持。

2月7日，获悉武汉工人开展收回租界斗争的消息，中共九江地委马上决定，由九江市党部出面，召开工农商学妇各界代表紧急会议。曾延生以省党部特派员身份参加会议。在会上，曾延生提出了“打倒英帝国主义，收回英租界”等战斗口号；制订了收回英租界的具体行动计划；成立了以严延生为总指挥、曾延生为顾问的行动总指挥部。次日，愤怒的人群，手持大刀、梭镖，高呼口号，冲进租界，驱逐了英帝国主义分子和英国水兵，收回了被英帝国主义霸占数十年之久的租界。1927年2月19日，英国政府被迫正式承认九江英租界无条件地交还中国管理。

这时，蒋介石的爪牙段锡朋指派李鸿翥纠集一批右派政客建立了“国民党九江县党部”，在城区组织黄色工会，在农村夺取农会领导权，破坏城乡工农运动。

2月间，九江县农民代表大会开幕。会上，斗争更是激烈。李鸿翥、曾延生各以省党部、省农协特派员身份参加会议。李鸿翥抢先发表愚弄农民的谬论，说什么“穷苦农民应当学文化后闹革命”；曾延生针锋相对，以“谨防扒手”为题，痛斥了李的无耻谰言，大会最终获得圆满成功。

3月17日，蒋介石指使豪绅地痞流氓，捣毁“九江市党部”，杀害工人纠察队队员曹炳元等同志。以曾延生为首的九江地委，迅速组织反击，包围全城，抓捕暴徒。

4月4日，郭沫若的讨蒋檄文《请看今日之蒋介石》，经中共九江地委签交九江《民国日报》全文发表。同时，九江全市工农群众，一举捣毁了“国民党九江县党部”。

“四一二”反革命政变后，曾延生奉调到南昌，担任江西省总工会组织部长。朱培德提出“礼送共产党人出境”后，他又任省总工会代理委员长。

不久，曾延生以极大的热情，投入到了八一南昌起义的洪流，被分配担任“粮秣管理委员会”委员。起义军挥师南进，他随军转战。9月23日，大军占领潮州，他即往城外筹粮，当他回到驻地时，部队已进军汕头。在此情况下，他马上回江西找党。

10月间，曾延生以赣西行委代表身份来到万安，和汪群、曾天宇一道筹划万安暴动。全县党的活动分子会议召开后，他到窑头、百家、罗塘等地协助当地党组织发动群众，组织群众。后来，他又来往泰和、吉安一带开辟新区。在泰和田塅朱家村建立起吉、万、泰中心联络战。12月间，他奉调担任赣南特委书记。

曾延生偕蒋竞英一路风尘来到赣州。当以曾延生为书记的赣南特委正式成立后，大家即分头到各县去发动群众，准备暴动。

曾延生不畏艰险，东奔西忙。在城西门外，参加了“瞭棚”会议，筹划如何牵制白军力量为农民暴动创造有利条件；在峰山山上的天主堂内，参加赣县第三区区委扩大会议，部署大埠地区的农民武装暴动。经过一段时间的缜密准备，1928年2月间，赣县的大埠、南康的潭口、于都的里仁、桥头和信丰等地爆发了农民暴动。

赣南各县的农民暴动，使国民党反动派坐卧不宁。他们在疯狂镇压农民暴动的同时，还在城区增派特务加紧搜索。在白色恐怖下曾延生不考虑个人安危，仍然坚持频繁地开展革命活动。后来，他的行迹终于被敌发觉，3月23日，敌人突然包围中共赣南特委机关所在地——古城巷2号，曾延生和蒋竞英等13人不幸被捕。

曾延生夫妇被捕后，被押送到赣州警备司令部，在严酷的审讯中，他们毫不屈服；在软化腐蚀中，他们毫不动摇。夫妇二人共勉：誓为革命流尽最后一滴血。敌独立第七师师长刘士毅绞尽脑汁，无计可施，为图请功受赏，终于下了毒手。

1928年4月4日，曾延生和蒋竞英视死如归，同赴刑场，高呼口号：“打倒帝国主义！”“打倒国民党反动派！”“中国共产党万岁！”从容就义。

尽管这次暴动遭到失败，但却给了敌人极大的震动和打击，激发了广大贫苦农民对敌人的仇恨和继续坚持革命斗争的坚强意志。

1927年8月，曾延生的小弟曾炳生被派到九江从事地下秘密工作，不幸被捕，惨遭敌人杀害，年仅23岁。

曾延生的父亲曾彩芹是清末秀才，为人忠厚正直，在本村及邻村设馆启蒙，思想进步，热爱共产党，为了党的事业，主动要求中共吉安县委将他所在的农村小学作为党的交通站，义务为党组织传递情报，掩护党的组织开展各种活动。经中共吉安县委讨论批准曾彩芹为秘密交通站站长。他既是站长又是交通员，他事必躬亲，事事都要亲自跑腿。不论是数九寒天，还是赤日炎夏，无论是刮风下雨，还是白天黑夜，他都不辞辛劳，打着灯笼，送情报，送战友上井冈山寻找毛泽东，传播革命火种。在白色恐怖下，他不顾个人安危为党传递情报，曾先后 3 次被捕，每次都受尽酷刑，但始终守口如瓶，誓不招供。1931 年，被敌人活活打死在监牢里。

曾家一家几口惨遭杀害，加上幼年得病死去的四个兄弟姐妹，全家兄妹七人只剩下曾山一人，多年以后，此时此地此景，让曾山不禁感慨叙之。

为了开展隐蔽斗争，曾山将原公开用名曾如柏改为曾山，并在以后的长期革命斗争中沿用这个名字。

面对蒋介石发动的“四一二”反革命政变，国民党对共产党的疯狂屠杀，曾山不仅不退缩，而是更加义愤填膺。

1927 年 7 月，他冒着敌人白色恐怖的危险，只身来到广州，进入了叶剑英领导下的教导团。

12 月 11 日，曾山毅然参加了党领导下的广州起义。在起义战斗中，曾山英勇打击敌人，拿起枪和敌人肉搏拼刺，曾山个子高，力量大，一连杀死几个敌人，抓获了不少俘虏，创造了许多英雄战绩。起义失败后，曾山于 12 月底潜回吉安，受党的指派，前往吉安县富田圩进行秘密工作，发展党组织，在敖城、芳井、永阳、赤陂一带吸收立场坚定、对党忠诚的苦大仇深的农会积极分子入党，成立了中共芳井支部，壮大了党的力量。

1928 年 3 月，曾山任南区区委书记，驻泰和县官田敖朱家村。5 月 27 日，曾山与周冕、肖世梅、肖志铎等人率领 700 余贫苦农民手持梭镖、乌铳举行了官田“四九”暴动（农历四月初九）。6 月，曾山被任命为中共吉安县县委书记。

1929 年 3 月，中共赣西特委召开第一次党代表大会，曾山当选为特委委员。11 月，在赣西革命委员会基础上召开赣西各县区代表大会，成立赣西临时苏维埃政府，曾山被选为赣西临时苏维埃政府主席。

1934 年 10 月，由于王明“左”倾路线的危害，中央红军主力不得不放弃中央苏区，开始了艰苦卓绝的二万五千里长征。曾山临危受命，担任了中共江西省委代理书记，到广昌率领一个 300 多人的独立团打游击，掩护主力红军转移。

国民党反动派将赣中南这块红区视为眼中钉，欲拔去而后快，增派 4 个师的主力部队会同地主武装“铲共团”“守望队”，以碉堡封锁、步步进逼等毒辣手段，对红区进行分割瓦解，妄图达到逐个消灭的目的。斗争的环境越来越恶劣，红区越来越小，这支队伍眼看就有消亡的危险。

1935 年 2 月，曾山率江西军区 4 个团辗转进入兴国齐汾，主持召开省委扩大会议，公万兴特委领导胡海、罗孟文等出席了会议。会议分析了几个月来游击战争的形势，决定组织部队突围，到油山去与江西省军区司令员陈毅的部队会合。

早春二月的寒风凛冽，细雨笼罩着山间村落，部队召开了紧急会议，进行了简短的突围动员。午夜时分，曾山率部先行行动，在与胡海握别时，他从衣袋里拿出一面写着“艰苦奋斗”四个隶书大字的红旗。这面红旗原是苏维埃政府给留守部队的纪念品，勉励同志们在严酷的斗争面前不屈不挠地战斗。曾山将红旗一剪两半，满怀必胜的信念对胡海说：“这面红旗，我们各拿一半，等到胜利会师的那一天再把它合起来吧！”胡海庄严地接过半面写着“奋

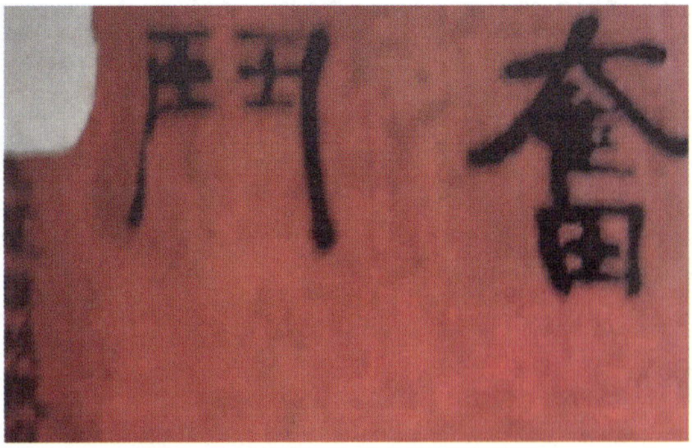

“奋斗”半面旗

斗”的红旗，坚定地表示：“革命一定会胜利，共产主义事业一定会成功，让我们大家朝着这个目标艰苦奋斗吧！”

第二天上午，山峦上大雾迷漫，敌人前锋趁机逼近桥头冈。几个敌兵在大坳村里摘菜，游击队步哨发现后，以为是散兵游勇，就交起了火。枪声响后，敌人不断增援，战斗异常激烈。战士们表现得很英勇，冲进敌阵，与敌人展开肉搏。这是一场完全没有准备的战斗，我方伤亡重大，部队全被冲散了。战斗一直持续到傍晚，战士们凭借山林岩洞的保护，隐蔽了起来。天黑后，敌人不敢贸然搜山，胡海带领身边的同志趁夜色攀上悬崖，摸出了包围圈。

突围后，胡海顺便回到岳母家准备些上路的干粮。他拿出那半面红旗，对随行的同志说：“看见这红旗，我们都不应灰心。目前我们是遭受了挫折，但是要相信共产党一定能挽救目前的局面。”他小心地把红旗以及随身携带的文件、印章，用油纸包好，然后郑重地交给妻弟钟荣榜，叮嘱他保存好：“这是我们的希望，头可断，血可流，这个包断然不能落到敌人手里！”

革命胜利后，曾山才知道胡海同志英勇牺牲了。当年留下的那半面红旗，如今陈列在江西吉安烈士纪念馆，成了珍贵的革命文物。它既是中国革命艰苦卓绝的一个象征，也是曾山同志革命生涯的一个见证。

1962年，曾山回家探望时，他感慨万分，挥毫书写了两副对联，以示纪念，联曰：

> 家慈五男二女留独子，先父三难一死为人民。
>
> 念大嫂继夫志坚持革命留青史，赞桂香不人后困守家园侍高慈。

这两副对联反映的既是曾氏一家的真实遭遇，也是一部用血泪写成的革命史。

十二、母爱曾志大爱洒井冈

这是中共党史上赫赫有名的一位人物，一位性格坚毅的奇女子，她青少年的时候就投身革命，有着在枪林弹雨中摸爬滚打、在敌后战场上九死一生的传奇经历。如果只是把她看成是一个战绩辉煌、功成名就的革命者，那其实还远没有读懂她。在战火纷飞的年代，她还是一个爱得深沉的女人，一个爱得悲壮的母亲，她的名字叫曾志。

1928 年 8 月，曾志在井冈山参加了著名的黄洋界保卫战，此时，她已经怀有 7 个月身孕。这年 11 月，曾志生下了她的第一个孩子，孩子的父亲夏明震已经在半年前牺牲。当时年仅 17 岁的曾志，是红军后方总医院的党总支书记，前方战事频繁，后方供给紧张，来不及品尝初为人母的喜悦，年轻的母亲发现自己面临着艰难的选择。

"要么呢，你就是继续革命，当一名战士；要么你就回家带孩子，当一名乱世的母亲，她后来就选择了在石来发 26 天的时候，把他送人，送给了当地的人"。"她临走的时候，抱着小孩亲了几下，眼泪就出来了"。

孩子被送给了当地王佐部队的一位姓石的副连长，几个月后，曾志跟随红军队伍匆匆离开了井冈山，这个乱世中被托付给战友的孩子，就这样成为她心头永远的牵挂。

"心里还是难受，这个自己的感情，母子感情，那个时候心里面还是难过，抱走了还是难受了一阵子"。"她总是悄悄地半夜哭，她自己说，她真是心如刀绞"。

当曾志交出手中的婴儿，转身离开的那一刹那，她的心中到底是一种怎样的感受，穿越几十年战火的硝烟，有些情境除非经历者，外人永远无法想象。70 年后，后来者这样总结这位传奇女子的一生，她三次失去至爱伴侣，四次和孩子骨肉分离，在她革命胜利者的姿态背后，是历经考验的坎坷人生。

烽火岁月中，曾志几乎踏遍了大半个中国，然而，不管走到哪里，她时常在梦里梦见自己的孩子，孩子的眼睛望着她，而孩子的背后是井冈山。新中国成立以后，曾志利用一切机会，打听孩子的下落。在忐忑不安的等待中，一个好消息传来。中央革命老区慰问团经过多方打听得知，当年被曾志送走的孩子不但活着，而且就在井冈山。1952 年，井冈山政府专门派人把已经改名叫石来发的大儿子送到了在广州工作的曾志的身边，尽管已经做了充分的心理准备，但是在见到儿子的一刹那，经历了大风大浪的曾志还是失控了。

“石来发他说站在她面前，心里面好像打鼓一样，怦怦直跳，可是曾志她老人家当时是怎么样的，我也问他，我说老人家当时见到你怎么样。哎呀，她一看到我，就两个手抓住我的手，仔细看我，看了以后，她眼泪刷就下来，就哭起来了。他说，她一哭，我也哭了。”

时隔 24 年，母子重逢，大哭一场。儿子石来发告诉曾志，收养他的石连长一家为了保护他都牺牲了，是 70 多岁的老奶奶靠讨饭养大了他。

石来发的儿子说：“老外婆当时是眼睛瞎掉了，双目失明，我爸爸那时 6 岁多，不到 7 岁，在前面领路，牵着自己的外婆。外婆就提着一个破篮子，两个碗，一个米袋，一根拐杖，挨家挨户讨饭。”

“在这个大山里面，一老一小，真是度日如年啊，就这么熬过来。”

一个靠讨饭长大的孩子，回到了已经位高权重的亲生母亲身边，这份失而复得的亲情，让曾志竭尽全力想弥补石来发这些年来缺失的母爱。她想让儿子留在广州，晚上到夜校读书，白天去工厂上班，没料到石来发却说不行。“他讲我是我奶奶养大的，我的父母都死了，人要有良心，我要为我的父母和奶奶祭祖坟”。“他讲完这段话以后，曾志老人家，她好高兴好欣慰。她说，好啊孩子，讲了几个好。她说你虽然没有文化，24 岁的人了，但是你懂得大道理啊。好啊孩子，一个人就要有良心，没有这些大嫂、大姐她们，哪有你今天。”

就这样，石来发回到了井冈山，如果说当初他被留在井冈山是母亲为了革命无奈的舍弃，那么他这次回到井冈山，却是母亲选择了报答，让他替自己去报答这片土地的育儿之恩。儿子没有留在身边，母亲的思念却细密绵长，像天底下所有慈爱的母亲一样，曾志一有机会就托人大包小包地带东西给井冈山的儿子一家。然而，这大包小包的东西也不过是曾志用过的旧东西、旧衣服或者一些药品。

1985 年，石来发带着儿子石金龙，到北京探望曾志，已经 74 岁的曾志兴致很高，祖孙三代甚至爬上了长城当了回好汉。

“当时我把照片给我姑姑看，我姑姑看了后（很吃惊），怎么奶奶陪你们跑到长城去了，她太惊讶了。我说是啊，奶奶陪我们上长城。她说你看看你们，你们在奶奶心中是什么样子，我们一直在奶奶身边，想要她陪我们上去，她都不陪我们上去。她这一辈子之前没陪任何人上过长城，就是陪了我们上长城。”

看到奶奶对自己爱护有加，离开北京前，孙子石金龙壮着胆子提了一个要求。

“在那个计划经济年代，我一直最想解决的就是户口问题，八几年一个农村的孩子，解决户口就是跳龙门，当时跟我奶奶提了这个，就这么个要求，主要是想要她帮我们解决这个户口。”

在石金龙想来，奶奶曾志当时已经是中组部的副部长，这个要求对她来说是小意思，可是话一出口，他发现奶奶犹豫了。

“提这个问题的时候，我们在吃饭，吃晚饭。她说金龙，你看看我们今天晚上吃的这一些东西，不就是农民种的，一个农民有田、有地、有饭吃、有衣穿多好，你还要转什么商品粮户口。就这样一句话打发了我。说实在，我当时确实有点埋怨奶奶，既是在埋怨她，也在埋怨我自己。这就是我的命，为什么我会出生在她家里，我如果不是有这样的奶奶，我就是个平民百姓，我就不会去盼这个，就无所谓了。”

“他们不会因为家里的亲情，个人的某些利益而违反党的政策，这就是他们这一代共产党人的党性原则所在。”

后来，曾志曾在1987年和1990年重返井冈山看望她的孩子们，在中共湘赣边界特委旧址，曾志和她的老战友、曾任中纪委委员的彭儒有这么一段对话。

“彭儒妈妈就拍拍我们曾妈妈的肩膀说，大姐，不管怎么样，你的小孩留在这里，你还见到了他啊。我的第一个小孩找不到了，大姐你还是幸运的。彭儒同志一说完这句话以后，两个老人同时都哭了。”

“她总说她是一个幸存者，她老拿自己和那些牺牲的战友来比，特别知足。”

“她几乎是九死一生，能够幸存下来已经是非常幸运了，所以她觉得她不能再有任何的要求与奢望。”

1998年4月，87岁的曾志度过了人生最后一个生日。在生命最后的日子里，女儿陶斯亮按照母亲的心愿请来了分散在各地的亲人们，面对着战争中失散、新中国成立后失而复得的儿子，一贯以铁骨铮铮形象示人的曾志，说出了此生最柔软的话语。

红军女战友合影谢飞（右一）、曾志（右二）、邓六金（右三）、彭儒（左三）、钟月林（左二）

“她说：‘我对不住你们，让你们吃了很多苦，春华残废了’。石来发，就是我大哥，‘至今还是一个农民劳动者，但是我当时也是没有办法，我自己也是个小孩子，而且还要行军打仗，环境非常残酷，根本没有办法养孩子。’说了这一段以后，她最后非常恳切地说，请你们原谅我。”陶斯亮回忆道。

“请你们原谅我”，献身革命70年，曾志何尝说过这样的话语，这个总是用坚韧对待磨难，为了信仰可以置生死于度外的革命者，却在此刻回归为一位最普通的母亲。她明明用尽深情，却又满怀遗憾。

1998年6月21日，曾志带着内心的安详和对生命的无愧离开了人世，在其传奇一生的尽头，老人留下了一纸《生命熄灭的交代》，她叮嘱亲人，死后不开追悼会，不举行遗体告别仪式，不在家设灵堂，京外家里人不要来京奔丧，北京的任何战友都不要通告打扰，遗体送医院解剖，有用的留下，没用的火化。按照她的遗愿，她的骨灰分三个地方埋葬，一部分放在八宝山革命烈士公墓，那是她作为一个最坚贞的革命者应有的尊荣。一部分埋在广州陶铸雕像旁边，那是她作为妻子没能和丈夫携手终老的补偿。还有一部分撒在了五百里井冈的绵延山谷，人们都说，那是她作为母亲对儿孙最后的守护，而在那些数不胜数的评论中，人们印象最深刻的是曾志的女儿陶斯亮代表所有的子女送给她的两句话：“你所奉献的远远超出一个女人，你所给予的远远超过一个母亲”。

井冈山革命根据地工人运动大事记

1925 年

8 月 攸县公开成立工会筹备处。全县 7 个区也先后成立区工会。11 月以后，中国共产党在城区工人中先后吸收谭震林（印刷工人）、宾显梅（缝纫工人）、吴桂林（木工）、朱竹林（泥工）等入党。并筹建书纸业、泥木业、箩业（码头装卸业）、履革业、伞业等 30 多个行业工会。年底，会员发展至 1.18 万人。

是月 吉安县先后成立米业、染布、染纸、烟业 4 个行业工会。

9 月 20 日 吉安县成立吉安总工会，共产党员郭化非任总工会书记。

11 月 桂东县总工会成立，选举黄宾轩为会长。辖缝纫、木工、铁工、石工、理发等行业工会，有会员近 300 人。

1926 年

7 月 茶陵县在石印、缝纫、泥木、油漆、造船、厨师等行业建立 7 个基层工会组织，发展会员 970 多人。

9 月 莲花县工会成立，朱绳武为执行委员，下设店员、木业、铁业等行业工会，有会员 200 余人。

是月初 万安县各行业工会和县总工会成立，总工会设在县城大成殿，郭定元为委员长。接着，良口、武索、棉津、百嘉、窑头等市镇也相继建立工会组织，并建立工人纠察队。

是月 北伐军占领吉安城之后，吉安首届工人代表大会在城隍庙（今吉安五中院内）召开，选举产生第一届执行委员会，共产党员梁一清当选为总工会委员长。此时，总工会下辖米业、染布、染纸、烟业、竹木架、香业、豆腐、裁缝、码头、厨业、布匹 11 个行业工会，会员共 4300 余人，并建立一支 500 余人的工人纠察队，有枪 150 多支。

是月 泰和县在县城成立缝纫、木工、店员等工会后，接着成立县总工会筹备委员会，选举汤节有、胡运椿、陈恒玉等 9 人为委员，汤节有任主任委员。后来，县城和各圩镇先后成立铁业、船业、篾业、搬运、泥业、木业、缝纫、店员等 12 个行业工会和学徒联合会。

是月 安福县陆续建立碾米、理发、木业等 10 多个行业工会。

10 月下旬 中共茶陵特别党支部召开茶陵县工人代表大会，正式成立“茶陵县总工会”。

是月 茶陵建立一支 100 多人的工人纠察队，开始使用木棍、梭镖作武器，以后配有长枪 30 多支。

是月 酃县工人协会成立，在城关、西区、横溪江等地的手工业工人、泥木工人和排运工人，在工运特派员段瑞指导下，分别建立手工业工会、泥木工会和排运工会，各行业工会先后发展会员 268 人。

是月 永新县总工会成立，王怀任工会委员长。

11 月 遂川县建立第一个行业工会（篾业工会），蒋世良任主席。

12 月 袁文才（农民自卫军总指挥）在坝上网形里谢东山家，创办了一个修理所，为农民自卫军修理枪支，由谢凡经负责。

1927 年

1 月 在中共宁冈支部领导下，建立宁冈县总工会，有工会会员 160 多人。分别成立了铁匠、木匠、泥水匠、裁缝、店员等工会。李子陪任工会主席，谢珍珠、段羊山、刘彭举等为常务委员。随后在新城、龙市开办工读学校，开展反对封建礼教、破除迷信等活动。

是月 攸县召开全县工人代表大会，正式成立攸县总工会。

是月上旬 遂川县县城的店员、理发、缝纫、木业、排业、船业、鞋业、五金等行业工会相继成立。

是月 中共遂川县组织派共产党员王文铮赴茨坪，做争取王佐（缝纫工人出身）的绿林武装的工作。王佐因受袁文才的影响，在王文铮的帮助下，王佐部改编为农民自卫军。王佐任总指挥。

2月23日 江西省第一次工人代表大会告县工友及各界同胞，指出：统一工会的组织，巩固工会的基础，以求得工人的解放，全民族的解放。

5月 袁文才将农民自卫军修理所，搬迁至茅坪步云山白云寺，添置修理工具，在南北殿建起两座土炉，除修理枪支外，还操办打造梭镖、鸟枪（又叫鸟铳）等，有工人4名，仍由谢凡经负责。

7月 江西职工运动报告指出：实行8小时工作，改良工人生活，以体现苏维埃政府是真正代表工人利益。

是月 安福县筹建安福县总工会。刘灿然任县总工会主席，委员由各行业工会的主席担任。同时还组建工人纠察队。

8月30日 中共湖南省委召开省委常委会议，讨论湖南秋收暴动的最后计划。决定成立暴动领导机关，由毛泽东任党的前敌委员会书记，领导湘赣边界秋收暴动。

9月9日 湘赣边界秋收起义爆发，参加起义的部队，称中国工农革命军第一军第一师，计5000余人，毛泽东任前委书记，卢德铭任总指挥。

9月11日 工农革命军第一、二、三团按预定计划，分别从江西的修水、安源、铜鼓取道平江、浏阳，直攻长沙。起义军曾取得多次战斗胜利，但由于敌强我弱，缺乏经验，遭受严重挫折。随后毛泽东率第三团转至浏阳上坪。

9月14日 毛泽东在上坪召开三团连以上干部紧急会议，组织各路部队到浏阳文家市集结。

9 月 21 日 毛泽东率秋收起义部队 1500 余人离开文家市，开始向罗霄山脉中段农村转移。

9 月 27 日 任弼时（中共临时中央政治局委员）在关于秋收暴动的情况与计划的报告中指出：在此次战斗中，安源工人表现极为勇敢。

9 月 29 日 工农革命军进驻永新县三湾村。在三湾，前委对部队进行改编。

10 月 3 日 工农革命军抵达宁冈县古城。毛泽东主持召开前委扩大会议，总结秋收起义的经验教训，讨论并确立在罗霄山脉中段建立根据地、开展游击斗争及争取改造袁文才、王佐两支地方武装等问题。

10 月 7 日 工农革命军进驻宁冈茅坪。在当地党组织和袁文才的帮助下，设立留守处和后方医院，安下革命的“家”。

是日 朱德率从三河坝撤出的起义部队，在饶平茂芝会合从潮汕起义失败中撤退的起义军约 700 人。随后，统一由朱德率领向闽赣粤山区转移。

10 月 8 日 彭公达（中共湖南省委工委书记）在关于湖南秋收起义经过的报告中指出：安源工人、铁路工人等的奋斗精神表现得十分坚固和勇敢，确是革命先锋队。第二次暴动，湖南的无产阶级是一个很重要的领导力量，因此安源、水口山、锡矿山等矿山工人，粤汉、株萍两路的铁路工人以及长沙的人力车夫、码头工人、电车工人、铁工厂工人、纱厂工人、衡阳兵工厂工人，须特别加紧工作，鼓动其暴动。

10 月 24 日 王佐派人迎接工农革命军上井冈山。毛泽东在荆竹山对部队进行纪律教育，宣布“三项纪律”。随后部队到达大井，与王佐部会合。毛泽东送给王佐 70 支步枪，王佐送给工农革命军稻谷 500 石。

10 月 27 日 毛泽东率领工农革命军进驻茨坪，毛泽东由王佐陪同在大小五井（大井、小井、上井、中井、下井）访问群众，察看地形。

是月 杨明（安源爆破队长）、王耀南（安源爆破队副队长）带领安源爆破工人，组织由 60 多人组成的一支运输队，挑着几十石雷管、炸药闻讯赶到浏阳文家市，随着毛泽东率领的秋收起义部队经萍乡、芦溪、莲花，走进永新三湾，参加三湾改编，安源工人爆破队在这次改编中分配到各个连队。

是月 工农革命军攻克莲花后，莲花县总工会积极开展工作。在城镇建立店员、木业、铁业等工会组织。

是月 毛泽东在工农革命军中抽调工人战士，在井冈山组建工农革命军修械所。

11 月 9 日 中共中央临时政治局在瞿秋白领导下，召开扩大会议，通过《职工运动决议案》，确定党的职工运动的主要路线是不断地领导工人作经济的政治的斗争。在斗争中严密工人的组织，加紧工人的政治训练，一直发展到武装暴动，夺取政权。

11 月 18 日 工农革命军第二次攻克茶陵，成立茶陵县工农兵政府，谭震林任主席，茶陵县总工会委员长由中共茶陵县委员谭思聪兼任。

12 月 25 日 国民党第八军一个团进攻茶陵城，与工农革命军在城郊展开激战。县总工会工人纠察队运送弹药，救护伤员。夜里撤退时，谭震林将鞭炮工人事先制造好的一种特殊鞭炮，点燃放入煤油桶内佯作机枪，迷惑国民党军，掩护部队安全撤退。

12 月 26 日 工农革命军撤退茶陵之际，茶陵的各行业工人和工人纠察队 200 多人参加工农革命军，编入第一师第一团第二营，上井冈山。

12 月 28 日 谭家述（中药店学徒工）率茶陵游击队 200 余人加入工农革命军，被编入第一团第二营。

12 月 31 日 中共中央致湖南省委信指示：如工人在罢工时，组织罢工工人代表会议为最高机关。

是月 征得袁文才的同意后，毛泽东在工农革命军中抽调工人战士，在农民自卫军修械所的基础上，开设工农革命军军械修理所。由留守处负责人余贲民负责。

是月 为了解决给养困难，毛泽东指示余贲民负责，将上井冈山后打土豪得来的少量布匹，征请大陇、茅坪等地裁缝师傅二三十人，在坝上、牛亚陂、马源坑等地开始着手进行被服军需生产。

是年冬 毛泽东致信中共湖南省委，请求湖南省委增派安源工人到部队中来工作。

1928 年

1 月初 工农革命军攻克遂川后，毛泽东指示谭震林协助蒋世良恢复遂川县总工会和各行各业工会组织，毛泽东还派毛泽覃到遂川草林圩发动和组织木业、篾业、铁业、店员、印刷、缝纫等各行业建立工会组织。

1 月 5 日 工农革命军攻克遂川县城。接着，分兵三路到于田、草林、大坑等地发动群众，开展打土豪筹款子的游击活动。

1 月 15 日 朱德派谢汉文到水口山，发动工人参加湘南暴动。水口山党组织立即着手建立工人武装，成立暴动指挥部，矿工宋乔生担任总指挥。

1 月 19 日 江西省委关于赣西南目前工作决议案指出：煽动城内手工工人、店员及一般贫民起来反对反动的县政府及军队，响应农民暴动。西南特别委员会为党在省委下指导西南暴动的最高机关。特委由九人组织，农民同志四人，工人同志一人，其余为知识分子。

1 月 26 日 水口山工人游击队在宋乔生指挥下举行暴动，夺取矿警队枪支 50 余支，随后赴桐梓山，成立中国工农革命军独立团（工人 600 多人，农民 200 多人）。

是月下旬 何长工从粤北回到遂川。毛泽东即派他去改造王佐部队。

是月下旬 遂川草林区工人赤卫队配合农民暴动队，没收“大兴店”“四美店”的财物分给贫苦工农群众，砸了土豪的“永清碉堡”。

是月 根据毛泽东指示，蒋世良在谭震林的直接领导和帮助下恢复了遂川县总工会和县城各行业工会组织。会员达 700 余人。委员长为蒋世良，指导员为谭震林。

是月 遂川县于田圩镇的工农群众，在共产党员彭文兰、罗凤鸣的宣传鼓动下，恢复各行业工会，建立于田区总工会和工人赤卫队。

是月 毛泽覃等根据毛泽东的指示，来到遂川草林圩镇发动组织泥木业、篾业、铁业、店员、理发、缝纫等各行业工人建立工会组织。

是月 工农革命军在大汾、草林等地缴获土豪几百石白布，挑回茅坪，为了将这些布匹制成军衣，在宁冈县桃寮张家祠正式建立被服厂，余奔民、杨立三、范树德等负责，工人有三四十人，生产单衣、帽子、盛米袋、绑腿、子弹带等装备。

2月8日 黄坳黄维镜在草林组织缝纫工人成立工会，为解决活动经费，工会到酃县打土豪，挑10石稻谷作工会经费。

是日 中华全国总工会在上海秘密召开的一次扩大会议上通过的《中国工人阶级指南针——全国总工会目前总任务决议案》，要求“中国工人阶级应在一切斗争中去准备暴动，从日常小的斗争至大的斗争，或者是经济的斗争至政治的斗争，都应切切实实准备武装暴动及苏维埃政权之实现”。决议还要求工会要鼓励群众进行经济斗争，不放过小的斗争，“通过小的斗争提高群众的勇气，发展群众的斗争，取得群众的信任，发展巩固群众的组织”，“用红色恐怖去对付工贼”等。这个决议成为根据地工运指导方针。

2月上旬 工会组织工人运输队从遂川到茨坪，运送棉布、药材、食盐等支援红军。

2月中旬 井冈山地方武装袁文才、王佐部正式合编成立工农革命军第一军第一师第二团。袁文才为团长，王佐为副团长，何长工任党代表。全团下设两个营，计700余人枪。

2月中旬 毛泽东同张子清等一起来到桃寮看望被服厂工人，并为被服厂题写厂牌。

2月中旬 湘东特委在醴陵成立，滕代远任书记。不久，迁至安源。经努力，开辟红色交通线，并组织多批安源工人上井冈山。

2月24日 湖南政治任务与工作方针决议中指出：城市工作（工人运动）都须比乡村还要用更多的力量去指导，彻底纠正过去党的忽视职工运动忽视城市工作的错误观念。在日常斗争中，在每次罢工之前，须利用机会多召集工人代表会议（区域的或职业的或产业的工人代表会议，失业工人代表会议，罢工工人代表会议等）。各工会的下层组织，必须努力地建立起来。工人阶级要保障自身的胜利，必须自身有强固的组织。在各区域斗争已经相当的起来时，应以全省总工会名义召集全省工农兵代表会议，成立全省总暴动的指挥机关。

是月 宁冈县工农兵政府成立后，宁冈县总工会设委员长 1 人，下设组织、宣传、青工、工人武装、女工、失业救济部和秘书处等部门。朱天伦任总工会委员长。龙市、古城、新城、大陇 4 个区成立区工会。

是月 朱少连等在株洲残梅乡召开湘潭、醴陵等县近 2000 人的工农骨干大会，筹划扩充游击队伍奔赴井冈山。

是月 酃县西乡游击队总指挥部成立，潘祖浩任总指挥。贫雇农、手工业工人纷纷参加游击队，全队共计 1600 余人。

是月 遂川总工会随党政机关迁入黄坳。

是月 新遂边陲特区工会、黄坳区工会、上下烟工会、上七区工会，红军团留守处、被服厂等工会成立，会员 500 余人。

3 月 23 日 宋乔生带领百余人枪杀回水口山，再次夺取矿警队 50 多支枪，后参加了朱德、陈毅领导的工农革命军第一师第一团，宋乔生为团长，谢汉文为党代表。

是月 朱德领导的工农革命军第一师在耒阳扩军，招收新兵 400 余人，其中工人 90 余人，后跟随工农革命军上井冈山。

4 月初 朱德率湘南暴动部队及水口山工人武装转战安仁、茶陵，向井冈山转移。

4 月 18 日 中共安源市委委员邓贞谦赴井冈山联络工作后，在返回安源的途中被捕，同年 6 月英勇牺牲于萍乡县城。

4 月 28 日 湘赣边界工农兵政府内设工农运动委员会。

是月下旬 毛泽东率领工农革命军从湘南回师酃县，在酃县湘山寺击溃敌一个团。战斗中团长张子清负伤，缝衣工人谢兆乾等 4 人用竹子做成担架，星夜护送张团长撤出酃县县城，安全脱险。

是月 何长工、袁文才、王佐率领的第二团在资兴与湘南农军第七师主力会合，随即南下滁口，阻击进攻郴州的粤军。退回资兴后，与陈毅率领的湘南农军和地方党政机关人员会合。

是月 王佐由何长工介绍，在湘南加入中国共产党。

5月4日 毛泽东在宁冈召开军民大会，庆祝井冈山会师（又称“两军会师”或“朱毛会师”）。

5月19日 江西省委转来毛泽东信。信称，我们的永久通信处：宁冈袁文才；大小五井，遂宁界荆竹山王佐。

5月20日 毛泽东在江西省宁冈茅坪主持召开湘赣边界党的第一次代表大会。大会讨论了发展党的组织、深入开展土地革命、巩固和扩大红军和革命根据地等项任务，初步回答了“红旗到底打得多久”的问题。会议选举产生了以毛泽东为书记的中共湘赣边界特委会，谭震林任特委副书记，王佐任特委委员。

5月下旬 红军在上井创办造币厂，由谢火龙、谢阿秋、谢阿伍等人当技师，王佐负责，职工20余人。

是月 毛泽东、朱德指示从部队抽调宋乔生等工人战士，充实到工农革命军修理所，正式定名为：中国红军第四军军械所，由宋乔生负责。

是月 红军首战攻克永新县城，缴获大量布匹、棉花，并缴获六部缝纫机。毛泽东在部队抽调会使用缝纫机的林善宾等6名工人战士，充实被服厂力量，负责教工人使用缝纫机。调整被服厂领导机构，正式定名：桃寮红军被服厂，由余贲民总负责，林善宾任厂长，刘应龙等6人为委员，工人增至130多人，分为13个小组，进行大规模生产。同时，为配合被服厂的生产，由吴朝汉、吴子苏两人负责，在茅坪的铜锣背设立一处染布坊，为被服厂染制军衣。

是月 井冈山会师后，红四军队伍扩大，人员增加，物资严重不足，加上国民党军的重重包围和经济封锁，红军的生存面临着极大的困难。对此，毛泽东决定借助安源这块有着非常深厚基础的工运基地，借助安源工人和萍乡民众的力量，在安源建立交通机关，在萍乡建立赣西采运站。

是月 中共湖南省委给润之（毛泽东）、玉阶（朱德）并转军中全体同志的来信指出：安源是无产阶级最多的地方，党极有基础。兄处如向萍乡推进可短期的占领安源，吸收大批的工人加入军队，改造军队的成分，洗刷流氓无产阶级出去，使红军的组织逐渐工农化。

是月 新遂边陲特别区办起公卖处。下设茨坪、下庄、白银湖、大井、小井5个公卖处，有五六十名职工。

是月 安源工人陈桂新和一些在黄埔军校学习过的工人，在上栗县一带打游击。一次以13支梭枪，缴获国民党军48支步枪5支手枪，成立萍北独立团，奔向井冈山。安源工人数百人和长沙学生上井冈山参加红军。

是月 毛泽东在宁冈召开湘赣边界第一次工农兵代表大会，成立湘赣边工农民主政府，袁文才任主席，宋乔生、毛科文任工农运动委员会负责人。

6月4日 中央给前敌委员的信中指出：特别对于萍乡、安源、赣州、吉安、樟树镇的城镇工人以及沿赣江的船夫码头工人，须帮助他们发展组织及斗争。须做到以工人、贫农为中心的政权。现在应在各县乡间以市镇为中心组织工会，团结乡村的手工业工人。这样的工会应派多量代表参加区苏维埃的选举，同时区乡苏维埃须尽量有激进的工人分子当选。中央认为有前敌委员会组织之必要，前敌委员会的名单指定如下：毛泽东、朱德、一工人同志、一农民同志及前委所在地党部的书记等五人组成，而以毛泽东为书记。前委之下组织军事委员会（同时即是最高苏维埃的军事委员会），以朱德为书记。此外还需组织一职工运动委员会，以前委之一工人同志为书记。军委及工委的名单由前委决定。

是日 中共中央给毛泽东、朱德及前委的信中，指示前委与湖南省委商量，调一批安源工人入伍。信中说：安源是无产阶级的大本营，许多工人具有很多斗争的经验，参加过党的训练，你们应与湖南省委商量调一部分活动分子到各军中担任政治工作及党的工作。

6 月 7 日 湖南工作决议案指出：工人运动是我党的基础工作，湘南特委须特别注意衡阳兵工厂、水口山以及各县矿工（耒阳、资兴）的组织，领导日常的经济斗争，并扩大工农联合暴动的宣传。

6 月 13 日 莲花县苏维埃政府成立，同时成立县总工会，彭寿范为总工会委员长。

6 月 18 日 中国共产党第六次代表大会通过《职工运动决议案》。指出：职工运动基本策略是指导无产阶级之日常经济政治斗争，反对反动工会，组织革命工会，应照现在的情形力争工会公开（结社自由），并“想法制造出某种合法或半合法的组织来”。这为开创革命根据地的工人运动指明了方向。

6 月 19 日 湖南省委给湘赣边界特委及红四军军委的工作决议案提出：政治教育提高到水平线，指导机关应增加工人干部。

6 月 23 日 朱德、陈毅、王尔琢等指挥红四军主力，在地方武装的配合下，于永新、宁冈交界的七溪岭击溃前来进犯的赣国民党军两个团，又在永新龙源口歼敌一个团，随即乘胜追击，第三次占领永新城，取得建立根据地以来最大的军事战斗——龙源口大捷的胜利。战斗之前，红军三十一团一挺机枪坏了，派人送到步云山修械所，工人日夜奋战，仅用 1 天时间就修好了，在战斗中发挥了威力。

6 月下旬 由工农革命军直辖第一团缩编而成的萍乡小西路游击营，根据中共安源市委指示，在刘型等率领下，离开小西路经莲花、永新到井冈山，被编入红四军。

是月 毛泽东、朱德、陈毅陪同湖南省委巡视员杜修经视察上井造币厂，并鼓励工人们积极生产，提高银元质量。

是月 莲花县总工会恢复，有会员 200 余人。县总工会下设秘书处和宣传、青工、女工、工人武装、失业救济 5 个科。

是月 中共湖南省委从安源抽调 35 名工人到湖南暴动区工作，并先后派 80 余名工人到红四军当兵。

7 月上旬 在毛泽东的组织领导下，红军第三次攻下永新县城以后，安源再送 100 多名工人到井冈山参加红军。

7 月 13 日 中共湖南省委通告（第二号）提出：赣西要更加深入革命的群众斗争，积极向吉安、安福、遂川、宜春发展，并夺回宁冈县城，巩固赣西的割据。红军取得萍乡、安源后，必须武装安源工人，发动四乡斗争，组织乡矿与市镇工人，并向湘东发展。工厂归工人管理，实行 8 小时工作制。

7 月中旬 中共湖南省委向中央报告说：已经“先后由安源送了七十个工人到朱毛处当兵，最后再收集十余人军事工作同志，朱毛同志都派往红四军工作”。

是月 红四军军械处在茨坪创办，宋乔生任处长，刁辉林任副处长。

是月 湖南省委组织七八十名安源工人赴井冈山参加红四军，并要求红四军“立即为安源工人开一教导队，训练红军干部”。

8 月中旬 被服厂、军械处均先后转入深山。被服厂从桃寮张家祠迁至茨坪李家祠继续生产。

8 月 30 日 湖南国民党军吴尚部向黄洋界哨口大举进攻。红军守山部队在不足一营兵力的情况下，依靠地方武装和人民群众，凭险抵抗，击溃国民党军的进攻，取得黄洋界保卫战的胜利。战前，红军军械处修理好的一门迫击炮，发挥了战斗作用。红军向国民党军发射三发炮弹，第三发准确落在国民党军的指挥部，吓得国民党军魂飞魄散，逃之夭夭。毛泽东吟就的一首著名的《西江月·井冈山》中“黄洋界上炮声隆，报道敌军宵遁”这两句说的就是这次战斗。

是月 湘赣边界特委致（湖南）省委的信，要求湖南省委派大批安源工人来此当兵。

9 月 13 日 毛泽东率领红军部队在遂川的禾源击溃了敌军刘士毅部一个连，趁胜占领县城，工人群众送茶送水，欢迎红军。

10 月 4 日 中共湘赣边界第二次代表大会在茅坪步云山召开。毛泽东在会上作了政治报告。会议通过了《中国共产党湘赣边界第二次代表大会决议案》《井冈山土地法》和《工会组织法》。会上选举产生边界第二届特委，谭震林任书记，王佐任委员。

大会议案指出，工人运动问题：工人是各种劳动群众之先锋，是各种劳动群众的领导者，我们该用大的力量去组织工会，各级党部、各级苏维埃应极力提拔工农分子，训练工农分子及干部人才，使之能站在领导地位，领导斗争。

是月 湘赣边界防务委员会在茨坪成立（隶属于湘赣边界工农兵政府），任命王佐为防务委员会主任。

11月6日 湘赣边界特委在茨坪召开扩大会议，讨论中央6月4日来信。随即重建边界党的最高领导机关——前敌委员会（简称前委）。由毛泽东、朱德、谭震林、宋乔生、毛科文组成，毛泽东任书记。前委统辖军委和特委。

是日 设在茨坪的中共前委设立职工运动委员会，宋乔生任书记。

是日 毛泽东起草一封复中共中央的信件，要求党中央和湖南、江西两省委继续派安源工人来湘赣边界。

是月 袁德生（中共湖南省委常委）巡视井冈山之后，经安源赴上海，向中共中央递交毛泽东所写《井冈山前委对中央的报告》（即《井冈山的斗争》）。袁并携专款到萍乡建立井冈山同中共中央、湖南省委之间的交通机关。

是月 井冈山根据地所属赣西采运处在萍乡县城建立，以一家药店为掩护，为红军采购和转运布匹、药材、食盐、纸张等物资。

是月 宁冈县总工会，抽调80多名手工业工人参加大井、小井、黄洋界修筑营房及哨口工事和建造红军医院，由朱兴亿、黄琳负责。

12月10日 红五军800余人到达宁冈新城与红四军胜利会师。

是月 湘赣边界特委改组。以邓乾元、滕代远、陈正人、宛希先、朱昌偕为常委，邓乾元为书记。原特委书记谭震林调前委职工运动委员会任主任。

是月 湘赣边界工农兵政府颁布《井冈山土地法》。《井冈山土地法》规定，乡村手工业工人，如自己愿意分田，得分每个农民所得田的数量之一半。

是月 茶陵县总工会会员达 800 多人，工会骨干随工农革命军撤离茶陵，奔赴井冈，参加工农革命军，只留下少数工人（共产党员）在城里担任秘密联络工作。

1929 年

年初 袁德生（安源工人出身，中共长沙市委书记、湖南省委代表）在安源筲箕街设立交通站，并在五陂建立交通站，上井冈山传达湖南省委指示。

1 月 1 日 国民党“会剿”总部在萍乡成立。何键为代理总指挥，金汉鼎为副总指挥，纠集湘赣两省 6 个旅，约 3 万人的兵力，策划分 5 路，向井冈山根据地进行第三次“会剿”。

1 月 4 日至 7 日 毛泽东主持在宁冈柏路召开前委，特委，各县县委，团特委，四军、五军军委联席会议，传达党的六大精神，研究粉碎国民党军“会剿”的方针，决定采取“围魏救赵”的策略，红四军主力出击赣南，牵制国民党军；红五军和红四军三十二团留守井冈山。王佐任红四军三十二团团长。

1 月 14 日 红四军 3600 余人离开井冈山，出击赣南。途中发布了《红军第四军司令部布告》等文件。告示：全国各地，压迫太甚。工人农人，十分苦痛。增加工钱，老板担任；八时工作，恰好相称。对待外人，必须严峻，工厂银行，没收归并；全国工农，风发雷奋；夺取政权，为期日近。

1 月 26 日 国民党军向井冈山军事根据地五大哨口发动猛烈攻击。彭德怀、滕代远、王佐和边界党领导守山军民奋起反击，工人赤卫队与红军一道，筹粮草、筑工事，冒着零下十几度的严寒坚守朱砂冲哨口等地，浴血三昼夜，最后同红五军一起突围。

1 月 29 日 国民党湘军趁夜偷袭黄洋界哨口。哨口失守后，哨口守山队伍转入深山，与何长工、王佐部一起坚持斗争。

1 月 30 日 八面山、桐木岭哨口相继失守。红五军按原定应急方针，集中部队冲出重围，往赣南与红四军联络，王佐率三十二团转入深山。酃县、遂川赤卫队随红五军下山，后被打散。红五军撤出后，井冈山失守。

2 月 17 日 全总在上海召开第二次扩大会议，通过《全国职工运动目前总任务》（包括轻工、女工问题）等决议，并规定了全国赤色工会的当前任务和策略。

3 月 湘赣边界红军独立第一团成立，王佐任团长兼第一营营长。

3 月春 泰和县 3000 多排工举行罢工，提出增加工资，改善伙食。罢工工人与警察发生冲突，工人攻打了警察局。

是月 何长工、王佐率领军民恢复井冈山根据地。

4 月 酃县成立赤色总工会。

4 月底 彭德怀、滕代远率红五军回到井冈山。

5 月 10 日 中共湘赣边界临时特委在宁冈古城召开第四次执委扩大会议，选举邓乾元、谭思聪、彭德怀、滕代远、周礼等 15 人为特委执行委员，邓乾元为书记。会议决定以永新为中心，逐步向莲花、宁冈、茶陵、酃县、桂东、遂川、萍乡、攸县、万载等县发展，建立更大的根据地。并制定游击政纲，将茶陵、酃县、桂东、遂川、攸县等 14 县划为游击区域。

5 月上旬 边界临时特委将红军独立第一团编为红五军第六纵队，王佐为司令，何长工任党代表。

五月中旬 赣国民党军两个师呈“剪刀式”向宁冈推进，因敌情不明，红五军（含王佐部）退至酃县，又获悉遂川、茶陵各有敌军堵截，遂转战湘粤赣边界。

7 月中旬 红五军进攻安福县城，重创国民党军，红五军亦损失较大，军参谋长刘之至和纵队司令贺国中英勇牺牲。安福战斗后，第五、第六纵队合并，王佐任司令。

9 月 6 日 江西省委致信湘赣边界特委工作（综合）指出：苏维埃职工

会、农协及各种各色的群众组织，是党通过这些组织来争取群众的最好工具。这些组织有时不得不秘密起来，但只要秘密工作准备得充分，如有公开活动的机会，不论是多少时候，总之要尽量利用公开机会，做广大公开的宣传，因为这样公开的宣传，可以使党的政纲策略很快地扩大而普遍深入到群众中去。

是日 中共湘赣边界特委作出“目前工作任务决议案”，指出：“边界第一要进行城市的各县工人运动，第二要进行排业及船业的工人运动，第三要建立雇农工会组织”。

是月 成立赣西采运处，由袁德生（时任湘东南苏维埃政府主席）、陈介福（时任莲花红色独立团特务长）、程海存（在苏区做后勤工作）等人负责。采运处采购物资中有食盐、洋药、中西药材、文具、纸张（苏区造货币）、布匹、钢条、洋硝、刨锯、电话机、油印机和油墨等重要物资。

10月30日 刘作述（茶陵、永新、宁冈三县赤卫总队党代表）、王佐（红五军第五纵队司令）、陈竞进（莲花县赤卫队政治委员）等领导永新、宁冈、莲花3县地方武装攻克永新县城。

11月7日 第五次全国劳动大会在上海秘密召开，通过《全国工人斗争纲领》《对黄色工会问题》《反对国民政府工会法》等12个决议案。

11月 长坪乡下村建立红军医院，有三四十名伤员在此养伤近一年。

12月 永新县总工会成立，尹长贵任委员长。

是月 泰和县成立总工会，张辉川任委员长。

是月 酃县工农兵政府重新建立，缝衣工人刘清远当选为主席。

1930年

1月18日 彭清泉（潘心源，红三军代政委、中央巡视员）在遂川于田召集湘赣边界特委、赣西特委、红五军军委联席会议，决定将两特委合并，江西红军第二、三、四、五团合编为红六军，同时，根据中共“六大决议案”研究对袁文才、王佐的“处理”问题。

是月 莲花县总工会在县城组织工人纠察队、赤卫队、少先队，保卫苏维埃政府。

2月24日 永新县200多工人由左娜、马明等领导，配合红军攻打吉安。

是日 袁文才、王佐被错杀于永新县县城，同时遇难的有李筱甫（红三十二团军需处处长）、刁辉林（红三十二团第一营营长）及排以上干部40余人。

3月中旬 王佐之兄王云隆（红三十二团二营副营长）伙同袁文才部谢角铭（一营副营长）释放罗克绍，并一起向湘赣两省国民党政府打电报"电告反赤"。两省国民党政府迅速派出"抚慰大员"抵井冈山，策划袁、王旧部反水。

5月 茶陵县苏维埃政府成立，雇农工人陈德发任县苏维埃政府主席。

是月 莲花县总工会再次成立，彭寿范任委员长。城区成立区工会，朱金锡任委员长。县以下成立区工会或各行业工会。工会的任务是吸收无产阶级参加工会，组织工人学政治、学文化；实行劳动法；组织工人武装支援红军等。

6月4日 全国苏维埃代表大会在上海召开，大会制定《劳动保护法令》，确定8小时工作制，青工6小时；规定最低限度的工资和失业保险制度；女工产前产后要有8星期的休息，工钱照给，并需付给生产和养育费用；实行社会保险制度，以救济工人的疾病、死亡、养老等。如资方不遵守这一法令，必须施以严厉的处罚，没收其工厂企业归苏维埃政府经营。

6月18日 中共遂川县委指示排业、船业工会，组织40邦木排和50只货船，筹款1万余元和50石食盐，转运中央苏区，支援红军作战。

是月 根据斗争的需要，以原安源工人的爆破队为主要力量，组建人民军队历史第一支工兵队伍——红一军团工兵连，王耀南任连长、杨明任指导员。一、二、三排排长全由安源工人担任。

是月 红军攻下泰和后，成立了县总工会，肖世刚任委员长。

是月下旬 萍乡煤矿局致汉冶萍公司函电称：这次参加红军的工人约

1500人（从1927年至1930年，安源工人和群众参加红军队伍的总人数约5000人）。

7月 宁冈县总工会重新恢复工作，谢月高任宁冈县总工会主席。恢复建立4个区的工会组织，龙市、新城、古城、睦村、大陇等建立工会支部。

是月 永新县鄱阳兵工厂建立。

9月25日 有1000多名安源工人参加红军，挑懂炸药技术的100多名工人在10月4日攻克吉安后组成红一军团工兵连，一批技术工人携通信器材参军后组成红五军电话大队。

10月5日 中国工农红军占领吉安城以后，城区工人在原吉安总工会的城隍庙召开代表大会，宣布成立吉安市赤色总工会。总工会委员长王伯年是江西省苏维埃政府委员。总工会下辖码头、轮船、染布、泥业、木业、纸业、铁器、糖坊、烟业、教育、店员、米业、油漆、屠宰、理发、缝衣、纺绳、皮革、印刷、弹花、土车、铜器、锡器、绣业24个基层工会。

10月31日 遂川县苏维埃政府在县城成立，缝衣工人王淇泮当选为主席。接着，县城各行业工会相继恢复。

是月 安源市苏维埃政府主席袁德喜率领一支约300人的工人纠察队到莲花，加入工农红军湘东独立师。

是月 刘士奇给中央的报告说，经过五个月的战斗后，红三军内仍存在安源工人八九百人，当时这个军队有一个团完全是安源工人编组而成的。

是月 攸县苏区总工会成立，有手工业工人593人。工人从事被服、枪弹、火药及其他武器的生产，专供赤卫队使用。

是月 安源工人带了100多担炸药，在吉安配合红军作战，巧挖地洞，用炸药装进棺木进行爆炸，攻克吉安城。

是月 吉安总工会筹备委员会成立，王柏年任委员长，并成立了20多个行业分会和工人纠察队。

是月 攸县苏区成立县总工会，委员长为陈玉林。

是月 茶陵县缝纫厂在小田洲上开办，有工人15名，缝纫机5部，缝衣工人颜子华任厂长，谭汤池任党支书。

是月 红军攻克吉安县城后，毛泽东接见原吉安总工会委员长梁一清烈士家属，并在吉安中山堂为烈士举行隆重的追悼大会。毛泽东、朱德题写“梁一清同志精神不死”，“为革命牺牲，死的光荣”的挽联。追悼会后，几百工人，特别是青少年徒工，纷纷涌向工农红军招兵站，报名当红军。

11 月 18 日 因红军撤出吉安城，吉安总工会、工人纠察队、被服厂等随红军迁往吉安县富田镇。

11 月 19 日 为配合红军粉碎国民党第一次“围剿”，吉安总工会工人纠察队和纯化区工人纠察队，配合水东群众进袭国民党军。

是月 吉安县成立职工委员会，委员会下设：店员工会、运输工会、雇农工会。

是月 宁冈县总工会雇农工会成立，江文宪任雇农工会委员长。区、乡也相继成立工会组织。

12 月 莲花县总工会工人纠察队和太恒、梅州的少先队共百余人，痛击来苏区“围剿”红军的国民党军部队，缴枪 40 余支，子弹 40 余箱，骡马 20 多匹。

是月 攸县东冲兵工厂成立，由初办时的 30 余人发展到百余人，主要为游击队、赤卫队打制梭枪、刺刀以及修配枪械、生产弹药等。

同年 安福县召开第一次党代会和工农兵代表大会。选举产生第一届县委和县苏维埃政府，刘家辉任县委书记，肖义蓉任苏县维埃主席，并建立县总工会，刘灿然任总工会委员长。县总工会成立后，深入农村建立 10 个工会支部，发展 218 名工会会员。随后，又发展青工会会员 94 人，青雇会会员 22 人。年底，各行各业共有工会会员 443 人。

1931 年

1 月 中华全国总工会苏区执行局在吉安富田成立。

1 月 18 日 茶陵兵工厂在马首开办，有工人 58 名。能造雷火枪、独轮子弹、单筒湘造马枪、驳壳枪和马尾炸弹。

2月 酃县赤色总工会成立，会员发展到600多人。

3月11日 中共湘赣省委第一次执委扩大会通过“关于工会运动决议案”，着重指出，要在工会中建立党团工作，坚强党对工会的领导；党应动员全党同志起来迅速转变工会工作，领导工人进行经济的政治的斗争，切实建立群众的阶级工会。

4月9日 茶陵县五八区委发出《通知第五号》，要求各乡“加紧领导工人减少工时，增加工资；救济失业工人，领导民众抗租、抗债、抗税，反对米谷涨价等斗争”和“加紧（强）苦力工会、雇农工会、贫农团的组织”。

是月 酃县雇农工会成立，委员长黄永洪。配合区乡政府进行土地分配和打土豪活动，全县3个区有12个乡先后成立了工会。

是月 为了发展苏区经济，保证军民供给，攸县县、区政府及县、区工会，在风塔、观村等地相继办起消费、粮食等合作社。

5月 柳炳庚任宁冈县总工会主席。

是月 莲花县先后开办了龙上、墨冲、竹山3个铁厂，茶花陇、毛东坡两个纸厂以及陇下被服厂、南村铸锅厂、县城女子染织厂、高滩磺厂、梅州瓷厂、浆山修鞋厂。同时各区、乡都建立了消费合作社和硝盐厂，在边界地区设立赤白交易所，促进苏区经济的发展。

7月 中华全国总工会苏区执行局迁往瑞金。

8月1日 中共湘赣临时省委成立，省委书记王首道。

8月中旬 中共湘赣临时省委召开全省活动分子会议，制订了6个月工作计划，包括整顿工会的工作。

8月18日 宁冈县第一次互济代表会议在龙市召开，成立宁冈县互济会，谢德林任主席。

是月 莲花县总工会依照苏区执行局指示，由下而上进行整顿，决定转变组织方式，以产业为系统组织工会。

是月 中华赤色邮政湘赣总局在永新成立，永新县成立邮政分局，局长徐清。

是月 安源矿井队长姚启发率领100多名安源工人，携带108支枪和弹药以及食品等物资支援红军。

9月6日 中共湘赣临时省委提出“湘赣边界苏区赤色工会暂行组织法”。共有条文34条，对工会工作，工会与苏维埃及共产党的关系，工会经费，雇农工会等都有明确的规定。

9月12日 少共湘赣临时省委作出《关于青工工作的决议》，对青工部的性质、组织法以及青工部当前的几项主要工作做了明确的决定。

10月4日 中共湘赣临时省委召开各县工会联席会议，讨论改造各县工会组织，通过赤色工会组织法。转变工会工作的路线，青工工作等问题。通过赤色工会《暂行组织法》，宁冈县赤色工会委员长林厚斌出席会议。

10月5日 中共湘赣临时省委提出《目前湘赣苏区各级工会的改造与几项中心工作》。各级工会的中心工作是：建立工会日常工作，坚决领导并发动工人进行阶级斗争，从斗争中实现劳动法；加强肃反工作，巩固与扩大红军工作，反对国民党军阀进攻苏区和红军；加紧反帝工作。

10月6日 中共湘赣临时省委制定《湘赣边界苏区赤色工会暂行组织法》，对工会会员成分、组织工会步骤、工会组织系统、工会内设机构、工会与党政关系等问题，都做出了明确的规定。

10月15日 中共湘赣省委第一次全体代表大会通过《组织决议案》。决议提出要普遍地建立工会和贫农团，在最短的时间要成立湘赣全省赤色总工会和雇农工会。

10月下旬 茶陵县赤色职工联合会成立，颜子华任委员长，彭积云任副委员长。

是月 万安、泰和合并，成立万泰县，并召开万泰县第一次工农兵代表大会，万泰县总工会随之建立。参加工会组织工人762人，雇农、工人954人。

是月 永新县成立青工团，部长罗伏龙。同时还成立了被服厂、造币厂。

是月 酃县赤色总工会在石洲成立，委员长陈亮彩，下辖4个区工会，全县会员总数500余人，其中雇农工会会员约300人。

是月 攸县苏区手工业生产合作社先后建立。按区、乡、厂矿成立基层工会（支部）及工会小组，会员有393人。社、厂工人实行8小时工作制，女工6小时。

是月 茶陵、攸县建立了兵工厂，还组织工人生产合作社和消费合作社，促进工业生产的发展。

秋 酃县缝纫厂在上洞石禾坪成立，有7名缝工，一部缝纫机，专为红军缝制军衣。

11月 万泰县总工会成立，先后有康福枢、刘明轮、康道仁、刘世魁、钟能桂任委员长，辖11个区工会，53个工会支部，61个雇农支部，共有会员170余人。1932年，总工会改名为职工联合会，康道仁任主任。1933年，成立遂万泰县总工会。

是月 永新石印局扩大，改名为湘赣省石印局，局长曾稻。

是月 酃县苏区大规模开展分田运动，在分配土地中，雇农工人参与并领导贫农团进行组织发动工作。

12月17日 龙云芳、颜页里、江永彪代表宁冈县出席在莲花召开的湘赣省苏维埃第一次代表大会。大会通过《对全苏大会劳动法草案的决议》等八个决议案。指示要普遍健全工会，在短期内成立湘赣省赤色工会和雇农工会。同时审查通过“革命互济会章程”“湘赣苏区反帝大同盟暂行简章”。龙云芳在会上再次当选为省苏代表，出席中华苏维埃共和国临时中央代表会。

是月 湘赣省各县以建立赤色工会，雇农工会、互济会、反帝大同盟、贫农团、妇代会等组织或筹备会。

是年年底 崇义县总工会改称职工联合会。

1932年

年初 恢复成立宁冈县总工会，委员长林汉斌，尹忠、陈美祥、江梦生、张新发等任常务委员，张达元任秘书长。下设青工部，部长谢由才，雇农工会负责人江梦生。同时，新城、古城、大陇等区相继成立区工会。新城区工会主任张新发，古城区工会主任彭洪喜，大陇区工会主任朱斯柳。

1月15日 第五次劳动大会农村工人运动工作大纲决议指出：二千万的手工业工人，二千多万的农村工人，都是中国整个无产阶级的革命力量，是中国革命中强有力的领导者。

是月 酃县赤色总工会建立黄挪潭、坂溪、石洲、土都4个区工会，34个乡工会，会员发展到600多人。

是月 湘赣省纸厂、石印局等企业单位实行劳动法。

是月 湘赣省军区将永新兵工厂、莲花修械所、红军独立师修械所合并，在永新县成立湘赣省军区兵工厂，工会主席段辉亮。

是月 酃县兵工厂在黄挪潭区禾坪老厂里建立，师傅胡祖秋，师徒共7人，能修理枪支制造弹药。

2月10日 湘赣省总工会筹备委员会召开各县工会第二次联席会议，提出湘赣苏区工会目前几项工作：（1）决定3月18日召开全省工人代表大会；（2）加紧肃反工作，从斗争中改进各级工会组织；（3）实行8小时工作制、工人每天工资最低要达到5.5斤米的标准以及密切工会与苏维埃的关系。

2月15日 湘赣省总工会筹备委员会给全总苏区执行局的报告中指出，湘赣苏区工会组织情况：永新、吉安、安福、莲花、酃县、宁冈、攸县、萍乡各县普遍建立了工会。

是日 湘赣省总工会筹备委员会给全总苏区执行局的报告，汇报了工作情况，指出了过去湘赣各县工会存在的问题。决定开办工人干部学校，学员60人，学习时间三个月。报告还指出：发动广大工人肃反斗争，从这一斗争继续改造各级工会组织，坚决实行8小时工作制，工会应经常派人参加苏维埃的会议。

2月至6月 宁冈县总工会在“扩红冲锋季”的竞赛中有90多名工人参

加红军。

3月3日 中共湘赣省委召开第一次执委扩大会议，提出要积极开展工会工作，充分发动工会工作，充分发动工人群众，不断加强无产阶级在土地革命和反帝运动中的领导作用，全面实施劳动法，认真改善工人生活，雇农按人口平均分配土地。

3月6日 中共湘赣省委组织会议通过三个月革命竞赛条约。从3月15日至6月15日在发展党的组织、扩大与拥护红军工作、建立工会工作、文化教育工作等方面进行革命竞赛。

3月11日 中共湘赣省委第一次执委扩大会议关于苏区工会工作运动决议案，要求全党做好以下工作：（1）发动工人群众进行阶级斗争，改善工人生活；（2）建立坚强的阶级工会；（3）工会应领导工人参加苏维埃工作；（4）坚决实行劳动法；（5）经常发动雇农、苦力以及产业工人到红军中去。同时要求建立白区工会组织，做好工人文化教育，救济工人等。

3月14日 中央指示湘赣省委在水口山、株萍路、湘东南等各县城市开展白区工人运动。

是月 宁冈县成立赤色工会。

是月 国民党军湘军十五师进驻宁冈，根据地逐渐缩小。1934年年初，赤色工会逐渐停止活动。

是月 宁冈县总工会在工人群众中进行扩红宣传，200多名赤卫队员参加红军。

是月 永新县总工会新发展29个工会支部，684个会员，在白区建立4个工会支部，会员发展21人。是年，全县区工会共有10个，工会支部117个，会员2543人。

3月下旬 宁冈县赤色工会委员会委员长林厚斌召开工人代表大会，讨论发展赤色工会组织，贯彻劳动法，成立宁冈县新城区雇农工会，谢寿思任雇农工会主任，谢夏发、李春发、尹五苟、周飞生等任委员。

3月18日 宁冈县新城、古城等赤色工会组织举行“三一八”群众纪念大会，发动工农群众参加红军，宣传群众执行优待红军家属条例，帮助红军家属耕田种地。

3月28日 宁冈县赤色工会召开工人代表大会，讨论转变工会工作方法，发展赤色工会组织，贯彻执行劳动保护法，实行8小时工作制，男女同工同酬等事项，会上选举林厚斌继任委员长。

春 攸县大木山被服厂工会派职工骆长四等7人组成担架运输队，配合红军流动作战，抢运伤员及军需物资。

4月1日 江西省总工会关于职工运动决议案指出：建立工人群众的赤色工会。赤色工会是无产阶级广大群众的革命斗争的最牢固的组织。

4月10日 湘赣省总筹备委员会在永新召开第一次工人代表大会，到会代表257人，白区代表20余人，正式成立省职工联合会，会议确定了苏区工会任务。通过了《关于劳动法决议》《扩大红军问题》《斗争纲领》等决议。选举产生了执委会，以刘士杰、刘口班、刘其凡、罗正和、尹中贵、杨西林、邱丙炎7人组成常委会（9月增选刘本和、刘俊补代刘口班、邱丙炎为常委），刘士杰为委员长，常委会下设总务处、经济、宣传、组织、青工、女工各部（处），并设立了经济审查委员会和失业救济委员会。这次代表大会的召开，把湘赣工人运动推向了新的高潮。

4月26日 湘赣省第一次工人代表大会通过“扩大红军工人武装决议”。大会认为，扩大红军和工人武装是目前工会一个最迫切的中心任务，也是日常工作，大会委托省职工联合会执委会制定出扩大红军与拥护红军的工作竞赛条例，各级工会同样要定出县与县、区与区、乡与乡的比赛，来提高扩大红军的效果。

4月30日 湘赣省职工联合会致中华全国总工会的信，信上讲到湘赣苏区工会组织状况。从省筹委会成立到现在，永新、莲花、安福、吉安、攸县、酃县、宁冈、遂川、上犹、崇义、新余、峡江、分宜等县都召开了全县工人代表大会，正式成立了各县职工联合会，省各机关6个职员工会直属支部。全省工人数量共24724人。成分：雇农工人5223人，苦力422人，产业工人 282 人，店员 310 人，手工业工人 18356 人，职员工人 131 人。全省青工共 10065 人，女工共 338 人。

是月 黄坳成立雇农工会。

是月 莲花县总工会创办工人夜校，组织工人学文化、学政治。

是月 宁冈县反帝大同盟成立，何春林任主任（后为何德财）。

6 月 22 日 湘赣省委第二次执委扩大会通过“全省冲锋季竞赛条约”，提出工会竞赛项目及标准是：健全工会生活、加紧工会的文化教育，普遍设立工人夜校识字班，开展白区工作，建立产业工会组织，实现劳动法。

是月 在宁冈县工人代表大会后，加强了工会工作的领导，区、乡工会组织有很大的发展。从 3 月至 6 月，全县建立工会组织 5 个，会员 111 人，部分区、乡开始执行劳动法，同时发展反帝大同盟 9 个，会员 212 人，互济会 19 个，会员 266 人。

7 月 4 日 湘赣省雇农工会召开全省雇农工会各县、区委员长联席会议，总结工作。永新、莲花、安福、吉安、攸县、酃县、宁冈、萍乡、新峡、分宜 10 县都建立了雇农工会组织，会员 5027 人。

8 月 1 日 湘赣省苏维埃大会为了真正保护工人利益，根据中央劳动法结合苏区的实际情形，制定《劳动法执行条例》。该条例对工人的工作时间，工资标准，劳保待遇，社会保险，以及青工、童工、女工工作的特殊问题等都作了明确、具体的规定。

8 月 15 日 湘赣省职工联合会和省雇农工会开办工人干部学校，学生有 120 人。

8 月 29 日 湘赣省总工会党团报告中指出：湘赣省工会指挥的单位共有永新、莲花、吉安、安福、萍乡、酃县、遂川、宁冈、分宜、新峡、上犹、崇义、茶陵 13 个县。

是日 湘赣省总工会党团报告中指出 10 个方面：一是组织情况；二是工会生活；三是劳动法的执行程度；四是工人斗争情绪；五是合作运动；六是工人武装与扩大红军；七是工会对革命团体领导作用；八是工会经费；九是

文化教育工作；十是我们目前的主要工作。

是月 遂川县总工会改称职工联合会。委员长由杜书钦担任，后为凌标山。办事机构设青工部、女工部。下分雇农工会、手工业工会、店员工会、苦力运输工会，区设职工工会。

9月18日 湘赣省职工联合会制定《工会生活大纲》。该大纲分工会的基本组织、会员的职务与权利、小组长的任务以及纪律等6个部分。

11月12日 中共湘赣省第二次全体代表大会通过《红军与地方武装问题决议案》指出："巩固红军中无产阶级的基础，党应派选大批工人与雇农加入红军，并尽量领导非苏区的工人团体与群众团体，经常输送革命的工人及劳苦工农群众到红军中去。"

12月24日 湘赣省第二次雇农代表大会通过《组织问题决议案》，决议案要求在组织上输送会员与干部到红军中去。

12月25日 为贯彻湘赣省职工联合会《关于领导年关斗争的工作决定》的精神，宁冈县总工会作出《年关斗争工作的决定》。决定要求各区、乡工会组织要抓住动员扩大红军工作，分配古城区扩红名额15名，龙市、新城各5名。布置元旦日各区、乡单位要召集红军家属联欢晚会、检查执行优待红军家属条例，解决红军家属困难，领导群众帮助红军家属砍柴一次；分配购买公债任务，古城150元（银元），龙市100元（银元），新城100元（银元）；深入白区抓土豪筹款，分配新城、龙市二区任务各500元，古城区200元；并布置年底检查一次劳资合同与劳动法的实现；普遍救济工人一次。

1933年

1月 中共湘赣省委分配宁冈县的革命战争公债500元（银元）的任务，工会组织积极组织认购，保证任务完成。

1月13日 湘赣省职工联合会委员长刘士杰向中华全国总工会报告工作。报告分组织形式、省总本省工作及领导方式、工人斗争、合作社运动、参战、文化教育等十个方面的工作。

1月17日 中共湘赣省委作出三个月工作计划，对工会工作的要求是：(1) 三个月应做到苏区工人百分之百地加入工会，同时注意白区发展工会组织；(2) 工会在三个月中应征调5%的会员到红军中去；(3) 发动工人从斗争中实现劳动法；(4) 健全雇农工会；(5) 号召工会会员购买革命战争公债。

是月 永新县店员手艺工人工会发出通知，要求各区、乡工会向工人群众宣传贯彻永新县成立工人营的伟大意义，动员工人加入赤卫队，力争一个班、一个排乃至一个队加入红军工人营。

2月1日 中共湘赣省委给中共中央的报告中提出党要加强对职工运动的领导，认为这是个关系到巩固和加强无产阶级领导权的问题。全党同志应深刻了解与高度注意，加强对职工运动的领导就要发展工会组织与领导工人斗争，并提出“工会工作以改善工人生活为中心”的思想。

是月 湘赣工人当红军形成热潮，全省当红军的工人达1400余人。永新、莲花工会委员长带头当红军，带动了大批工人。

是月 中共中央发出“创建一百万铁的红军”的号召，全总苏区中央执行局两次召开苏区工人代表大会，决议“创造工人师”“动员工人带头参加赤卫军，支援红军”。

春 中华全国总工会从上海迁至瑞金，与全总苏区执行局一起，改称为“中华全国总工会苏区中央执行局”。

6月中旬 宁冈县委在全县进行扩红运动，有几百名工农群众报名参加，有的参加红六军团，有的参加游击队。

7月19日 永新县职工联合会组织部向各区发出指示信，要求各区组织部要抓紧委员会和基层组织活动，按月召开活动分子会，培养干部，选拔先进工人到红军中去。

7月 莲花县总工会辖店员、瓷业、织染业、木铁业、篾业、泥工业、理发业、油漆业等10余个行业的职业工会，共有会员1209人。

9月 为了完成中央“创建一百万铁的红军”的任务，湘赣省职工联合会执委会提出在9月、10月、11月三个月内各县扩大红军的最低任务：永新1营（五连），莲花、吉安、安福各二连，茶陵、分宜、新峡各一连，遂川、酃县各一连，萍乡二排，宁冈一班，攸县一班。分三期（每月一期）送来。

11月22日 永新县职工联合会发出“40天革命竞赛条约”。要求全县扩红7排零5个班，充实新的工人营；慰问品完成布鞋530双；购买革命建设公债7250元。

12月15日 中共湘赣省第三次代表大会通过《关于党的建设问题决议案》。提出“大量吸收先进的工人、雇农入党，增加党的新成份”和“大胆提拔工人、雇农干部参加领导机关工作”。

1934年

10月 红六军团经下七西征，沿途手工业工人、店员和农民群众设立茶水站、休息室并为红军带路。

12月 遂川县地下党组织发动工人群众，协助碧州山上的红军游击队作战，击溃了国民党军罗霖（罗子雯）的一个营和万安的国民党保安团的联合进攻。

1935年

2月 项英（中共苏区中央分局书记、中央军区司令员兼政治委员、军委分会主席）、陈毅（中华苏维埃共和国中央政府办事处主任）领导的红军和工农游击队在湘赣、粤港边界开展游击斗争。

年底 湘赣边界许多工人把食盐、电池、布匹、粮食等生活必需品巧妙地带到游击区，支援游击队。

1936 年

12 月 12 日 湘赣第一、第二两个游击支队改编为独立团，同时在茶陵、攸县、莲花、萍乡、永新、宁冈、遂川、安福建立了党、团、工会、农会等组织。

1937 年

4 月 泰和小龙钨矿矿工罗仁仙、郭清泉、邱昌伟等人召集 100 余工人开会，鼓动矿工掀起工潮。

12 月 中共遂川临时工委领导县城各行业工人和农民、学生掀起抗日救国运动的高潮，在运动中成立了工会、抗日敌后救援会、妇女会等进步组织。

附录：

井冈山斗争时期有关文献[1]

杜修经给湖南省委的报告

——红军情形、湘赣边界特委情形、湘南情形

（1928年6月15日）

省委：我这次到宁冈去，除军队的情形已知道外，还得了一些湘赣边界特委与湘南特委的情形，现在分别的写在下面：

A.红军的情形

（一）军队的来历

在宁冈所存在的红军第四军是朱德、毛泽东两部合成的，两部的来历呢：一、朱德部——这部的军队是去年贺、叶南征在三河坝败下来的。败后还是同敌人几经周旋，退往赣南，因为绝少打过败仗的军队，经此次的失败，遂决定各个逃走，在这个时候，重要负责同志走了很多，残部几〈乎〉瓦解，背后才有朱德出来维持，整理军与党，并派同志到湖南找毛泽东部，结果在遂川南部遇着了泽东的一团。此时就是受范石生编的时候，共编两团，一团是朱德，一团是张子清，骗了大批子弹，张即开向桂东仍同泽东会

①文献部分中原有的错字、别字并未修改，以保留文件原貌。

合了。他们则往汝城到韶关去了。在受编的时候，朱德向范石生他们表示，大意：我们是共产党的军队，我们党有命令要我们怎样时，我们还是怎样；他们意承了。此后他们的行动，如助农民与土豪劣绅战斗，晚间出发打土豪劣绅。自然北源的敌人查明了他们的行动而攻击他们，同时得了广东省委调他们的命令，曾开动走向目的地，结果因为没有办法通过而转回了。此时还是想绕道韶关过去，而敌人方鼎英、许克祥还是要解决他们了。正准备走避，范石生也派人送信给他们，要他们走，并且给了七、八百块钱，这样便脱离了范石生，向宜章进发。而割据了宜章，枪枝亦不过是五百余的光景。割据宜章后，宜章的党不甚健全，他们乃竭力帮助地方党发展。在这个时间，宜章的民众运动算有了基础，同时同许克祥打了一大战，许克祥四团几全军覆没。不过许军的枪枝，很大部分散了，缴的枪不多。西征战争的时候，他便走宜章一直打到了耒阳。西征战争结束，大举“围剿”，〈他〉经安仁、茶陵退宁冈，改编为第四军。

（二）毛泽东部

这部中间有警卫团、平江余贲民部、浏阳农军，在湖南秋收暴动失败后退铜鼓、修水，沿湘赣边界经萍乡、莲花抵宁冈。逃跑的很多，弄得正所谓“抱死扶伤之不暇”，甚为危险。此时常得泽东及一部分同志的努力，同时得袁文才七、八百元的接济，使他们有短时期的休养与整顿，度此难关。后来则以宁冈为大本营，分派部队向各处去游击，平均九天一次战争，都胜利且造出了一点民众的基础。及湘南红军发展到耒阳时，湘南特委派周鲁同志来，要他们到湘南，他们如命了。到酃县，他们看到湘东运动很发展，泽东的意思，想到茶陵，使湘东与湘南联系起来，周鲁同志也同意，结果向安仁便同朱德部会合了，乃共退宁冈，即现在第四军的一部。

（三）军队中党的组织情形

朱德那一部里面党的组织在宜章都还比较好，到耒阳、郴县后，湘南党由军队中调出一部分人出去了，加以这次退出湘南的忙乱中，来不及整理，党的工作是不很好。泽东部，党的组织，原有前敌委员会，直到宁冈后，党的组织也还比较的健全，因为有前敌委员会，工作扩大到各县去了。枪决陈浩后，党的改造是有很大的进展。第四军组织成立后，打破了敌人“围剿”的形势，得用力于党的整理。召集全军代表大会，成立军委，书记原为泽东同志，后因泽东任边界特委书记，即改选陈毅充当，军中的工作，乃有起色，尤其是各团委渐次的起了作用。四军三十、三十三团回湘南后，共存四团，这四团中党的组织情形，最好要算二十九团。因为：一、二十九团的兵士成份，完全为宜章经过斗争了的农民；二、党的干部工作人员比较强健，所以在1600人中，已有了600余党员。以连为基本组织的范围的支部，都能起作用，实际做到了“党管理一切”，党有无上的威权。次好的是三十一团，这团即毛部，党的历史比较深，不过各级负责人尽是学生，有少数的小资产阶级的意识，强过了兵士的意识，党员也有400余人，支部没有二十九团那样的有作用。再即二十八团朱德部，这团的党的干部负责人不十分健全，加上兵士成份多叶部老兵与历次俘虏，下级军官干部一部〔度〕犯了机会主义的毛病，同时因为作战能力强，便觉得是“所向无敌”的样子，并染了国民革命军军官的气习，因此有党员的意志超过党的意志的趋向。目前军委也注意到这个问题，在二十九团调了一些同志到二十八团去负责，并特别的注意这个团的整理。有同志400余人，现在也有了好的进步，支部也渐渐的起作用了。再其次便是袁文才部的三十二团，这团的兵士成份，多土匪与流氓无产阶级，因军队整理的严，这些分子多逃跑，参加了一些新的农民进去，有同志200余人，成绩很差。另外还有个特务营，系水口山工人编成，中间党比较好，惟党的门关得太紧，刻已要他们注意纠正。总之，四军党照目前这样，不断的努力干下去，前途很有希望，不过省委应注意派几个干部去参加军委，使军委健全起来，对各团的工作有计划的去督促和指导。

（四）军队的现状及其目前行动

从湘南退回宁冈时，共六团，有一度混乱，除二十九团、三十一团的军纪比较好外，其余大部分差不多忘记了“侵犯工农利益的即反革命”的工农军的信条。及敌人一次“围剿”的形势被他们击破后，一面将湘南跟军队退来的民众遣散归去，三十、三十三团亦回耒阳、郴县、资兴、永兴等县，再又竭力于存在部队的整理，算是有了头绪。惟在这时候，全体党员的视线集中于党的整理，尤其是上层负责人，以是军部没有具体的计划去整理军队，弄得有些事情，陷于一种无政府状态，我回来的时候，他们已注意到这个问题了。现在人数约6000，有步枪2200余支，内有驳壳100支上下，迫击炮8挺，水机关4架，旱机关6架，手机关6架，子弹均不充足。现有这四团枪枝极不均，二十八团有近千的枪，二十九团仅300余（有百多的不能用），三十一团仅600余，三十二团仅300余，党要拨一部分武装给农民，都很难实现。因此就可看到一部分同志的不明白。最近敌人二次“围剿”的形势又快形成，加以听到湖南敌人内部冲突的剧烈，乃决派三十二团、特务营、三十一团的特务连守山，二十八、二十九、三十一等团均向酃县出动，在敌人未集中时，予以打击。如能胜，便向茶陵推进，经高龙〔陇〕出莲花，再打击永新敌人。如酃县未打开，而永新敌人已出动，便折回守山。对永新大部敌人的进击，不专靠军事主力作战，要用永新、宁冈一带民众，共同的四方八面去混战，以疲乏敌人，便能以少胜多，打破敌人二次的“围剿”。

B.湘赣边界特委的情形

宁冈是一个多山的小县，有一座大山，围绕这山的有永新、遂川、酃县、茶陵、莲花五县。宁冈是中心，易守难攻，而各县民众运动，经了半年多的经营，也略有基础，同时向茶陵、永新进展，可以影响两省，并两省上游。以此地为大本营的意见，泽东同志早有了，便有边界特委组织的建议。

在以前有前敌委员会，还可说是一个变象的特委，尚不成问题，遂被调到湘南，取消前敌委员会，各县工作，顿失领导。此时适有赣西特委转来江西省委的信，要其组织边界特委，遂召集各县代表大会，有些重要任务的决定，政治纪律的执行，给机会主义的打击，更是不少。并选举了执委，书记为泽东。特委成立不久，对各县工作的指导，实有新的气象。在边界特委各县，过去党的基础极坏，民众是更不待说。现在茶陵、永新都有广大民众的起来，党的领导，也日趋健全，对机会主义的摆掉，也算是有力。宁冈因为完全在赤色政权保障之下，自然也有好的发展。遂川、酃县有一部分的民众也很好，甚至跑在党的前面，而目前党的指导中心——县委，未能回县，藏在群众中去活动，也是一个损失！各地党员的数量，特委现时也没有确切的统计，大约永新有2000，宁冈有千余，茶陵有千余，酃县有百余，遂川有200余。质量很差，有些连每个党员最低限度的常识都不知道，所以整理当地的党，加紧党员的训练，是一最迫切的问题。党的秘密工作的建立，也须特别注意，现在下级差不多忽略了。普遍公开的宣传，军队要多，如标语，各地党同苏维埃的绝少，而军队中的标语，又多是军队方面的。当地军队在民众中的影响比党、政府的地位高，这也是促成原因中之一种。“苏维埃政府”在一班〔般〕民众的认识程度，是以解决土地问题为标准的。现在宁冈的土地已快分清楚，永新也分了一部分。分配的方法，多以乡苏维埃为单位，由区苏维埃派人协同乡苏维埃将全乡每家土地、人口调查清楚（如少报土地的，查出后，即取消其分田的权利），再由乡苏维埃将人口、土地统计，看每家分多少，乃根据他原有的田数定其应出进多少。分定后出一榜，又依榜到各田去插一牌子，即归其正式营业。如过去我耕田很多，现在分少了，原田分给别人了，农民便要把〔拔〕去秧苗，不要好了别人，结果是由现得田的人补以工钱，或将来平均分谷解决了。照他们这种方法，每人可分谷八担，大小人口一样的多。不过在这分配土地中值得我们注意的有几点：

（1）是土地分了，即有农民自然的呼声，如：“这样要共产党真万岁就好”。同时也自动的问：“土豪回来怎样呢？”我们就告他组织赤卫队，这样苏维埃才能得到真正群众的基础与拥护。

(2) 是在实行分田的时期，农村中马上发现了更进一步的阶级分化。有些站在他们（富农）大自耕农的地位上来主张合耕，以阻挠土地的分配，甚至“苏维埃政府”的政权，被他们拿到，籍以打击贫农，如宁冈二区小江乡苏维埃分配土地，籍口田少了，完全都是佃农，雇农要迁到大坪土豪劣绅家里去。所以贫农便起反抗，并说出“无产阶级没有田分！”这都是农村中更进一步的阶级斗争的表现。

(3) 二区又有个农民答我们问题：“分田的公事还没来，不过快来了。”特委希先同志下乡巡视回来说：“土地是分了，有些农民还怕营业。”这些完全是证明分配土地不是农民群众自〈己〉动手的表现，并且充分的具有等待的观念，这点我们应设法打破。

(4) 手工业者在农村中分田的问题，有一部分的农民表示不满。将来工会成立，相互间落后意识的斗争在农村中恐有不少的恶剧表演，我们应早为设法防止。现在边界各县的武装都有一点，但不多，都能有大的作用。各地的斗争都渐次地起来了，四军拨枪的决议，应早成事实。同时各县枪枝的分配，也要特别注意，如酃县，有一队游击队，吃鸦片烟的很多，并多是流氓无产阶级。赤卫队成份的改造，政治训练的加紧，不特〔但〕边界各县应注意，就是党、群众都好的醴陵，我们吃亏也就不少了。现在边界特委工作日益扩大，实际上一切工作与指导都集中在泽东同志身上，而泽东同志又负军党代表责，个人的精力有限，怎理得这多，实际上也就有很多地方顾及不到了。目前派得力的人去参加特委工作，并加派干部参加各县委是最重要的。

C.湘南情形

这次到宁冈、湘南各县县委及由耒阳、郴县、资兴、永兴游击队编成的三十、三十三团都已回去，所得的消息都是零碎的，一一的写下来：

(一) 湘南这次的失败，特委又犯了很严重的错误，如令各县县委、游击队一律跟红军退走，使湘南工作，一败如洗，直到资兴，决限定要特委回去，特委便绕道安仁回衡，但一去无音！

（二）耒阳、资兴、郴县的党、游击队退到了宁冈，军纪极坏。县委的地方观念十分的充足，十分的表现农民党（农民落后意识的战胜）的趋向。现在他们都回去了。不过边界特委并未要他们建立很亲密的联系。

（三）红军在湘南的时候，各县县委都要指挥，不告以敌军实况，使其同敌人打硬仗。军队的给养要军队不管，实际上苏维埃也没有办法善为维持，红军到处感到困难，所以发现朱德同志说话“在军事行动的时间，军队要管理政府与党”。

（四）兰山一带，土匪很多，有很大的力量，对我们有几分同情，现在二十九团有几个同志请求回去工作，我已许他，在打开酃县时便走，并请泽东同志与他详谈军事运动中我们应注意之点。

（五）离宁冈时已嘱边界特委今后尽可能派人向湘南去，去后应与他们发生关系。如找到了县委或特委，应即告知边界特委速转省委。

有一点值得补说的，就是占领郴县后宣布烧这个城市，并开大会解释。结果在会场中有人号召不赞成烧城市的站过来，民众便尽站过来了。这人又说主张烧城市的我们杀，而台上的负责人尽行被乱杀。民众便挂起白带子，反攻我们。我们受了这样一个严重的打击与教训，还不知悟，在〔再〕号召农民将反对民众打退，终于把城市烧了。而特委负责人何自我拿特委的名义，仍继续在资兴、永兴等重演了！

（据中央档案馆所存资料）

杨克敏[1]关于湘赣边苏区情况的综合报告

（1929年2月25日）

一、概况

边界自红军占领以后，形成割据已有年多的历史，其间经过很激烈的斗争，长期的奋斗，巨大的牺牲，乃有这样一个小块的赤色领域。这样一个小块的割据，在全国大范围内，统治阶级暂时稳定之时，其发生原因，其形成的背景，其扩大的由来，都有他具体的条件的。这是值得我们研究的。即此一个小小割据，已弄得统治阶级手忙脚乱，穷于应付。莫说这一割据——奇锋突出的嫩芽，客观上还有许多缺点困难，主观上还有许多错误和弱点，全国以及全世界的革命人们，都在眼睁睁地关切这一〈微〉弱的曙光。同时这一渺小微〈弱〉的曙光，已被那乌烟瘴气的恶魔，隔膜了人们的视听。这一微弱的曙光只有在民众们的切肤的关切扶助，反动派的仇恨诅咒之下，才能存在长成，发扬光大。所以革命的人们必须意识这一微弱的曙光的内幕，而有一正确的概念。

有的人——不论同学非同学，说边界的情形怎样怎样好，民众是怎样好，党是怎样好，枪枝是怎样的多，打仗怎样的厉害，一切的一切，都是天上所有地下所无的。又有一种人说（同学与非同学），边界的情形是怎样的坏，党是怎样的不好，枪枝也少，粮食也不足，内部有分裂问题……一切的一切都是不好的现象。这样太乐观与悲观或有意的侮蔑，都是“两个极端化”的不正确的估量，用这样的估量去度量边界情形，是得不到好的结论的，事实终久是必与理想相反的。

---

①杨克敏即杨开明，井冈山斗争时期任湘赣边界特委书记。

边界经过年余的奋斗，血与头颅的代价，发动了广大的群众，搅乱了统治阶级的基础，在一般而论，是有相当的成绩的。不过因为白色势力的厉害，环境的恶劣，孤军奋斗，工作艰难，得不到上级的指导，得不到群众的帮助，所以革命的进程，虽然是日日向上的，但是进步的速率是非常迟缓延滞的。有时负责的同志，竟在感觉到天天的努力的干，好似没有什么成效的。除上述的种种困难外，工作方式的不好，当然也是一个重要原因，这一点且待后面说罢！

边界的党在一年以前，“马变”以后，已经根本倒台，一年以来由恢复而发展到现在已经有了相当的基础，有些支部还能相当起作用。割据区域在红军的保卫之下，由长成而强大了。工农武装队红军（工农革命军），地方武装的赤卫队，枪枝的增加，已有了不少的数目，而且经过历次的斗争，战斗力都还不差。土地在割据区域内，〈一〉度普遍的分配。苏维埃（工农兵代表会议）也同时成立了。群众镇〔整〕日在斗争中讨生活，沉浸于长期的革命潮流之下，颇有斗争的经验；对于革命的认识，政权的认识，工农的武装的认识，阶级的先锋队——共产党的认识，还可以说有了相当的程度。不过自然溶化的自觉，就是说未经人力培植而自然营养生长的，发育的要慢些。因为我们对民众的宣传甚少，宣传工作没有深入，以此群众对革命的认识，还有许多是模糊的（比较的）。以此革命的情绪，自然不甚热烈，有些激进的分子，大都由于敌人压迫的厉害（如杀了家族的人，烧了房子，不能回家）而不是阶级的自觉，这种成份是占很多数目的。至于那些中农、富农自不必说（贫农雇农在外），因为在我们仍割据之下，当破坏时，小有产者（富农小商人）也同样的被打击，破坏后又没有注意建设，弄到社会一般的破产。经济没有出路，生活非常困难，顿呈一种萧凉的景象。所以他们有许多是不满意或怀疑革命的，所以有些农民有“国民革命军也好，工农革命军也好，横直老百姓吃苦”的语。有些说“从前要抽捐税，现在还不是要抽土地税？”……诸如此类；不一而足。至于贫农雇农，天然的除革命没有出路，只因我们还不能取得完全领导作用，就是说我们的影响还不能在他们中间建立坚强的信念，亦即是我们的宣传工作没有普遍深入，加之又受富农中农的影响，不免有许多动摇犹豫的表现，这不过还是少数罢了。关于中农的不满意我们，甚至于反对革命，的确是当今革命的严重问题，现在革命的紧要关键，不仅边界已也，这是值得我们注意的。综合来说，边界的群众只是已经起来了，只是有了相当的基础，而不能过分的说是广大的起来，有很好的基础。——这是边界的大略情形，详细的下面系项说来。

二、政治情形

边界在罗霄山脉中段，介江西、湖南两省之间，环罗霄山脉中段一周计有550里，为莲花、攸县、茶陵、酃县、遂川、万安、宁冈、永新、安福等县，本来是两省边陲之地。对一省说来（无论江西或湖南）可以说政治影响甚少，不过在两省——湘赣，或数省——湘赣鄂粤——说来，则非常重要。因为由这一区域影响两省或数省，政治上非常有意义。但这一区域因为在两省边陲之地，隔重要地城市太远，文化及经济政治等都要较他处落后。社会组织，大多是聚族而居。从前边界采取拉夫式的征收党员时，党的组织，每每一个乡村，一个支部，开起支部会来简直就是等于家族会议，苏维埃的组织也是一样。边界工作的作不起，这是一个主要原因。在从前国民党时代(北伐以后，马变以前）一般革命的高涨，渐渐打入这穷乡僻壤的山谷之中，国民党及农协的组织，曾也普遍发展，有些地方如莲花、茶陵、攸县、永新还有过斗争。所以民权革命在这一时期在群众中也曾有一点训练和印象，我党的组织也是在这一时期建立起来的。因为一般的落后，国民革命时代的民权革命在工农群众中影响很少，所以革命的元素在乡村城市中要少于封建势力（指红军走以前)。可以说封建宗法的势力，要较革命势力雄厚。即在现在，还是一个封建势力与革命势力对峙的局面——一方面是苏维埃的政权；一方面是潜伏的豪绅地方的势力，与公开的白色势力。

在此对峙的形势之下，在此红白势力角立公开的肉搏的情形之下，敌人的情形是怎样的呢？——因为我的毫不客气的打地主阶级，动摇了统治阶级的基础，扰乱了敌人的后防。加之敌人进攻我们时，又常常为我们所败，以此促起统治阶级豪绅地主的恐慌，引为心腹大患，不惜竭力和我们为难，于是一次会剿以至二次、三次会剿，一幕一幕的演来。当地土劣及其武装的向我们进攻，更是无时无日不在努力进攻。敌人向我进攻，除土劣地方武装外，正式的军队常以八、九团多到过十五团之众来剿我们。土劣的武装也有2000余之众（各县的保安队，挨户团，计遂川有枪500余枝，酃县300余，宁冈100余，茶陵未详，莲花四五十枝，永新600余枝）。敌人的力量，湖南的要厉害，江西的敌人要脆弱些。湖南的土劣要狡猾些，军队的作战能力也要强，红军与湘军打过几次，都被红军打败了，可是总缴不到枪。赣军则不然，来一次坍一次，来一次总要缴多量的枪。我们一向对湘敌暂取守势，就是这重〔种〕法避重就轻的办法。至于敌人对付我们最厉害的办法就政治经济的封锁，一里以内红白势力分歧处，严密警戒，不能越雷池一步。我们要算在敌人四方包围的形势之下。敌人不但有正式军队，还有保安队，还有反动农民，还有反动农民与被压迫农民所组织的民兵团，挨户团等，层层步哨，密密网罗，要单身通过或少数武装通过这个包围是极困难的事（然而并不是完全无办法通过）。越境侦渡，发觉了，必无幸免，农民罹此难者不计其数。这样的封锁政策，使你如在柳〔桃〕源洞中不知人世变化到什么程度，有无论秦汉魏晋之苦。对外面的政治情形既不了解，又得不到上级的指示，连报纸都难得到，实在有些摸壁撞钟，盲目瞎干的神气和危险。过去工作的许多错误，事实的困难，应为重要原因之一。敌人对我们的策略，渐渐的进步了。由硬而软而硬软并用，开头敌人见了曾经割据了的区域内的民众，不分皂白，极残酷的见了就捉，捉了就杀，见东西就抢，见房子就烧，我们的同志受害的更不必说。那知愈杀愈引起群众的反感，革命化，反抗愈力。土劣如是又效仿我们的办法，也来宣传和组织民众，渐采取欺骗的改良政策，同时收买流氓组织法西斯蒂（如永新难民团是）为对付我们的奸细。我们从前组织共产党，他们就改组国民党。我们改组苏维埃，他们就改块招牌，名剿匪委员会或农协。我们组织赤卫队暴动队（普遍的武装组织），他们就改为保安队、靖卫团，挨户团等。我们对敌宣传不打士兵及下级官长，只杀官长，敌人也有同样的标语。我们放还被虏的兵，敌人也照法炮制。可是反动宣传虽然厉害，政策的进步过人，而事实的表现，没有半点能够实行改良政策的可能，空谈总是为事实的揭露其欺骗的假面具。诚以经济破产之区域，而空谈什么减租减捐税，只等痴人说梦。反之反军所到之处，粮饷需索，悉取穷苦的工农，拉夫掳掠在所不免（永新之周混〔浑〕元部军纪较好)。而入党（国民党）要钱一元，不入者视同共匪。捐税杂出（剿匪捐等）又不免将他们狰狞的面貌，显身露骨的呈现于民众之前。民众的不满意于他们，不仅是贫苦工农，即小资产者亦同时感此痛苦（固然他们也不满意他)。这是无论反〈动〉派的如何自圆其说，是不能否认的事实。国民党天天在宣传，散传单演讲，为民众谋幸福，解除痛苦，可是事实只是如此。民众对他们的影响，当然是很少的，再则敌人虽则一致向我们进攻，而他们自己之间也常常有冲突而不能一致。湘赣两方的反军，利害是常常不一致的，红军所在地多在赣境，又为贫苦之区，湘军来打红军是没有什么利害得的，反之只有上当送子弹枪械，耗费钱粮。所以湘军要来剿井冈，只是在自己内部冲突的局面下，如从前鲁涤平不满意吴尚，就说他剿匪不力要奈何他，吴尚逼的来打我们，其实又何尚〔尝〕是吴尚愿意的，更其不是湘军兵士愿意的；或者是统治阶级暂时的稳定，军阀中间要冲突还未冲突的时候，军阀利用这一时机，借剿匪的名义掩避自己的罪恶，来团结自己的力量，变相的排除异己，如此次三次会剿之湖南军队之出动即其证。至于江西反军，则以红军横行于赣省境内，与他们有切肤之痛，想个地盘与统治大相达害，而且“屡剿屡败，匪势蔓延，其祸爆源，殊属不成事实”（王均谣)，因此徒挨滇赣两系军阀互相攻击之口实。所以滇赣两派军阀为要扩充己力排除异己，则只有在“努力剿匪”与“剿匪不力”之两个口号之下，以卖气力抢政权，打击敌派。所以江西的军阀剿匪的进行，要较湖南激进，是有他的客观原因的。因为一个是急求剿清共匪，一个只在敷衍了事，因为他们的出发点，都在个人的地盘上，利益上，不过借剿匪做幌子，其实他们孜孜为事的，何尚〔尝〕

在什么共匪不共匪？剿不剿与他们又何相干？又因为两省军队，都吃过红军的亏，都惧怕红军的勇敢，所以作起战来总只是江西军队则望湖南军队先向前，碰钉子，他们坐收渔利。湖南的军队也同样的作如是观。所以两省军队的“剿”而难“会”，就是这个利益不一致的原因。关于军阀与豪绅地主也是不能一致的，军阀的军阀〔队〕一来，要饷要粮草要伕子，都取之豪绅地主，不如意的打骂随之，甚至把做土劣惩办。此其一；二，豪绅对农民极主彻底残杀，军阀则主剿抚并用，农民被正式反军捉了的或可不至于死，如被什么清乡委员会、剿匪委员会、靖卫团、保安队捉了的，是无一幸免的；三，剿起匪来，军队总是驱地方武装前行，甚或自己不动，只要保安队与靖卫团去打；四，豪绅地主武装辄常滥烧滥杀，良民枉死者不计其数，引起更深更广的反应，此为军阀所不愿意的。以此军阀与豪绅之间，常常引起不少的纠纷，但豪绅对军阀只是敢怒而不敢言罢了。这是豪绅与军阀之冲突。其他，豪绅之间也有冲突，亦不过为的利益不一，见解不同，而引起争权夺利的互相械击。如遂川、永新之保安队分为数派，常起纠纷，即其证明。至于各县豪绅势力强弱，湘则以茶、酃为强，赣则以遂川、永新为强，各有多量武装，作为鹰犬，杀戮焚烧，残酷已极。最后，我须得将我离边界时当时的敌人情况说说：当时久经宣扬的湘赣第三次会剿，已渐成事实。何键已在萍乡就了剿匪总指挥职；金汉鼎在永新就了副指挥职。湖南的军队 1 月 15 日已到了莲花，有二三团之〈谱〉，为二军王捷俊部；同时茶陵、酃县、桂东都增了兵，为吴尚部一师分布三县之间。江西的军队，永新驻的为三十五旅，及周混〔浑〕元三十四旅。遂川为李文彬之二十一旅，刘士毅之三十五旅。宣称 16 号要进攻，并谣传有飞机援助，形式〔势〕非常严重。我方亦极力加紧戒严，时四军大部已于 13 号出发赣南□□，守山部队为五军及王部。

三、经济情形

边界的经济本来是一个小农经济区域，自耕农甚多，日常生活程度颇低。米一元钱可买四五十斤；茶油每元钱可买八九斤；盐每元七斤。普通一个人生活。有一元多钱就可度过一个月。宁冈出米，每收获一年可够两年之吃。以是农民都家给人足，有性颇懒。出产以木为大宗，茶油、米、花生、豆次之。因为他处边陲的原因，受资本经济的侵蚀颇迟，洋货业在市场不甚发达，有些地方的交易还是“日中而市”的逢圩办法，如宁冈的茅坪，遂川之黄坳水〔小〕井等是。有些地方更还是杵臼时代，如山上的农民都还是用手臼打米的，只有到山下如宁冈之龙头、古城，永新等才有碓臼。经济的状况，因地域的关系（较偏僻，与交通较便利之处）与此微有不同。茶、酃、永新各县要较进步，宁冈、遂川要较落后。平地与山上又不同，平地的进步些，山上的落后些。笼统的说，边界的经济其他地方都要落后些，人民多务农，商人及读书的占极少数，所以土豪劣绅在农村占极重要的地位。农民在红军未来之前，除遂、酃、茶、莲之大部外，颇觉安居乐业，有天下太平的气象。有日出而作，日落而息，老死不相往来的神气。遂川、茶陵、酃县、莲花等县土地比较集中，农民的被剥削较严重，苛捐杂税也较他处为甚，所以农民的生活较苦，阶级斗争的情绪也要浓厚些儿。所以莲花三九都，茶陵、酃县、遂川在国民党的农协时代，都曾有过斗争。然而土地65%以上仍是操在地主手里，农村中大多数的群众，对于土地革命，仍然是为他们所要求所拥护的，所以在整个的土地革命过程中，经济较落后的地域，同样的也可以实行土地革命。

以上是讲一年以前的情形，就是在红军未到边界以前的情形。自从红军到达井冈山以后，情形就大大改变了。因为红军经济唯一的来源，全靠打土豪；又因对土地革命政策的错误，连小资产阶级富农小商也在被打倒之列；又以大破坏之后，没有注意到建设问题，没有注意到经济恐慌的危机，以致造成乡村全部的破产，日益激烈的崩溃。加之反动派又厉行经济封锁政策，货物金融彼此不能流通，生息困难，生〔坐〕之待毙，需用缺乏，供不应求。年年农民的丝、木、茶油、米粒、花生、鸦片等生产品不能运出卖钱，而需用食盐、棉花、布匹等日用必须物品，亦无法取得。生息停滞，有溃败而不可收拾之势——这是割据区域内的情形。而曾经割据了而复失去了的或邻近井冈各县，如茶陵、酃县、永新、遂川、莲花等县，一则都是经过红军的征发过了的，加之接近井冈，反军时常屯集数团之久，饷薪需索担负甚重，军事影响生产顿减。长影响〈深〉入作战状况，商业亦甚少起色，所以经济的崩溃成为了一个无法挽救的僵局，因此生活程度，加速度的高涨。生活程度最高处如大小五井，肉要1元钱4斤；鸡要一串200钱1斤；小菜如萝卜、冬〈瓜〉、南瓜、青菜之类，要100钱1斤；米比较便宜，也要3元大洋杂1石；盐1元钱只买得4斤或2斤不等；茶油1元钱6斤多；布匹、棉花及日用必须品有由小贩自酃县偷贩过来者，因为供不应求之故，价值的昂贵，等于上海的物价。因为经济如此的崩溃，经济恐慌到了如此程度，一般民众感觉得非常痛苦，而找不到出路，所以富中农多反水，中农动摇，贫农不安，农村中革命战线问题发生了严重的危机。比如去年8月失败之时，宁冈农民受了反派的宣传，富农的欺骗，居然有逃出境外的（酃县、茶陵）其数目达4000之多。在分了田后苏维埃政权之下，而有此事发生，固然还有其他原因（如宁冈土客籍关系），而经济的没出路，农民一般生活的不安定应是他的根本原因。这个经济恐慌的危机，是边界割据的致命伤，最近已在设法补救，如组织边界委员会，竹木委员会售卖竹木等事，已在着手进行，不久当可收点效力。于经济力之相当恢复与发展，则尚须经过相当时期的奋斗与运用良好的经济政策也。

四、最近斗争略述

边界自毛部去春（1928）自湖南与朱部会合〈今〉重来后，确定了建立罗霄山脉中段的割据政权的决心。因为鉴于过去军队没有一个根据地，流寇似的东闯西串〔窜〕，得不到一个休养的机会，军队十分感觉疲劳，而甚难解决的，就是伤兵的安置问题。要找一个军事根据地，必须用力量去建立一割据区域。罗霄山脉中段的井冈山是很好的军事根据地，于是创造罗霄山脉中段的割据，建立罗霄山脉中段的政权，为朱毛部当时唯一的工作和企图，于是伟大的奋斗和激烈的斗争，一幕一幕的开展起来。

起初红军自湘南返宁冈时，即与宁冈新城的赣军战，敌仅一营，全数扑灭之。俟后一、二、三次攻永新，战于龙源口，攻克永新城，次次都获胜利虏获甚多，斩杀无算〔数〕，后敌人增援，我方只又退回宁冈。比〔此〕去年至 5 月战争大略情形。其间大小战争凡经过 10 余次，平均每 5 天要打一次，总是我方占优势。作战的时候，常时是我们的人多，敌人较弱，乘势歼灭之。6 月 23 日龙源口（永新境内，由宁冈入永新的道路）一战，赣敌共 3 团，杨如轩指挥之，我军亦 3 团与敌战一日之久。敌为二十六、六团江西军队之最狠的部队，战斗力最强，都系老兵，技术熟练。这次的战争敌我兵力相当，为江西所谓〔未〕经过的大战，其间进退周旋，经过许久的肉搏，因为我们占得地形的优越，敌仰我俯，居高临下，幸幸〔悻〕〔悻〕一鼓败之，其间战机的危险非常严重，不为敌人所败者几希。在未下攻击令之先，曾命令永新县党部准备暴动响应军队，以致收取夹攻之效，实行群众战的口号。因地方党的不健全，群众又未起来，准备的时〈间〉太短（因军事的变化，先〈于〉预定的〈计划〉就行动了），所以没有达到目的。此役敌 3 团全溃，缴枪约七、八百枝，杨如轩带花逃跳〔跑〕，俘虏敌兵官长士兵甚多，敌死伤数百，我方亦有死伤，敌遂退出永新，永新即完全为红军占领。占领永新后，随即派队四出游击进行筹款，组织党，组织苏维埃，分田，组织工农武装等工作。派出之部队各成立一行委指挥之，计派二十九团全部去莲花，28 号占领莲花全县，同时又派队来吉安与安福的边界游击。我们知道敌人受此巨创后，必然不久又会来反攻，所以决定乘敌未反攻以前，期于最短期间内，用大力造成群众与党的相当基础，则敌再次来攻，我们可增加几分胜利的可能性。因此定出 10 天 20 天的工作计划，在军中抽调出大批同志和其他各县（如遂川、茶陵、酃县）的负责同志集中在永新一县加紧工作。当时边界最高党的组织为边界特委，书记为泽东同志。我刚刚由湖南省委派去边界工作，泽东同志对我说："我们看永新一县，要比一国还重要，所以现在集中人力在这一县内经营，想在最短的期间内，建设一个党与民众的坚实基础，以应付敌人下次的'会剿'。"想见当时永新工作的紧张。当时组织党建设苏维埃，组织地方武装，分田肃清反动派……这些工作都分区域分别进行，雷厉风行的加工制造了10多天，也相当的收了些效验，有一点成绩。不过狂风骤雨式的，草草轻率的完全人工制造的结果，终竟只是一点皮毛，经不得些而〔许〕之风吹草动。所以这一时间的制造及到八月失败时，被反动势力一来打得一个落花流水，烟消云散，党员和苏维埃的群众多半反水，从前所组织的暴动队分过了的田，也只等春梦一场。这次失败的经验告诉我们：党员的征收极要注意成份，而且要注意质量不要只图数量的好看，党与民众必须经过相当时期训练才成，短期间人工强制，制造出来的，是外强中干，中看不中吃的。中心区域工作的重要，为暴动前暴动时暴动后，胜利时失败后的第一装〔桩〕重要的事。只图普遍的发展，而不注意中心区域工作之巩固——中心区重要支部的建设是错误〈地〉，同时公开。胜利时遂忘却和忽略秘密工作也是万分危险和错误的事。然而这次虽然失败了，却得到许多的经验，而苏维埃曾经普遍的成立，土地也普遍的分了，党也普遍的组织了，工农武装也普遍的建设了，这些多少总要在群众中有一些印象和影响，这就是我们失败的成功。

在我们攻取永新后，二十一、二天光景，江西军队果然反攻来了，恰于我们的预料。在江西军队未入永新之前，湖南的第八军吴尚部应江西军队会剿之约，乘我军入永新之虚，于7月初占领宁冈，由酃县入龙市，而古城，9号抵宁冈。时我们的部队尚在永新，还有在莲花及安福，吉安边界的。敌入宁时沿途的赤卫队暴动队节节与抗，时三十二团的袁王部尚驻宁冈，复绕道要击。宁冈的党率领当地群众连同地方武装严秘〔密〕警戒，四面扰敌，粮食搬运上山，坚壁清野，敌人既无饭吃，又不明我们的情形，进退局促，率众由宁冈向永新仓惶而走，期与江西军队会合也。我们在接到宁冈告急书后，当由特委军委联席会议，决即时集中部队，相机应付。9号莲花及安福吉安之部队，都开回永新城。当晚开军委扩大会，讨论应付方法，结论：即开回宁冈应援。10号开抵永新之心源嘴驻扎，该处距宁冈敌兵驻处仅15里。原拟次日拂晓攻击，岂料交通侦探的技术没有弄得好，方我们到新源背时，敌已由宁冈去永新矣，竟至中途错过了，殊为可惜。不然在敌恐慌畏怯之时，一无饭吃，二敌情不明，三路途生疏，四群众处处与之为难，在这样的情形下，我们就轻驾熟目利乘便，要而击之，定可得到多量的枪弹和果实，初可探悉，竟尔错过，可惜可惜！

我军现错过了这个机会后，因恐怕湘赣两军在永新会合来攻难于应付，11号我军又在宁冈集中，为打破湘赣两军会合计，乃将部队分为两处，一由朱德率领二十八、九两团，迂回湘军之窠穴——酃、茶，使湘军不敢久驻永新。一由毛泽东率领三十一团去永新跟踪追击八军去永部队，打断湘军与赣军之交通，使难于会合。去酃之我军12号攻克酃县，湘敌果于14号急忙由永新经高陇莲花退回茶陵，才击酃县。湘敌比〔刚〕离永新而赣敌旋即进驻永新矣，中间只差19小时。

湘赣两方军队这次的进攻，本是相约合剿而来，岂期湘敌普〔甫〕入而赣敌已先溃，赣敌方来而湘敌已退去了，总因利害不同，剿而难会。我们如果能利用敌人这个弱点，运用很好策略，敌人终无如我何者！

朱德率领二十八、九团去酃县，一致收拾酃县，本因再攻茶陵。时永新已到赣敌，故又拟折回宁冈去永应援，岂知发生了一异〔意〕外的变故：二十九团到酃后，因该团系湘南宜章农民，因不察边界生活之苦，做〔故〕湖南省委有令四军去湘南之命令。湖南省委在2月间，令四军去湘南发展。为避免会剿计，突然于12号晚士兵纷纷开士委会，一不通知上级官长及党代表，竟决定13号由酃去湘南，私自找好带路的人，出动的时间都决定了。军委（四军党的最高机关）得讯即召集军委扩大会，兵士代表会，多方面解释阻止，无效。后又由朱德召集士兵演讲亦无效，他们总是要去，他们说官长如果不允许他们去，他们就缴了枪单身去。因为那时永新告急，遂川亦增了兵，大部军队如去湘南，边界有立即丧失的危险，所以军队当时负责的同志都感觉到非常棘手，后来经过千言万语的解释，说暂时回去解了井冈之危，再行回湘南不迟，勉强将军队开动。14号由酃县城开至沔渡（酃县境内到宁冈路）走了一天只走了30里，兵士垂头丧气，似行不行，三五成群，步伍陵〔零〕乱，军心涣散，组织攻〔解〕体，如果途中遇着敌人定是不能作战，马上溃散。二十九团在四军中枪枝虽较少，作战能力颇强，党亦较好，可是这一次党完全失去了作用。由这一次事件，我们得到的教训是：农民党的地方观念实在是危险万分的，在农民中间的党，必须多多参加急〔激〕进的工人分子在各级指导机关。农民中间的党，中坚分子的训练非常必要，最需要大力抓住中坚分子才能领导广大的群众。

军至沔渡后，二十九团士兵，仍要求回去。军委看了这种情形觉得如果勉强留住他们，不能作战也是无用。15号在沔渡又开过一次扩大会，还是无具体的结果，动摇于去与不去之间。后来又拟由酃县绕道去击遂川之敌，军至水口（酃县）复决定准二十九团回湘南去，同时恐怕二十九团单独回去，孤军奋斗为敌所算，乃复决定二十八团同去湘南，但二十八团兵士不大愿去。17号由水口动身，向湘南进发，24号到达郴州，与范石生部激战，初胜后败。二十九团系湘南农民，全部溃散。二十八团当时也打坍了，死伤数十，枪枝损失六七百枝。大部二十九团的士兵皆回家或散而为匪，小部分（约百余枝）为敌人夺去。这次二十九团要算完全溃散了，只有几十条枪归队的。二十八团亦损失了些，但损失还不算〈大〉。8月13日在桂东沙田收容队伍，二十九团的几十枪枝归并二十八团，二十九团如是消灭。这次的创痛，使我们深深记着的。这次失败的原因有数点如下：一、一部分兵士（湘南农民）志在回家；二、一部分兵士（二十八团的兵士）和官长本来不愿意去湘南的，所以军心不一战斗力削弱；三、孤军奋斗，失却联系，为敌各个击破；四、湘南自3月失败后，当时尚未恢复，红军来湘南，得不到当地及群众的援助，失却群众的掩护；五、军事技术的坏，指挥不好，侦察工作不好，放哨警戒等都非常轻忽；六、敌力太强。因为有上述这些原因所以造成此次的空前失败。

朱德率领二十八团、二十九团去湘南后，所留在边界的归三十一、三十二两团。时三十一团由毛同志率领去永新，三十二团则守井冈山。彼时敌军势力甚大，计有5团之众，加之第六军的张部及罗定部亦有三、四〈团〉之多前来援助，合计兵力有八、九团之众。我军仅一团人与之周旋20日之久，围住敌人城市20里内外，不敢乱动。我们所占的优势是：一、地势熟谙；二、敌情较明；三、以逸代劳；四、历次败敌，敌畏我威；五、每次作战都有群众参加，把军队分散杂在群众中去对付敌人，可以说得到群众的拥护；六、采用游击的群众战术，军队与群众在敌前后左右，出没无常，扰乱敌人，使敌难以应付，敌人则完全反是，地势又不熟，我们的情形他全莫名其妙，又无群众帮助他们，士兵都惧怕我们作战的勇敢，所以我们得以极少的部队与多数倍于我们之敌周旋10余日至20日之久，敌终无〈奈〉于我。尚我二十八、九团此时不去湘南，我们以较强之兵力，应付敌人，则必定又可取得胜利。后来朱德在湘南失败，敌人明了我们的虚实。我们捉了敌人，〈得〉作战命令有决定8月1号以六团之众直入宁冈，进攻井冈之计划。我三十一团乃不得不退出永新，因见敌力太大，即无所畏惧的前进，我们势难抵抗，同时又见朱德在湘南失败，留在边界的部队又受逼迫，故有特委决定派毛同志率领三十一团一部分军队去湘南找朱德，收容部队再回师应援井冈，再留一部分军队在边界坚守井冈，应付敌人，到万不得已时再行退却。此议既定，三十一团于8月1号完全退出永新，但永新之敌忽发生内讧，六军部队忽也于是日退出永新，所留之赣敌，自不敢单独进攻，直进宁冈之计划于是打破。

毛部于8月23号在桂东与朱德会合，改编队伍，整顿军队，并在汝、桂、郴、资之交界龙溪十二洞，成立一湘南特委。因四军去湘南时没有与湘南党接到头，故速自成立一特委指挥四县工作，以杜修经为书记（湖南省委巡视员），龚楚参加特委（二十九团党代表），拨枪数十枝，合并原有枪枝共81枝为当地武装。复拨少数给资兴的党，合并原有枪枝50条，在资兴之瑶岭工作。后军队回边界时与该处脱离了关系，不知近来情形如何。四军在桂东稍事休养后，于9月4号复回井冈。

毛部离边界后，边界的军力更加单薄，但敌人亦因势力减弱，起初仍不敢前进，困守永新一隅者达20日之久。然而小小战争仍是天天有的，敌进我退，敌退我进，在永新之西南乡与敌人长期的斗争。时我们在永新之部队两连不足，合永新赤卫队百余枪共300枝上下。敌则3团之多也，后来敌人大举进攻，我们又只得放弃永新，固守井冈，静以待四军之回师应援。此时永新大部虽为敌人所占，而小部的山上如永新九龙天龙山，仍有极小块地方在我们势力之下。这个时期要算是边界极倒霉的时期，割据的区域，只有井冈一块地方，宁冈也丧失了，山上是我们的势力，地〔山〕下则为敌人的势力。土豪劣绅乘机报复，残杀焚烧，逼债收租，一时闹得乌烟瘴气。恰恰那时割禾了，我们分了田的地方，到此时农民要收获的时候，忽然失败了，分了的田都不能算数，真是无可奈何。当时有一句口号"农民分田，地主割谷"，真是太不值得。我们别的军事上政治上的失败都不算事。只有分了田而农民收不到谷，才是真真的大失败呢！所谓土地革命，此时被白色势力都打的粉碎了——这一次失败，我们叫做八月失败。

8月21号[①]湘敌又以3团之众，由酃县进攻宁冈，是日进至茅坪，仰攻黄洋界。此处为由宁冈至井冈之必由之路，山势既险且峻，层层峻岭，隘路崎岖，诚有一夫当关，万夫莫开之险，为井冈山极险的关卡。我们建筑工事在山上，是日，敌以大部队来攻，我方仅有两连不足之兵力守御，居高临下，激战竟日，我方死守不退，敌死伤数百，我方仅伤数人，敌受大创而退。此次之战，危险异常，真是间不容发，如果此次黄洋界一失，则敌直入巢穴，则前途诚不堪设想矣！我军所筑之工事，不甚强固，所恃者厥为占得地势好，我击敌易，敌击我难，再则敌对我们的情形尚不甚明了也。

黄洋界大战后，敌势稍挫。不久去湘南之部已回井冈，9月8日击赣敌周混〔浑〕元部于宁冈。敌因不知我大部军队已回，大约之缴枪二三百，击毙敌人甚多，俘虏敌兵百余。旋因军中经济发生问题，9月中又率大队去遂川，败李文彬之二十一旅于遂川。敌退我军占遂川凡10余日，缴金银、药材、衣服、布匹等甚多。此时湘南八军部有两连兵叛变来归，编为独立营，

①黄洋界保卫战发生在1928年8月30日。

营长毕占云。9月之末敌又由泰和增援，我军为避免硬战计，又退井冈，时为10月1号也。14号又进宁冈击赣敌败之。遂川之敌恐我进永新，又由遂入泰和达到永新边界，我则又乘遂川之虚，忽于10月中又入遂川。不久赣敌李文彬旅又由泰和回遂进攻我们，我军又未与战，先自己退回井冈。11月初，赣军叛变兵连余，由连长张威统率由莲花来归，编为特务营，张为营长。此时宁冈新城仅住敌兵一营，我军复于11月初进攻宁冈，大败赣敌于宁冈，缴枪百余，击毙敌兵及官长，虏获亦颇不少，跟踪追击至永新，迎〔遂〕攻入县城。因敌力甚厚，又复加援助，因此敌再反攻，转胜为败，我方伤营长一，连长数，排长亦有死伤，士兵死伤数百，损失甚大。敌方虽胜，死伤亦不亚于我军，此役击溃宁冈敌人后，不再深入永新则结果甚好，当时对永新的敌情尚不甚明白，速长驱直入，致遭此遇〔意〕外之损失，未免陷于军事冒险之错误！然而此役却收复了宁冈全境，也算得了一点成绩，从此后一直至1929年1月13号以前，四军迄未动作，纯全在修养训练时期，一直到1月13号才又行动出发赣南。

12月1号第五军一部由彭德怀、滕代远同志率领由平江来井冈山会合，分驻井冈各要口布防，此时边界的军事实力颇雄厚。因此时四军在湘南丧失者，回边界后由历次的战争的夺获，已恢复了从前的实力，不独恢复了原有的枪枝，还增加了一些枪枝，又增加五军一部军队，当更加充实也。

以上所说大都红军作战经过，至于地方武装的赤卫队，暴动队除了每次红军与反军作战都参加了外，他们（赤卫队）因为和地主阶级接触的机会较近较多，所以斗争的时候更多。赤卫队与保安队挨户团的战争差不多几天总要打一仗，斗争是非常激烈的，因此赤卫队在此不断的斗争中间学习出来了。各县的赤卫队都很能耐作战，能够对付各县的反动武装，其作战的次数甚多，不能详述，亦无详述必要。

这是边界斗争最近的大略情形，是我离开边界以前的情形（1月13号）。至于以后的情形，和四军此次的往赣南情形，无从得知，待别人来作报告吧！四军此次的出动原因，待下面再说。

五、割据情形与经验

在全国大范围内，统治阶级暂时稳定之时，此时期要造成割据，是一件极困难的事。因为统治阶级暂时稳定之时，白色势力盛兴时代，决不容许有这样小块红色势力之存在。如有几处赤色的割据的区域在生存着，统治阶级必以全力扑灭之，如湘南去年之醴陵等处割据区域的发生在统治阶级暂时稳定之时，所以不旋踪即被消灭。所以赤色割据区域的发生，必须是在统治阶级破裂的时候。至于在〈统治〉阶级暂时稳定之时，而要发生或长成一处或几处小小的赤色割据区域，必须要有他的必须具备的几个条件，这些必须具备的条件是什么呢？

1. 很好的党；

2. 很好的群众；

3. 相当的武装；

4. 利于斗争的地势；

5. 有足供数年给养的经济力。

上面五个条件缺一就不能成功，即算五个条件不能一一完全具备，至少要二个以上的条件十足具备，而其他的条件，相当的具备才行。边界的割据照这五个条件看来，党不能算是很好的，群众也不能算是很好的，都只是相当的好，相当的有基础罢了。经济力上不充分，仅仅是第三第四两个条件，即相当的武装与〈利〉于斗争的地势具备了，所以也只是在十分艰苦的奋斗下存在着，都想割据区域的扩大推广是非常之难能的，所以在统治阶级未破裂之时的割据是很难创造的。假若上面的五个条件都具备了，而能正确的运用党的策略，定出很好的作战方〈针〉略去应付敌人。那么割据区域的发生、成长、推广、扩大，是有几分胜利的把握的。

但是以上所讲的还只是消极方面的，从积极方面来说，割据区域的策略应是一方面向外发展，推广割据区域，一方面深入割据区域内的工作，巩固割据的基础。在这个扩大与深入的条件之下，割据事业才能发扬光大，才不致被敌人消灭，这是一定的道理。至于扩大的工作，须采取节节前进的推广方式，而不宜采取舍近及远而影响近处的突击方式（在统治阶级未破裂时期而言）。边界一向的割据政策是如此的，在这一前提之下，下一斗争的决心，造成罗霄山脉中段的赤色政权——赤色割据。

这一割据在1928年6月23日龙源口一战，打败赣敌后，占领永新、莲花全县，安福、吉安亦各有一小部分在我们版图之下，这个时期要算是边界的全盛时代。割据区域计有宁冈全县、永新全县、莲花全县、吉安一小部分、安福一小部分、遂川之北乡、酃县之东南乡一部，横直数百里。方在极力做深入土地革命的工作，分配土地，建设苏维埃，肃清封建残余，创造工农武装，并发展党的组织，以期巩固即得之胜利，同时并企图渐次向外发展，以推广和扩大割据区域。不期恰于此次，忽来一二十八、二十九团去湘南之打击，以致痛遭八月的失败。

八月失败，莲花大部分丧失了，永新大部分丧失了，宁冈亦失了大部分，农民被屠杀者以千计，房屋被烧者不计其数。

这次失败的原因，为二十九团的兵士要回湘南，以致二十九团通通开去湘南离开边界，以此酿成客观上违背了向来的割据主张，采取了突进式的扩大方式，因此造成了政策上的错误。本来向湘南发展的政策，是湖南省委指示的，当时军队去湘南又有湖南省委的巡视员杜修经同志在军中参加工作，虽然军队去湘南的动机不是由于客观湖南的政策，而湖南省委有如此之主张，也应对这次事件负一相当的责任。然而说这次失败，完全是湖南省委指挥之错误，则主客〈观〉上不是如此的，有事实可以证明。

这次失败的经验是：一、在统治阶级稳定之时，军力切不可分开，分兵则为敌各个击破。假如此次二十八、九团不去湘南，则决不致遭这样的损失，而边界也不致如此失败；二、在统治阶级暂时稳定之时，割据的扩大必须采取节节推进的政策，而不宜采取舍近就远的突进政策；三、割据区域内的深入工作为保持割据的根本要图，切不可只图扩大，而忽略了既得胜利的深入工作巩固。

八月失败后至红军回井冈时恢复的局面截至我走的时候止（1月13号），

边界现在的割据为宁冈全县，酃县东南乡之一角，遂川之北部，永新西乡之九龙山、小江区，东南乡之万年山一带，西北乡之临天龙山一带，莲花之九都，各有相当之地方武装，作保护割据区域之赤卫队。

六、红军情形

（1）红军的来源，原系贺叶残部，湖北第四军警卫团，湖南的平浏岳的义勇队，湘南的农民混合而成的。原名工农革命军，后改为红军，原有二十八团、二十九团、三十团、三十一团、三十二团、三十三团，分为三师，合为一军，名红军第四军。此后三十团与三十三团系湘南农民仍遣归湘南，故又取消师的名义，军之下直接团。

（2）成份非常复杂，有原来的老兵（因历次的斗争，死亡甚多，现仍有1/3），平浏岳的农民，湘南的农民，国民革命军中俘虏过来的兵士（这种兵士差不多现在要占半数），当地的农民。

（3）质量不太十分好，流氓式的色彩当然仍然有的，不过根本就没有饷发，雇佣式的性质还算极少。军中的训练还不错，兵士对于革命二字，还有相当的认识，普通的政治常识，却还有一点点儿。

（4）军队的编制仍是国民革命军的编制，中央所指示的太平天国的编制法，不知他的内容如何，无从悬拟，所以只得仍照旧编制。不过军以下没有师，直接是团、营、连、排、班，1 团 3 营，1 营 3 连（二十八团的有 4 连）1 连 75 个战斗兵。〈此〉外每团有机炮连、特务连、卫生队之编制。

（5）红军的训练：军事方面的，除作战外，每天仍然要下操。政治的训练由党代表负责，每天向士兵讲话、上课，督促士兵委工作。惟因斗争的激烈，干部损失太多，每一次作战总要损失一些好干部和好士兵，补充的都是一些俘虏兵，明知俘虏兵是带危险性的，但是无法解决士兵的补充问题，有时连俘虏兵都很难得到，有有枪无人的苦楚。俘虏兵现在有当营长的，当连排长也有，当士兵是很多的。因要制造一些很好的干部事实很难，改造红军尤非容易，因为斗争激烈，损失一批干部和士兵，马上就要补充，马上就要训练一班人出来补充，斗争的次数一多，要补充的次数也要多。所以训练也只是很短期的，不比军阀军队里，要经过若干年当兵，才能晋级当官长，当官长的又多半的进过军官学校，所以士兵和官长的军事技术都要熟练。我们的部队就不能够如此了。关于干部的训练，曾经办了一个四军教导团队，现又办了一个红军学校，训练一班下级军事政治的干部人材，对俘虏的训练尤要加紧，每次俘虏一些士兵，首先问他们愿不愿在此地，愿则留，不愿则去。分别了去留之后，然后召集愿留的士兵，开欢迎新兄弟的欢迎会，去训练他们，同时派军中得力同志随时去和他们作个别谈话，所以俘虏兵一到我们队伍里来，好似铁入洪炉一样，马上就溶〔熔〕化了。

（6）红军中仍采用党代表制。因为红军中多俘虏兵，士兵的质量不见得好。取消党代表制，实在不好。事实告诉我们，那一连、一营、一团的党代表好，那一连、一营、一团的士兵就好，就会作战，问题也少些。那一连、一营、一团的代表弱些，那一连、一营、一团的士兵也要坏些，作战也不行些，问题也多了。所以红军中实行党代表制是很好的，曾经接过中央来信，说要取消党代表制，改为政治委员，设政治部，关于军中的政治训练则党代表与政治委员的作用原是一样，而设政治部是国民革命军中的遗留，军中官长士兵都讨厌这个名词似的。而军行所至的当地工作，如发动群众的宣传和组织工作，有士兵委员会可以取代替。和〔改〕政治部则〈有〉关政治上的事情，如地方工作，对外宣传等，都是政治部专办似的，形成军政分开的弊病，这是过去的经验是如此的。党代表的职责是，军中政治训练，党的工作，督促士委会工作，帮助军事长官工作，如军事长官在火线上打死了，党代表可以代行指挥军队。

（7）红军中的士兵委员会，成立有一年的光景，士兵是军中的……它参加了军事管理，不过是在军事长官和党代表的指导之下的，而不是本行的机关。有了士委而军中才有民众，官长有不是处，他们可以开会说话反对甚至处罚之（士委会中官长也参加在内）。有了士委会可以解决军中许多的麻烦问题，如经济公开（军中的经济由士兵委员会组织经济委员会管理之）可以知道官长士兵同等待遇，没有什么差别。管理上，士委会可以负担相当之责。有了士委员兵士都有工作的，如写标语，贴标语发传单，演讲宣传，组织群众，由士委督促自动的去干，比设政治部由政治部去督促的要强得多。士委会是由兵士选出代表，由代表会议产生出之代表士兵利益的政治组织，在我党影响之下，去做一切工作，参加军事管理。

(8) 红军中的党组织。由上而下说，由军委而团委、营委，连设连支部，各班自成一小组。这个组织，我们很觉得法，很能适用于斗争，因为作战大部以连为单位，每一个作战单位有一个支部，去处理和指挥一个作战单位的事，很觉便当。我们的军队其所以打败仗而不致于溃散，这个组织的好处，应为主要的原因。红军中党的历史已有一年，有些支部还能作用，能在群众中做核心，使群众受我们的影响而团聚在我们的周围去工作。党的会议除作战外，小组会有每星期一次，各级代表会，也能常开并能按期开。对党员还有相当的训练，由党代表负其责。普通各级党代表即党的书记，因为历次斗争的损失，党的发展常常受打击，所以组织力只有相当的程度，而不能如我们的计划去充分发展。现在党在军中的成份比较复杂，普遍约为 1/2 弱，三十一团党的成份约 3/5，二十八团约 1/2 尚不足，三〈十〉二团（袁王部）约 1/3，新编之独立营、特务营则方在开始发展，尚有百分之几。党的质量以三十一团为好，二十八团次之，三十二团、特务营、独立营更次之。三十一团的党虽较好，但下级干部多黄埔军官学生出身，小资产阶级的色彩很浓厚，这是他们的缺点。

(9) 红军中最好的现象，就是在民权主义的施行。士兵有士兵委员会参加军事管理，官长士兵的穿吃一样，待遇平等，废除肉刑（这一点不过比较好点，还未完全做到，有时官长还有打士兵的），官长有不是处，士兵可以开会反对之，所以士兵的生活虽然苦，而看到官长也与自己没有丝毫的差别，也感受到精神安慰，他们的人生观因此也相当的受了影响而改变了些。每每俘虏过来的士兵，他们常常有感觉现在生活满意的表示。他们感觉得虽然在军阀底下物质生活比较好些，可是精神上实在痛苦，官长的生活与士兵对照，截然两样，官长有小厨房，官长可以去赌钱打牌，讨小老婆快活。士兵呢？每月几块钱的饷还没有发，有时还要被官长拳打足踢的侮辱，打了你还不许你叫屈，完全是过那供人驱策的牛马机械生活。他们一到我们军中来一看，完全别有天地，与他们原来的社会，完全两样，好似在黑暗中找到了一线光明，他们的精神上当然是愉快的。常时听到俘虏过来的士兵说："我们在军阀军队中受了官长的反宣传，说你们（红军）是如何的残酷，见人就杀，及到此一看，才知道完全不是如此的。"而且"你们这种平等自由，是我们做梦也想不到的"。由这些事实可以见到士兵们的需要民权是非常之迫切的（不独士兵，在反动派下的小资产阶级也有同样的要求，这是由许多事实可以看得出来的）。所以我们些小的对敌宣传工作，启发敌兵的民权革命思想，竟能得到反映，叛变来归的事常常的有，而有许多还在想叛变而苦无机会当不在少数。所以在这民权革命的阶段中，士兵运动之重要与需要，是最紧要没有了。

（10）红军的战略是：每次作战必须尽量使群众参加，实行有广大群众参加的群众战；敌强于我，避免强战，敌弱于我，设法歼灭；作战要有政治意义和群众基础，反对军事的投机主义；作战是科学的、艺术的，反对盲目的军事冒险主义；下一与群众共生死的斗争决心，反对逃跑的失败主义；敌大我退，敌驻我扰，敌溃我进，行动敏捷，出没无常采用游击的方法以困敌人；红军兵力主集中，赤卫队则以分散为宜。

（11）红军中的生活与经济是非常之艰难的。拥有数千之众，每个月至少要 15000 元作伙食费，米还是由当地筹办的。经济的来源全靠去打土豪，附近各县如宁冈、永新、茶陵、酃县、遂川土豪都打尽了，再要打就须远一点去，要远一点就必须与敌人硬拼一次才通得过，所以打一次土豪就必须大的部队出发。红军中的薪饷，早就废除了，只有饭吃，有钱的时候发一二块的零用钱，最近几个月来，不讲零用钱不发，草鞋费也没有发，伙食费也减少了。最近两月来，每天每人只发伙食费三分，四分油，四分盐，米一斤四两，三分钱一天的小菜钱，只买的〔得〕一斤南瓜，洗衣剃头穿草鞋吃烟的零用钱没有发了。所以最近以来，士兵生活特别的苦（不论士兵官长以及地方工作的也是一样）。去年冬天，棉衣问题几乎无法解决，后来在遂川买得几千斤棉花，抢得一点布，才勉强解决了。所以近来士兵生活感觉得不安，当时有一句口号“打倒资本家，天天吃南瓜”，可以概见士兵的情形。因此士兵动摇起来了，有开小差的，拖枪跑的，下级干部也深感不安。所以最近向赣南的原因大部也是为的经济问题——应付敌人的会剿，当然是这次的重要原因，因为四军如果不出发解决经济问题，大多数的群众，有不能领导了的危险。这个经济问题，要算红军中最困难的问题，也就是边界割据的致命伤。

(12) 还有一点，在红军中感觉困难的，就是伤兵问题。作一次战就要损失一次，就有伤兵，医院伤兵多的时候到过五六百。伤兵的问题，就在医药和待遇，可是医药很缺乏，虽然也有医院，中药西药处，但医生很少，且手术不好，药又不多且不好，所以打伤了没有药诊，的确不足以鼓励来者。本来在伤兵应该要待遇特别好一点才对，可是在此经济困难伙食都难维持的时候，待遇要好的话是办不到的（最近自己造了三栋房屋作医院之用，名红色医院）。伤兵住的地方，都是民房，人又多又肮脏，吃得是老南瓜老米饭，殊觉可邻〔怜〕，这事影响红军的作战能力，是值得我们注意的。

(13) 红军第四军中有一最不好的现象，就是分团主义。二十八团的枪枝与三十一〈团〉的枪枝是不平均的，屡次开会议决要平均，可是议决自议决，实际是行不通的。二十八团原是朱德带领的，三十一团原是毛泽东带领的，两团之间，似乎有二十八团与三十一团之分别，团与团之间似有点历史上的界限。不过朱毛之间并没有什么意见，朱毛以下的官长就难说了，但是还不过是小的问题，还不能影响大局，对于革命还不致有多大的妨碍，不过站在党的观点与革命的观点上来说，未免太笑话了。

关于这个缺点，军中负责同志已经注意到了，正极谋纠正之。

(14) 如：在平铜修的第五军大部已于 1928 年 12 月 1 号到达井冈，人数约 1000 上下，分五个大队，由彭德怀同志统率。兵士多系平江农民，作战颇勇敢，惟一向在平铜修等处斗争非常激烈，而干部缺乏，所以军事政治党的训练都极少。1929年1月适中央的全国第六次大会的决议案到达边界，于1月4号召集了一次军中及地方党的负责同志共60余人边界联席会议，讨论六次大会的议案及目前的军事应付等重要问题。同时因鉴于过去二十九团农民的地方主义的损失，一方面四军之中又有分团主义的坏现象，故在此会议中有人提议主张四五军混合编制的，人员枪枝都抖散，平均合编，以免所谓之平江农民占踏过去二十九团宜章农民之覆辙；再则又可借此机会以打破二十八、三十一团的历史界限，到会人员多数赞成之。不过因为当时军队行动在即，混合编时，需时甚久，故第一步只将五军来井冈之部队再由四军中拨少数枪枝，暂编为四军的三十团，第五军的名义取消，团长为彭德怀同志兼第四军副军长，滕代远为团党代表，四军副党代表。并决定四军出发到赣南，三十团同王佐部守山。

至平铜修边特的情形及第五军的详细情形，可看平铜修边特所给湖南省委的报告（前天已交来了）此处不多赘述。

(15) 红军第四军已于1月13号离边界而出发赣南了。出发的原因，第一个是经济问题的解决，情形已如上述，再则为应付此次湘赣敌第三次的会剿。1月4号边界联席会汉，前委、特委、四军、五军，各军事地方党负责同志到了60余人，关于目前敌人的应付，有以下的决议：(A) 在目前时局之下，湘赣会剿的环境之中，只是消极的抱定保守边界政权还不够，须要建立一个积极的政策以报答敌人的进攻。因此 (B) 军中的党与地方的党都要积极起来，打破犹移不坚决与避免斗争的不正确的观念，团结内部领导群众，一致动员向敌人采取有利的攻势，打破脆弱的敌人，使无法会剿井冈。为要达到上述目的，所以 (C) 决定四军大部出发赣南，五军（四军之三十团）守山移动目标，转攻敌人之后，使敌人穷于应付，不能实现其两省会剿之计划，企图围韩〔魏〕救赵，影响边界，以解井冈之围。在上述的原则之下，四军于10号集中部队，略事训练，并在边界抽调大批党的工作干部，准备到赣南后，发动当地群众之用。乃于1月13号下午出发由遂川之左安大汾向赣南前进。

(16) 边界的工农武装除红军的不算外，各县的地方武装、赤卫队各有快枪数十或200余不等。枪枝半由红军中拨给，半由自己在斗争中得来，合计赤卫队的枪枝共有900余枝，计宁冈180枝，遂川110枝，莲花100余枝，永新250余枝，茶陵60余枝，酃县80余枝，万安60枝。最近四军走时，又拨了100条快枪给地方党支配给各县赤卫队应用。各县赤卫队，作战能力都还不错，因为经过的斗争多，完全是在屡次的战争中磨炼出来的。各县的赤卫队以遂川、永新的赤卫队为最好，最能作战，茶陵的次之，莲花、酃县的又次之，但是可以打仗，以之应付各县的保安队靖卫团等，很能对付得了。赤卫队多是征兵得来的，生活与组织与红军略同，政治军事训练都有相当的程度。

附：红军的枪枝数目未写上，中央如要的话，可以派一人来面说一下为好。

七、边界党的情形

边界的党一年以来，由恢复组织而发展而失败而重新恢复，党已有了相当的基础了，不过进步的很迟钝，工作总有难得做起来的苦处。本来在从前国民党时代，党在边界上已经有了个雏形，不过当时的党员都是几个知识分子和学生，没有什么工作。“马变”后国民党反动，我们党整个的一下遭打击，白色恐怕〔怖〕高潮，这班知识分子的党员逃的逃匿的匿，于是乎我们的组织在边界就走入一完全坍台的形势。及至1927年四军一到来，才又渐渐恢复起来。由那时起一直到现在止可以分五个时期来说：第一个时期：自1927年冬至1928年2月为党的恢复时期；2月至5月为发展时期，是为第二个时期；5月至8月为党的组织扩大并着手训练时期，是为第三时期；8月至9月边界整个的割据失败，党遭受极大的打击，暂趋入暂时停顿状态与消沉时期，是为第四时期；9月以后，四军自湘南回来，渐次恢复了边界的割据，党也同时恢复了一些，由那个时期，一直到现在为重新恢复组织并加紧训练时期，是为第五个时期。边界党最近的情形分述如下：

(1) 各级指导机关：(A) 前敌委员会于1928年11月11日成立，毛泽东为书记，朱德为军委书记。由毛、朱、宋乔生（工人）、毛科文（农）及特委书记共五人组织之（根据中央6月4号给四军的信所组织的），有工农运动委员会、宣传科、组织科、秘书处之组织。前委归中央直辖，在特委之上，管理军中党及所在地之地方党的工作。（B）特委于1928年5月23日在宁冈开第一次边界党代表大会产生，当时书记毛泽东。及6月湖南省委要四军向湘南发展，派开明去接替毛泽东，7月毛去永新指挥军事，开明代理特委书记。至8月，毛由永新率队去湘南，当时召集了一次特委紧急会议，正式选举常委，开明为特委书记。8月末开明病由副书记谭震林（店员工人）代理书记。10月四军回边界，又召集第二次代表会议改选特委委员，开明仍当选为书记。因当时正值大病，几濒于死，不能工作，复由谭震林代理书记。11月开明病仍无起色，常委又改组一次，以谭震林为书记。12月因谭震林在特委工作不相宜，调动前委工作，常委又改组一次，以邓乾元为书记，由邓乾元、滕代远、陈正人、宛希先、朱昌偕（永新工人）5人组织常委。特委几月以来改组的次数甚多，特委的本身常常不健全，常委会许多不能开，宣传科、组织科、秘书处等都是破碎不全的，有五日京兆之概。特委的事总是书记一个人处理，个人专政，书记独裁，成为边界的通弊，首先泽东为特委书记时，特委就在泽东一个人荷包里，后来开明代理书记，特委又是开明一个人的独脚戏。及至8月紧急会议改组常委，特委才比较健全些，常委5人还有4人能经常在一起办公，宣传科、组织科、秘书处也在建立。后来一改组再改组，人员时常调动，弄得特委又是常常只有一二人做事。及至12月改组到现在，特委才又健全了些。这次特委负责人都深深感到过去特委不健全的错误，以后当能相当健全，工作必大有进步。以前工作之无进步，做不起，特委之不健全应是一个主要的原因。在前委组织之时（11月）决定特委归前委直辖，后来感觉这种组织事实上太不好，因为前委也要管地方工作，特委也是管地方工作的，所以有些事不知道前委解决呢？还是到特委解决呢？甚至有什么事前委就推特委办，特委就推前委办，两下你推我让，甚至两下都不管了。再则所管的事情只一样，而工作的人只有那么多，增加一个机关只是把工作人调散了，实际工作上只有损而无益。所以在1月4号边界联席会议中又将特委与前委的关系改变了一些。即特委在政治上受前委的指导，但仍保留在组织（上）与省委发生直接关系。特委与湘赣两省委的关系，由特委会之决定，在江西境内受江西省委指挥，在湖南境内受湖南省委指挥。做起报告来，是一份给湘省委，一份与赣省委。不过最近几月来，湘赣两省委与边特都未曾发生关系，边特只是在井冈山上关起门来自吹自打的那里埋着脑壳硬干。边界特委管辖的有7县，但实际上只管得了6县，即永新、莲花、茶陵、酃县、遂川、宁冈，攸县因为无法进去，所以至今还没有去开始工作。(C) 特委所管辖的6县，有5县有县委的组织，只是茶陵一县因白色恐怖太厉害无法恢复工作，只在茶陵边界永新境内大亚山成立一特区，指挥茶陵工作。其余5县的县委较健全，〈永新〉县委书记为一工人同志朱昌偕，常委委员都还积极，亦有相当的能力；次为遂川、酃县、莲花，这3县的县委比较永新较弱，干部还没有培养起来，本地有能力的工作同志很少，工作自然也要逊一等；最没有办法的就是宁冈县委，因为土客籍关系，天天内部里在暗斗明争，县委的负责人多半是知识分子，所以扯来扯去，简直闹不清楚，本身既有问题，工作自然可想而见了，近来大加改组，将土客籍的党员都调一大部分出外工作，再由特委派前二十八团党代表何长工去充任书记，并派一二外来同志去组织县委，同时区委也要更动了一些，以后当然要好些。

(2) 各县的情形：

(A) 永新：县委对下级的关系还好，指挥还算相当充分，本身的组织也相当健全，所管的有两特区——西北特区，东南特区；四个区委——四、五、六、小江区区委。西北特区区委所在地为永新西北乡之天龙山，所辖有七个区委两个特支，同志在700以上。东南特区区委所在地在永新东南乡之万年山，所辖区委三个，同志若干尚无统计。四区、五区、小江区都在永新之西乡，六区在永新之西南乡。这几区的工作以第五区与西北特区为最，次为四区、六区、小江区，东南特区最差，尤其是东乡，至今尚无组织，仅只在靠南乡的角上有几个同志。因为东乡为通吉安之要道，土豪劣绅的势力很大，工作不容易做的原故。城市为反军驻扎，因为从前忽弱了城市工作的原因，所以至今独无组织，永新全县党的活动仅只在永新之乡村。所以党员的成分大多数是农民，小部为学生、小商人、手工业者等。因为党员大半是农民，文化的程度很低，所以党的训练施行较难，因此一般同志的政治知识还是很薄弱。县委所在地南乡之瓶〔甑〕潭即以此地为中心，向四乡发展，各区工作的路线是，北以天龙山为中心向吉安、安福推进与吉安打成一片，西向莲花茶陵发展一以波阳为中心，一以九龙山为中心，南以万年山为中心与宁冈取得密切之联络，各区都向县城推进，与瓶〔甑〕潭取得密切的关系。

（B）莲花：莲花自去年 8 月六军占领县城后，整个的工作大部坍台。自去年 5 月至 8 月之间，工作有长足的进步，忽然遭此打击，一蹶不振，实深痛惜！县委现在不大健全，县委所在地在九都，书记为本地同志朱亦岳（知识分子），党员的成份也大多数是农民，对党的认识与政治知识，与永新的同志差不多。区委与党员数量，因最近与特委关系不十分密切，所以不知道，但最近还是天天在斗争，城市中亦无组织，暂以九都为中心向四周发展。

（C）酃县：县委所在地为酃县与井冈山毗连的山上，地名荆竹山。县委本身的组织不大健全，干部甚缺乏，书记为李却非同志（知识分子，湖南人）有区委四个，同志约三四百人。党员成份多农民，且多洪会中人，质量亦不算十分好。发展的路线是暂以荆竹山为中心，一方面向西发展，一方面向北发展，向县城包围推进。过去酃县工作以西乡为好，但自遭打击后，到现在尚找不到线索，县城曾亦有同志自动的秘密组织，但总是接不到头，加之过去工作同志错误，环境一好都公开了，及至环境变坏了，都在家里安身不出，不能在当地秘密活动，以此城市工作也无办法。

（D）遂川：遂川的党原来也是很弱的，近来稍有起色，县委所在地为小行州，书记为本地同志王遂人。所辖有区委四，为黄堋、赤〔车〕坳、上下烟、〈新〉遂〈边〉陲等区委，都是遂川的北部。东西南及县城，都无组织。听说各乡都有同志在那里秘密组织，但始终没有接到头。党员数约 200 余，其中大半是农民，也受了初步的训练，但政治的认识还很弱，斗争却有相当的能力，暂以北乡之黄坉为中心，向南推进，一方面与万安取联络，一方面向县城发展。

(E) 宁冈：宁冈为边界割据的中心，一年以来，完全在我们的势力之下。照理性说，党应当是很好的，可是事实上都不是如此的，党的力量非常之弱，党内有土客籍之争夺领导，所以妨碍党的发展。县委的所在地现在茅坪，所属区委有四，龙市为第一区，古城为第二区，新城为第三区，茅坪为第四区，一二三区在平地，四区在山上。党员多数为农民分子，从前有数量2000余之多，后来大加洗刷，重新登记，现总共还有四五百上下，质量不大好。在不久以前县委改组了，将客土籍的党员领袖都调动别处工作，另调外来同志来宁冈工作，全体改组一次，现县委书记何长工同志（原先二十八团的党代表）。区委书记也更换了一些，特委现非常注意此一县的工作，因为他是边界的中心区域之故，经过相当时期后，工作当然有一番起色的。

(F) 茶陵：茶陵只一区委，同志数十人，工作甚是棘手，暂以大亚山为活动中心，设法向茶陵境内发展。

(3) 边界党的工作：边界党除了指挥党员领导群众与军阀豪绅决死斗争外，还要从事党及群众的宣传和组织的工作，不过因为环境的恶劣，客观的困难，以致有意无意而对于基本工作疏忽了。以此工作成绩最是稀微，对外的宣传没有十分注意到，如开群众大会、作文字宣传等，都做得很少，即对内的训练，特委曾没有发过什么训练材料下去过，通告也不多，仅仅只办了一期6个月的训练班，最近又办了一个红军学校，算是一件差强人意之事。各县也只是一样的疏忽，群众及党的组织工作也是马马糊糊的，苏维埃始终没有弄得好，党呢？连一个总的统计至今还没有。其他城市工作，工运、兵运则更不要谈了。固然也有他的客观原因，但主观上的错误，也是一件不可轻恕的事。

(4) 边界党的几种困难：边界党的进展迟滞的客观上的困难有几点：(A) 敌人的力量太强，如茶、酃、遂、攸等县根本派人很难进去，而斗争激烈，沉侵〔浸〕于长期的作战状态中，不免忙于军事的应付，偏重于军事的工作，而不其然忽略了本身的基本工作。(B) 社会经济政治文化一切落后，封建宗法思想充满乡村。农民做梦也想不到机器工业是一个什么样儿，是一回什么事，帝国主义到底是一回什么事，因此，实在很难使农民有进步的思想发生。在这样的环境之下，去组织共产党，当然是不容易的事，这是环境上的困难。（C）土客籍问题没有得到很好的解决方法，使党内纠纷不已（如宁冈）阻碍进行。（D）土匪问题的得不到适当解决，也是一桩使党阻碍进展的障碍。比如我们过去用外交手段拉拢袁王，而没有同时注意去夺取其群众，以此长久的和他办外交，有许多政策为了要迁就他而不得实行，或者至少要转许多周折才能够实行，这样的瞻前虑后去做事，又怎能畅行顺手呢？（E）敌人封锁的手法太厉害，使边界的党得不到上级的指示，有时有些事不知道怎样干才对，有时干错了还不自觉，这也是一层困难原因。

（5）边界党的缺点：（A）不民主。指导机关时常仅只有一二人包办之，个人专政，书记独裁，崇拜个人的恶习又足渐。（B）多头政治。一方面是不民主，一方面又是多头政治，如特委之上而有前委之组织，使“政出多途，无所适从”，殊有碍工作。（C）信仰个人。党员崇拜领袖，信仰英雄，而不大认得党的组织。（D）农民党。因为根本是个农民区域，所以农民党的色彩很浓厚，如去年永新县委要脱离特委而独立，其他地主〔方〕观念、保守思想、自由浪漫的劣根性亦是很多的。（E）工人参加指导机关甚少，边界的党还没有训练几个同志出来，而工农同志尤少，工人参加指导机关的还是极少，这是一个大缺点。（F）不知秘密工作。因为一向公开了，党对党员训练又少，所以极不注意秘密工作，并且根本不懂得秘密工作的意义，至于党发下的通告张贴壁上的，这是最大的缺点。（G）尾巴主义。地方党常常依赖军队，跟着军队跑，军队不去的地方党不敢秘密去活动（鄷、遂），一定要军队打开了某一处地方，才敢公开的去工作，这种毛病过去犯得最深，现在要算好多了。（H）命令主义。发动群众领导群众去斗争或要群众去工作，往往用政治力量去压迫他们来干，不来者威胁之处罚之，即征收党员也是如此的。这个错误在有一个时期犯得很深，这个叫他是命令主义还不够，要叫他为强迫主义才对。（I）惩办制度。惩办制度在边界行得最凶，处罚同志打屁股是常事。察看与警戒那更是家常便饭。（J）拉夫式的吸收党员，有一个时期公开的用拉夫式的“上册子”办法征收党员，成份又不注意，引起投机反动分子潜滋党内，使党只有数量的好看，而不能斗争。（K）对土匪问题之失策。对土匪首领的外交手段，用得太久了，而不去夺取其群众是大失策处。（L）宣传与组织工作太坏，忽略了兵运与工运。（M）地方党常常忽视武装，而军中同志则常常忽视地方工作，这都是极错误的观念。（N）党的威权很大，可以说党权高于一切，从反面来说，就是我们工作的没有深入群众。（O）党员的意见不能反映到指导机关来，而党的指导机关决议案，亦很难普遍的传达到党员群众中去。

八、边界的土地革命情形

（1）边界的土地状况。边界的土地平均65%在地主阶级手里。永新、宁冈、莲花约60%在地主手中。遂川的土地最集中，约70%在地主阶级手里。茶陵、酃县的土地在地主手中的亦在60%以上。其余的田都在农民手中，农民以半自耕农者为最多，即家有田数亩而同时租佃地主的田耕种。雇农占最少数。富农的数目也不算少。乡村手工业者不多，百分之率约小数点五。

（2）分田情形：在边界的割据区域内，曾经普遍的分了田。没收土地的策略是“没收一切重新分配”，按人口单位劳动单位普遍的“均分”，小孩得大人之半数田，手工业者地主一律照分。在分田当中，因党及群众都无力量，所以常发生纠纷。富的〔农〕瞒田，地主的阴谋等等，比比皆是，所以田常常分不清楚，如宁冈的田已经分了三次，使农民厌气〔其〕麻烦，而损失苏维埃的威信。分田多采取以乡为单位的办法，以其易于调查易于分配的原故。不过有田多，有田不够分的者，如宁冈山上田少，平地田多，则须以区为单位或县为单位。宁冈的田分了三次还没有分好，到我走时还在那里分。从前以乡为单位分了一次，后来因为第四区农民不满意，因四区都是山地，为客籍农民的从〔丛〕聚所，客籍领袖袁文才等出面反对，所以又分了一次，以区为单位，但农民中（土籍最甚）有瞒田不报的，无法查出，所以又没有分得好，重新又分配一次，终以土客籍的纷争很难解决，可以见党之力量之弱也。已经分好了的，如永新之西乡、北乡（有些地方我们曾经分过了的田，豪绅地主的势力复兴了之后，地主仍然放弃他们既经被没收了的田，因为恐怕我们势力再来，想借此来向我们讨好，但这是少数），遂川之北乡，酃县之东南乡角等处。

以上是边界分田的情形，最近接到中央发下的第六次代表会议决议案，没收的办法改变了，就是“只没收地主阶级的土地”，而不是“没收一切土地”。可是边界已经没收一切了，如果再要改变为“只没收地主阶级土地时”，那么照此办法，再分过的意义是什么？就是从贫民〔农〕手中把一部分土地拉过来再还给富农，那么贫农定是不愿意的，而也不能在富农中讨好，所以我们的意见分了的田已算了事，如再创造或推广割据区域分田时，则采取中央的新政策。

(3) 对农民的策略根据以上分田的情形，以边界党过去对农民策略是：以贫农为巩固的基础，抓住中农，相当的打击富农，而不是六次大会的新政策。这种错误边界党最近已明白了，自从接受了六次大会的决议后，当极谋纠正之，并且以后当不至于再犯此错误。

(4) 土地革命中间阶级，土地革命中农村的富农小资产阶级——所谓中间阶级，在这一革命过程中占一很重要的地位。他们时常摇摆于资产阶级与无产阶级之间，有时他们可以帮助资产阶级而反革命，有时又可以帮助无产阶级而参加革命，有时在无产阶级之威胁下而不敢反动而中立，就要看我们能否抓住中间阶级而参加革命。所以对中间阶级的策略应有很正确很适当的决定，抓住中间阶级到我们战线中来，保持在不妨害党的政策的条件之下的政治的暂时联盟。

九、边界苏维埃情形

曾经割据了的区域，都普遍的组织过苏维埃。

(1) 各级苏维埃情形：边界苏维埃为边界政权的最高机关。但自第一次代表大会以后，就形式上的成立了以后，无形中渐次消灭了。最近又筹备第二次代表大会强健边界苏维埃之组织，现已成立之一秘书处为筹备机关，同时成立一军事委员会及经济委员会，因革命的需要故也。各县有县苏维埃，其下有区苏维埃、乡苏维埃，凡有党的组织处都有苏维埃的组织。因为党的力量很弱，群众的政治水平线太低，对于政权的认识很薄弱，对于政权的运用，更是不行。所以群众对于苏维埃的认识很微弱，只知道埃政府（埃：边界农民称我为埃，埃政府就是我的政府意思）是他们的政府而不知道“埃政权”的内容，一班〔般〕农民都应有实际参加政权的权利，就是常常要开群众大会代表大会讨论他们自已的事情。他们并不知道政权有二，一为代表会议，一为执委会，不知道代表会议才是合法的政权机关，而执委会不过是代表会闭会后，受代表会委托的执行代表会议的处理日常事务的机关，更不知在一哄而聚的群众大会之中能讨论问题，必须假手于代表会议。他们以为选出几个人坐在机关里，就叫做苏维埃，所以各级机关常时只有执委会议（甚至执委会还少开，只有主席、财务、赤卫或秘书只几个人处理一切）而没有代表会议。这是一般群众政权的意识大薄弱，而一般同志对于政权的认识也是莫明其妙的缘故。

（2）苏维埃之产生：从前红军一站〔占〕领了某处后，即派大批同志去乡村组织苏维埃，首先召集一个群众大会，宣传苏维埃的意义，即时由群众中选举委员即产生执委。由这样的产生苏维埃有许多投机分子、小地主混进里边来，或者简直是变相的农民协会（从前国民党时代的妥协，多半是平日在乡村中平〔凭〕有地位的绅士和富农领袖充当农协委员），要求真正的贫农为基础的薄弱苏维埃，是不可能的。所以后来发觉此一缺点后，又重新改组，限苏维埃的代表和委员之成份与质量，选出代表，重组苏维埃，这样的毛病才渐次的减少了，然而？

（3）苏维埃的流弊还是不少的。小地主富农曾混入各级机关中，操纵把持苏维埃的阴谋还是很多很多的，遇到与他们的利益冲突的时候，如分田等事，他们设法从中阻绕〔挠〕，显然与贫农的利益相违背，正是苏维埃中流弊之大点。其他苏维埃中的委派制度，党包办一切，秘书是专权专事，在边界的苏维埃中，也是极充分有的。不过现在大家都明白了，当然慢慢的纠正过来。

(4) 苏维埃的工作。苏维埃根本有如上的缺点，所以也没有什么工作，每日只是替党部通信的交通，替红军搬运粮食，派使做侦探，管理赤卫队等工作。

十、土匪问题

边界的土匪有两部，一为袁文才，一为王佐部，历来盘踞井冈山，与各地的土豪劣绅作对，结下了很深的仇怨。王原为一缝衣工人，袁为学生出身，袁为宁冈人，宁冈客籍的首领。王为遂川人，生长大小五井，各有群众，〔以〕枪枝三四百条。毛部初入宁时，用尽种种手段才将他二人拉住，介绍入党，后来委袁为三十二团团长，王为二营营长。袁王二人都非常狡猾，且有能力，对党的认识很薄弱，小资产阶级意识非常浓厚，信仰各〔个〕人，不信仰群众。袁王二人相赖〔比〕，则王较爽直，但都是个性很强，尤不接受批评的，为边界“特殊党员”。他们二人根本无改变之可能，因为一则不接受批评，二则不看党的书报（王不识字），只相信自己万能，枪杆子万能而已，对我们的政策，常常面是而心非，口便而腹夸（?）甚或全然不接受（如袁文才从前不主张宁冈分田，说宁冈农民根本不能革命）。所以我们在边界的工作，受他们的影响很大，许多政策都要迁就他们，恐怕与他们闹翻了，因为他们都有一部分群众，且均为当地的人民，而〔来〕一冲突起来，工作更加不好作。但我们与他们利益的冲突，终久是要暴发的，如果不及时早早加紧他们群众的夺取，不独现在阻碍工作进行，而前途是很危险的。所以夺取土匪的群众，加速急谋能解决土匪首领，应是边界刻不容缓的工作，须特别加以注意才行！

十一、几点建议①

(1) 边界在罗霄山脉中段，中央所指湘粤赣鄂四省暴动的路线，应是沿

①原文第“十一”项缺小标题，这是编者所加。

着湘粤大道，由赣边湘边，平铜修向湖北发展。这是一个广大暴区，这一省为四省暴动中心，而“湘赣边界”恰恰在此一中心区域内的中间（仅指以宁冈为中心的湘赣边界）。这一区域的工作之重要是不要说的了，而这一区域又是红军第四军的根据地，更须要特别注意的。望中央看边界的工作，作一个重要省分看待，与边界建立密切的交通关系，经常的用书面并寄文件去指示工作，经常派巡视员去实际指挥工作。

(2) 根据报告（我这报告自信都是事实，这是我完全可以负责的）即作一详细的具体的指示，交边特执行。

(3) 即派一理论与实际都好的得力同志去边界充当特委书记，或参加特委工作，因为边界的工作，时常不能得到上级的指示，非要一个强有力的同志主持不可，是要独立去干的。同时多派下级干部去边界工作，调换一大批同志出来他处工作。因为边界的许多同志好久没有看到党内的刊物，须要变换一个工作环境才好。

(4) 确定特委与湘赣省关系，特委最好由中央直辖之，前委与特委之关系在组织上是不大合法的，请中央裁决之。

(5) 改造红军的质量工作，非常迫切，请中央负责通知各地党部派送大批工农分子到红军中去当兵，下级干部人材多多派去为好（现在交通较有办法，可以通得过）。

(6) 医药问题，是红军中重要问题，中央能否解决一些，以拯救这些为工农奋斗而受伤的前线战士。医药问题，一为药品（尤其是诊伤的药），一为医的问题。希望能买点药送去，派同志中业〔医〕西医者数人前去工作。

(7) 边界割据区内，是一个公开赤色社会，最宜于办党校，训练干部人材，特建议中央多派同志（如许多知识分子，胆小而不好奋斗者，尽可能派去办训练班）去边界办学校。

十二、其它

(1) 我此次来上海的经过：我是去年6月由湖南省委派去边特工作的。

10月湖南省委又调我回湖工作，因当时患大病不能成行，及今年1月病才略好所以脱离边界。因为莲花不好走，再者边界特委托我和赣西特委办交通，并带报告给赣委，同时我因脱离湘委，七八月不知道湘委最近通讯处，又应前委之托，要我带报告给中央，所以径来此间。我是1月13号由井冈动身的，由井冈至永新北乡，由永新北乡秘密（晚出走）走吉安之梅花，由梅花到吉安县城，再由吉安到南昌，由南昌到此间，路上走了20多天。这条路很好走，没有什么危险，中央如有东西寄去，可由吉安党设法转去。

(2) 还有两点遗漏了未说，补述如下：

① 红军的军事根据地。军事根据地有二，一为井冈山；一为九龙山。井冈山在酃、遂、宁、永四县之中心，环绕井冈的都是大山，周围有550里之广，横自宁冈之茅坪至遂川之黄坳有90里，直的永新之拿山至酃县之水口有〈百〉八十里。由酃、遂、宁、永到井冈时，均须爬山越岭，经过极险峻的隘路。各隘路如遂川黄坳入井冈之要路，黄洋界（宁冈入井冈之路）都是悬崖削〔峭〕壁，中一崎岖小路蜿蜒而上，各要口均筑有坚固之工事。九龙山在永新西乡，险峻亦如井冈，唯地域较小，与茶陵邻接，为各县赤卫队是最好根据地，亦筑有工事。

②边界青年团比党要进步得快，团的特委也是去年7月间由湖南省委派来两同志到边界后才成立的，团的数目，有2500以下，2000以上之多，各县有党的组织的同时也有团的组织。军队最近也开始了团的组织。特委本身还算健全，书记为湘委派来的同志史训川担任。下级干部人材，也相当的充分，可以说能够拄〔做〕得工作下。各县的团都有些工作如参加苏维埃、赤卫队，自组先锋队、儿童团，做文化工作等事。各县的团以酃为好，莲花次之，宁冈最坏，现在正是一个加紧训练扩大组织的时期，工作上的错误，还算很少（如先锋主义）与党的关系很好，没有什么问题。

杨克敏

（据中央档案馆所存原稿）

红四军前委致中央的信[1]

(1929年4月5日于瑞金)

中　央：

3月7日[2]的信由福建省委转来，4月3日在瑞金收到。中央此信对客观形势及主观力量都太悲观了。进攻井冈山表示了反革命的最高潮。然至此为止，往后便是反革命高潮逐渐低落，革命高潮逐渐升涨。我党的战斗力组织力虽然弱到如中央所言，但在反革命潮流逐渐低落的形势之下，恢复一定很快。党内干部分子的消极态度也会迅速消灭，群众是一定归向我们的，屠杀主义又固然是为渊池〔驱〕鱼，改良主义也不能再号召群众了。群众对国民党的幻想一定很快地消灭。在将来的形势下，什么党都是不能和共产党争群众的。六次大会指示的政治路线和组织路线是十分对的。革命的现时阶段是民权主义，党的目前任务是急争取群众而不是马上武装暴动。但是革命发展是很快的，武装暴动的宣传和准备应该采取积极的精神。在大混乱的现局之下，只有积极的口号积极的精神才能领导群众，党的战斗力的恢复也一定要在这种积极精神之下才有可能。

我们感觉党在从前犯了盲动主义的极大错误，现时却在一些地方颇有取消主义的倾向了。闽西赣南我们所经过的地方党部，战斗的精神非常之弱，许多斗争的机会轻易放过去了。群众是广大而且革命的，党却袖手不去领导，由闽西赣南的例子使我们想到别的地方或者也有这种现象，所以我们要反对盲动主义和命令主义的恶〈劣〉倾向，但取消主义和不动主义的倾向，又要极力防止。无产阶级领导是革命的唯一关键，党的无产阶级基础之建

①题目是编者所加。

②应为2月7日。

立，大区域产业支部之创造，正目前党在组织方面的最大任务；但同时农村斗争的发展，小区域苏维埃之建立，红军之创造与扩大，亦是帮助城市斗争促进革命潮流高涨的条件，所以，抛弃城市斗争，沉溺于农村游击主义是最大的错误，但畏惧农民到势力的发展以为将来超过工人的领导而不利于革命，如果党员中有这种意见我们以为也是错误的，因为半殖民地中国的革命，只有农民斗争不得工人的领导而失败，没有农民斗争发展超过工人势力而不利于革命本身的，六次大会指示了忽视农民革命的错误。中央此信有"发展农村中广大的普遍的斗争"之言，这种意见才是对的。

中央要求我们将队伍分得很小，散向农村中，朱、毛离开大的队伍，隐匿大的目标，目的在保存红军和发动群众，这是一种理想，以"连"或"营"为单位单独行动，分散在农村中，用游击的战术发动群众，避免目标，我们从前年冬天就计划起，而且多次实行都失败的。因为：（一）红军不是本地人，与地方武装的赤卫队来说完全不同，湘赣边界宁冈各县的农民只愿在本县赤卫队当兵，不愿入红军，因此红军简直寻不见几个湘赣边界的农民，红军成份是老的国民革命军，浏、萍、湘南的农军和迭次战役的俘虏兵。（二）分开则领导机关不健全，恶劣环境中应付不来，容易失败。（三）容易被敌人各个击破。五军在萍、浏，四军在边界在湘南因分兵而被敌人击破者共有五次之多。（四）愈是恶劣环境，部队愈须集中领导者愈须坚强奋斗，方能应付敌人，只有在好的环境里才好分兵游击，领导者也不如在恶劣环境时刻不能离。此次离开井冈山向赣南闽西，因我们部队是集中领导机关（前委）和负责人（朱、毛）的态度是坚决奋斗的，所以不但敌人无奈我何而且敌人的损失大于他们的胜利，我们的胜利则大于我们的损失。宁都和汀州二役的胜利，地头蛇之郭刘二旅完全消灭了战斗力，使赣南闽西一方清凑致有现在之群众发动成绩者，非部队集中指导机关健全决办不到。我们三年来从斗争中所得的战术，真是与古今中外的战术都不同，用我们的战术，群众斗争的发展是一天一天扩大的，任何强大的敌人是奈何我们不得的，我们用的战术就是游击的战术，大要说来是"分兵以发动群众，集中以应付敌人”，“敌进我退，敌驻我扰，敌疲我打，敌退我追”，“固定区域的割据，用波浪式的推进政策”，“强敌跟追用盘旋式的打圈子政策”，“很短的时间，很好的方法，发动群众”。这种战术正如打网，要随时打开，又要随时收拢，打开以争取群众，收拢以应付敌人。三年来都用这种战术。在湘赣边界时，大概集中兵力一度击溃敌人之后，可以散开工作两三星期（分数大支出去，每大支又分数小支出去），及至敌人再整军来，我们又集中起来了，再击溃敌人，再分散工作。此次敌人穷追我们用盘旋式的游击，可以走很宽的地方，发动很宽的群众，每到一处少则顿住半天，多则顿住五天，先是以广大的宣传（政治部统属的文字宣传队和口头宣传队，均以连为单位每连二队，每队三人，路上行军及每到一处宣传就立刻普及），继之以散发财物（大地主及反动分子的谷子、衣服、器具）然后进行组织（党的支部、秘密工会、秘密农会）。群众工作的技术现在比以前更娴熟了。这时候的红军不是一个单纯打仗的东西，他的主要作用是发动群众，打仗仅是一种手段。并且打仗的期间分做群众工作的时间乃是一与十之比。现在的队伍，与叶贺时候的队伍大不相同，叶贺的队伍是单纯打仗的，若在今日，决不能存在的。红军无论在什么时候，党及军事的统一指挥机关是不可少的，否则陷于无政府，定要失败。

现在党的指挥机关是前委，毛泽东为书记，军事指挥机关是军司令部，朱德为军〔事〕长。中央若因别项需要朱、毛二人改换工作，望即派遣得力人来，我们的意见，刘伯承同志可以任军事，恽代英同志可以任党及政治，两〈人〉如能派得来那是胜过我们的。中央去年6月来信说派贺昌同志来视察，不知如何没有来，现在从福建来交通极便，以后务望随时派人来视察。

自刘、郭二旅击溃之后，闽西赣南可以说没有敌人了。蒋桂部队在九江一带彼此逼近，大战爆发即在目前，国民党统治从此瓦解，革命高潮很快的会到来。在这种时局之下来布置工作，我们觉得南方数省中，粤湘二省中买办的军力太大，湘省则更因党的盲动主义政策的错误党内党外群众几乎失尽，赣、浙、闽三省则另成一种形势，第一，三省是蒋伯诚的少数省防军，福建五都虽有十四团，然郭旅已被击破，陈国辉、卢兴帮两部均土匪军战力甚低，陆战队两旅在沿海，从前亦未打过仗战力谅不大，只有张贞比较能打，但据福建省委分析张亦只有二团好的，且五都完全是无政府不统一。江西朱培德、熊式辉两部共有16团，比闽浙军力为强，然比起湘南来则差得多，其中一大半和我们作战过，除李文彬一旅之外其余都是被我们打败过的。第二，三省党的错误比较少，除浙江情况我们不大明了外，江西福建二省党及群众的基础都比湖南好些。赣北之德安、修水、铜鼓尚有相当基础，赣西宁冈、永新、莲花、遂川，党及赤卫队的势力是依然存在哟；赣南的希望更是很大的。吉安、永丰、兴国等县的红军独立第二团、第四团有一天一天发展之势；赣东方志敏的红军独立第三团并未被消灭。如此已造成了向南昌包围之形势。我们建议中央在国民党混战的长期战斗中间，我们要和蒋桂两派争取江西，同时兼及闽西浙西，在三省扩大红军的数量，造成以一年为期完成此计划。

此一年中要在上海、无锡、宁波、杭州、福州、厦门等处建设无产阶级斗争的基础，使能领导赣、浙、闽三省的农民斗争。江西省委必须健全，南昌、九江、吉安及南浔路的职工基础须努力建立起来。

我们3月14日到汀州，战败郭旅打死郭凤鸣，始知蒋桂决裂，国民党大混战快到来，对于目前工作的布置，决定在国民党混战初期，以闽西赣南20余县一大区为范围，用游击战术从发动群众，以致群众的公开割据，深入土地革命，建设工农政权，由此一割据与湘赣边之割据连接起来，形成一坚固势力，以为前进的根基。因此，我们不下杭永，也不去龙岩。在汀工作17日，于4月1日开到瑞金，定4月8日进占于都，到于都当召开一扩大会与赣南特委与中〈央〉军事部派来的罗寿男同志等讨论行动计划。赣西南、闽西、赣南的民众都非常之好。长汀县城及新桥、河田等地工作时夺取土劣谷子的群众，一聚就有几千，在汀州组成了20个秘密农协，5个秘密工会，总工会也成立了。党的组织比前发展两倍，组织了一个赤卫队，单独站不住，现随军来到瑞金，政权机关开始是临时革命委员会，由政治部任命的，及至工会农会各组织了几个之后，即召集代表会议选举正式革命委员会。临时与正式的革委都发布了政纲，到瑞金规定四天工作计划，把部队分散到县城、壬田市、西江、九堡四地工作。每地再分小支，指挥机关在县城，瑞金民众如火如荼的起来欢迎我们，和地主斗争非常勇敢，可惜以前毫无组织，一个同志都没有，无本地领导，组织工作仓猝难做得好，特别是县城。到于都后大约有一星期在县城及四郊工作，以后或向宁都、广昌或向万安、泰和，看情形决定。赣南游击一个时期再赴闽西，那时须与郭凤鸣残部及卢兴邦、陈国辉战，福建省委须努力准备。

军中状况。四军除小部分留边界外，大部分出来的计 3600 人，1100 枪，在大余、信丰、寻乌损失约 200 支枪 600 个人（多数是作战时失联络），真正被敌人拿去的不过几十枪，100 多人，报纸所载那些骇人的消息，都是敌人欺骗的话，宁都、汀州二战之后，不但恢复原状，而且增长了些。全军现在编为第一、第二、第三，3 个纵队，每纵队辖 2 支部〔队〕（等于营），每支队辖 3 个大队（等于连），每纵队约枪 500 余枝，1200 百余人，分兵游击时即以纵队为单位，分开出去，然后再分小支，分开集合，都很便利，彭德怀同志之第五军到井冈山者 800 人枪 500 枝。此次到瑞金者 600 人 400 枪，现在编为四军第五纵队，彭同志以副军长名义指挥之。数日后须返湘赣边界，收集〈旧〉部，恢复政权，与赣南取得联络，仍属前委指挥，政治部已设立，军设政治部，每纵队设纵队政治部，政治部内设秘书处、宣传科、组织科（分职工、农民、特务三股）、政治保卫科，支队大队两级设党代表，纵队以上废除党代表，只有政治部主任。全军在汀做了整齐的服装，每人发 4 元零用费，给养已不成问题，士气非常振发，赣东黎川方面（与广昌接近）有两个部队想来接头。一是金汉鼎部下反叛出来的 500 多人 300 多枪，现编为第四纵队，纵队长田桂清；一是土匪 300 多人 200 多枪，到处被打无出路，现编为独立营，胡竹笙为营长。此两部约定 4 月 14 日后开到宁都编就训练。江西红军第二第四两团现在兴国一带，与我们联络很好。湘赣边界遭一度破败之后，现到了恢复的机会，那边除王佐部 200 支枪系属红军第四军外，宁、永、莲、遂、酃、茶六县赤卫队共800枪，在军阀混战无力顾及的时候不但可以保守，且可以向外发展，彭同志率部回去，当更有办法。湘赣边界特委书记是邓乾元同志。湖南自去年3月暴动失败之后，党的基础在盲动主义之下完全毁灭，农军武装也被豪绅缴去，群众都被镇压下去了。去年8月红军攻郴，在资兴、汝城、桂东组织3个县委，3个□□武装赤卫队，另组织一特委统辖之，杜修经为书记，近接报告，他们又在盲动主义之下牺牲了，醴陵去春暴动后，党的组织打破武装消灭之后，夏季又向四军领去70支枪，秋季全部覆灭于攸、醴交界之黄〔皇〕土岭，此足见少数武装单独存在之不易。

红军党的指导机关是中央任命的前委，去年6月4日中央来信云："关于前敌指挥机关，中央视为有组织委员会之必要。委员名单指定如下：毛泽东、朱德、一工人同志、一农民同志及前委所在地党部的书记五人组成，毛泽东为书记，此外还须组织一职工委员会，前委之工人同志为书记，一军事委员会，朱德为书记。军委及工委名单由前委决定，所有管辖的范围，依据环境来决定，所有管辖区域内工作，完全为前委指挥，前委在江西时，受江西省委指导，在湖南受湖南省委指导。主管的省委，接到前委报告，应立即回答，并将前委的报告及省委的回答立送中央。"我们对中央这种组织的指示，视为十分适当，合于斗争的需要，超地方性质的红军，不但不宜受县委与特委的指挥，并不宜限定受某一省委指挥。五军在平浏、四军在湘南及湘赣边界，多次的失败在地方主义指挥下，超地方的红军必须在中央直接指挥之下，才能适合革命环境的需要，而不受地方主义的累害。

从去年8月起共有3个报告给中央。一个是去年8月毛泽东在边界失败时写的一封长信。讨论割据问题及湖南省委的政策，由湘〔湖〕南省委转中央，原稿已失；一个是去年11月起接到中央6月来信红军须重回湘〈赣〉边界时前委做的一个报告，历史的叙述湘赣边界斗争的经过及割据问题政策计划等，由湘赣两省委附上，此信原稿尚存，特重写附上。以上两重要报告，中央一个未收到，无怪对我们的情形完全隔膜了。一个是3月20日前委在长汀发的信，由福建省委转来，未知能达到否？今亦重新寄上。3年以来中央的刊物我们一本没有收到，及到汀州才看到少年先锋第三四期，中国工人第三期，北京出版的言人第二期，汀州留沪同志出的前响〔哨〕第二期，在湘〔南〕赣边界时因敌人的封锁，曾二三个月想〔看〕不到报纸。去年9月以后可以到吉安、长沙买报了，然亦得到很难，到赣南闽西以来，邮路极便，天天可以看到南京、上海、福州、厦门、漳州、南昌、赣州的报纸。到瑞金且可以看到何键的机关报、长沙民国日报，真是拨云路见青天，快乐真不可名状。以后望中央每月有一信给我们，我们亦至少每月给中央一信报告。中央的刊物并希设法寄来。

（据中央档案馆所存原稿）

湘赣边界目前工作任务决议案

——1929 年 9 月 6 日湘委通过

一、在目前全国政治局〈势〉之湘赣两省统治阶级

1.反蒋大同盟的局面。蒋桂及蒋冯两次混战之后，蒋系地盘的增加与政治影响的扩大，引起朝野非蒋派之新旧军阀的不安，因此形成目前朝野非蒋派大同盟之反蒋局面。此一运动之内容，是各派军阀之暂时结合，以企图与蒋夺取地盘，其表〈面〉上却以拥护改组派为其号召之口号。这一空前军阀大对垒的形势，在目前不独在政治上明争暗斗日益加紧，而且快要进到军事行动时期了。

2.帝国主义在华的利益冲突，使军阀矛盾更加尖锐起来了。帝国主义争取中国统治权的冲突，是中国一切内乱的根源。最近帝国主义〈在〉一面唆使中国军阀无理的向苏联进攻；一方面英日美因利益之不均，特别是英帝国主义者在桂系大失败之后，受了不少的损失，所以他必然的要唆使其新工具——新桂系力图反攻，故中国军阀间的矛盾，亦将因此推动而更加尖锐，有加速度的走向大混战之前途。

3.江西政变的内容与前途。此次江西政变的内容是蒋系与反蒋大同盟的第一次军事行动。此行动有两方〈面〉的意义：一方面使反蒋大同盟者的云南军阀滚蛋，空出江西地盘，以鲁、谭两师开去驻扎之；一方面鲁、谭两师离开湖北，而蒋系嫡脉刘峙便握住了长江流域中最重要的政权，尤其是长江流域中商业中心政治重心的武汉三镇，便进了蒋系的荷包。此一政变无疑的使反蒋大同盟要更加团结，更加紧张，其共同的反蒋布置。但因为反蒋大同盟的组织是十分散漫的，而且在某种问题上，各人都是采取以利于己为出发点，故此问题，虽不能说马上会爆发军阀的大混战，但至少可以加速国民党

军阀混战的速度。

4.湖南统治阶级的矛盾。目前湖南统治阶级的主要冲突有二：一是买办地主阶级与带有民族资产阶级的军阀间的冲突；一是湖南各派军阀间争地盘争湖南反革命领导权的冲突。而这两个冲突，又与全国各系军阀互相错杂，表面上成为不可分离的矛盾，何键代表地主阶级的利益，与带有民族资产阶级色彩之蒋系军阀冲突，同时也〈是〉两派军阀争地盘争反革命领导权的冲突。这次何参加编遣会议与蒋暂时的妥协条件，不但不能使两派军阀暂时妥协，反使两派的冲突日益激烈，而致于破裂。另一方面何的实力只有七师一师，其余如周澜、刘建绪、吴尚等与何均是貌合神离而不可靠的势力。最近周澜一面向蒋卖秋波，一方面向唐生智告何键的状，如果全国政局一有变动，马上会引起湖南军阀内部的分化。湖南统治阶级间已有许〈多〉矛盾，统治阶级日益动摇，实为我们便利工作之客观环境。

5.目前全国革命高潮开始复兴的时期。国民党军阀混战的结果，使广大群众的痛苦日益加深，对于国民党的幻想逐渐减少，农村的斗争仍在继续不断的发展中，小块苏维埃区域仍能存在，红军的组织相当的扩大了，士兵反而加入红军的组织日益加多，尤其是上海、香港、天津、唐山等处产业工人运动的复兴，虽然这些工作不可以过分估量，但的确是革命开始复兴的象征。

二、整个政治局势中湘赣边界之革命运动的前途

1.全国及湘赣革命复兴可以〈帮〉助边界革命的发展。在目前革命运动开始复兴的形势下，各地工农群众的力量至少可以牵制各地军阀，尤其是赣南、赣西与湘东、湘西游击战争的扩大，于边界工作有很大的声援。

2.但是在全国及湘赣军阀混战爆发以前，湘鄂赣三省统治阶级是有联合进攻革命势力企图的可能。湘赣边界与湘鄂赣边界有年余割据的历史，有光荣的苏维埃的组织，有整个红军的队伍，政治影响及于全国，因此常常惊起敌人的不安，促进敌人企图消灭此革命势力，但是因何、鲁军阀的冲突，反革命统治动摇，必不能再如去年大举围剿井冈之可能，红军战策如果应用正

确，敌人是万万不能消灭〈我们的〉。

3.边界革命势力今后的出路。三次会剿之后约一个月边界即开始恢复工作，居然一帆风顺，各县工作都逐渐恢复。在永新莲花两县，且有新的发展，革命前进的形势一直延长到5月彭部离开边界工作才稍稍受点挫折，然而到7月又开始了新的时期，尤其是红军在安福在各县几次的军事胜利，引起革命民众很大的兴奋。今后边界工作如果大悲观，以为统治阶级的力量足以消灭革命，因是大大的错误；如果大乐观而忽视敌人的力量，以为马上可以爆发总的暴动，而不明了主观的弱点，也是不对的。我们应在目前的政治环境中，加深土地革命，巩固党的机制，扩大党的政治影响，扩大红军武装力量，正确应用游击战争的策略，只要这样，边界工作不但可以保，而且有长远发展的可能！

三、边界目前工作总任务

在现时主客观环境条件之下，边界目前工作的第一个任务是要艰苦有耐心地进行白色势力之下的秘密工作。这工作不仅底〔只〕限为党方面的，而是要用大力进行工农运动的群众组织，因为小块割据的工作方式即不利于实际，则秘密工作的发展，争取白色势力之下的广大群众，乃成为边界的主要任务。第二个任务是要坚强巩固已有的赤色政权，这些已经有历史有群众基础的苏维埃政权，万不可因敌人的严重镇压，便存悲观的取消观念。本来割据〈区〉域是有地势、群众、党、武装、经济五个条件才能巩固的，边界割据区域对于地势、群众两个条件是具备的，党不强可以说告[①]，武装不足应当增加，经济则有秘密工作的区域，应当注意调剂，敌人注意封锁经济是不能奈何我〈们〉的。第三个任务是要策略的深入土地革命的工作，应秉照六次大会的决定，并按照边界实际情形，努力的执行。不深入土地革命，必不能取得广大的群众，然而不是有策略的深入土地革命，有时也会造成农民分

①原文如此。

田土豪收谷的与革命无益的现象。第四个任务是要扩大无产阶级性的红军组织，以为全国或几省总暴动夺取政权及巩固政权主力之一的准备。

四、过去工作的错误和缺点

1.军事投机的残余。边界各级党部已知红军为天下和红军守防的办法是不对的，但在工作上如遇着困难，则有意无意之间，或依照习性不自觉走入军事投机的道路，因此在边界只看见军事工作，而忽略了组织宣传以及领导日常斗争等工作。

2.反盲动的工作不充分。盲动主义的现象在边界仍然存在，宁冈、永新、莲花各下级党部及苏维埃常有妨碍小资产阶级利益的行动，这是与群众脱离的错误。

3.苏维埃不起作用。群众只知有苏维埃，而不知苏维埃是他们直接的政权机关，这是党常常委派苏维埃和党代理苏维埃所造〈成〉的错误。

4.边界党在组织上主要缺点是因为没有建立起支部生活，此外为党内小资产阶级的意气的争执，纪律的懈弛，统计工作的缺乏等。

5.教育训练工作大〔太〕少，此工作边界毫无成绩。

6.没有工人运动和城市工作。各县没有一个工会，普遍一般的各县城市都没有工作。

7.缺少敌军士兵运动，各县都没有士兵运动，有些县委议事日程中简直没有此问题的提议。

五、党的改造及其任务

1.洗刷党员巩固党的基础。边界党员多半是招募式的吸收进党的，所以在数量上虽然不少，但要真正的有阶级觉悟勇敢忠实于党且是群众中革命的先锋分子，及能经常到支部缴纳党费及积极为党工作者，则实不可多得。尤其是莲花党员成分最坏，这是党的组织〈不〉强，不能起领导作用的根本原因。这样组织不坚强的党，必须大批的洗刷不守党章的分子，团结党内的力量以巩固党的基础。

2.建立支部生活。支部是党的基础群众的核心，支部本身要有严密的组织，要有日常生活，要能经常开会，要讨论党一切政治问题，要分配每个同志工作，要有系统的训练同志，要交换同志间工作经验，要有计划的领导群众一切斗争和宣传组织群众，要能建立起群众中的中心工作，切忌代替了群众组织。过去边界支部一切问题多不在支部中讨论，由地方党部代为讨论！

3.与小资产阶级的意识奋斗，边界党内许多无意识的党内意气之争，这种非无产阶级意识的发生，限于〔制〕党的正确路线及整个党的战争〔斗〕力，所自〔以〕党应坚决与之奋斗。

4.强健地方党部。边界各县没有健强的地方支部，所以过去工作因此而有很大的缺点。今后边特应特别注意加强各地党的指导机关，地方党部应〈与〉支部有密切的关系，为要实现党的总的路线，地方党部须注意向城市及中心区域的苏区。

5.严伸〔申〕党的政治和组织纪律。为要提高党员的政治水平，所以要提倡党内民主主义，但甚有同志因此而破坏党的纪律，这是非常错误的，为健全党的组织严密计〔性〕，切忌用机械式的惩办制度。

六、各县工作布置

1.注意中心的县委的工作，边界应以永新、莲花、宁冈、茶陵四县为中心工作，此四〈县〉工作如能做好，则邻近此四县之各县工作不能〈不〉受其推动。

2.设法打进城市里去。城市工作边界各县一般的不能打进，这是工作上巨大的缺点。近两月来永、莲在城市中已能找到关系，应藉此关系建立党在城市中之基础，等阶级因鄂县上应说打进城市里去。

3.永、莲两县应注意邻县的发展。永、莲西北区的工作，应无限制的〈向〉安福、吉安方面发展，白区内应该发展。莲、萍党还〈要〉有计划的派人到城市镇去进行组织，莲花因无限制的向修〔攸〕县、萍乡发展，对萍乡应特别注意，将组织扩大到张家镇中□□宣风等地以向湘及平浏的工作方面取得联系。

4.建立各县经常的横的关系。特委应注意密切各县在工作上的横的关系，纠正各自发〔的〕政治缺点。

七、教育宣传工作

1.〈党〉内教育

(1) 各级党部须规定每周每月的节〔集〕会期，按期开会，使同志多讨论党的政策和路线及实际工作〈等〉一切的问题。

(2) 注意支部会议，使党的正确路线深入下层组织，使支部也能认真争取广大群众工作。

(3) 支部会议使同志个个发言，讨论实际和理论的问题，尤须加强同志政治上的认识。

(4) 各级党部应注意讨论上级通告。

(5) 特委与县委应在可能条件之下开办党务政治训练班和短期补习班。

(6) 特委应发行党内一种刊物，以便分给各级党部的工作经验。

2.党外宣传

(1) 在各种革命纪念日或遇政治□□□发生时，多开群众大〈会〉及游艺大会等。

(2) 多发宣传品，如传单、宣言、歌词标语，可使群众对革命为相当的了解和认识。

(3) 以工农革命的事实和豪绅阶级的罪恶编成戏曲歌谣来表演，使群众对革命以乡里〔响应〕而有〔在〕兴趣中去求得认识。

(4) 设立夜班学校成人学校。

(5) 发行壁报画报。

八、苏维埃问题

1.苏维埃区域的工作应力求深入。边界苏维埃已有深长的广大，事实上不能将公开割据局面转发到秘密的形式，故能力求苏维埃工作的深入，以坚决巩固这赤色的割据。

2.改造边界各苏维埃。纠正过去边界苏维埃工作的错误，各级苏〈维埃〉政府应自下而上的一样。一切委员都由群众会议产生，实〈行〉民主主义的选举，切忌由党包办和党代理苏维埃的事情发生。苏维埃人应切实的履行职务，不〈称〉职之委员及□□人，群众会议有直接□□□，明白宣传苏维埃的政纲，使群众知道苏维埃实是自己的政府，而能够自觉地切实的拥护苏维埃。

3.土地问题。已分配好了的土地，而群众不识觉到有问题时，可不必从〔重〕新分配，但是在宣传工作上，应提出保护土地的鼓动口号，同时还要批评平分主义的均产主义之思想。

4.经济问题。经济困难成了边界最难解决的问题，解决此困难积极办法，在于打破敌人的包围。打破敌人方法有二：一是提倡并保护小商人自由营业，非军事行动时期不可断绝交通的危险；二是扩大苏维埃相联区域的秘密工作，经过秘密区域可以调〈剂〉割据区域的经济，而且秘密工作区域必有地主豪绅，这是可以成为割据区域经济的来源。

5.税则问题。在苏维埃统治之下，一切苛捐杂税一律取消，只收统一累进税，在目前乡村已经分田范围，其税率最高限度不得超过10%。

6.群众武装问题。苏维埃政府之下的人民，人人有武装自己的主[责]任，人人应当学习军事常识，应利用地形布置军事上的□□，高级苏维埃应注意给乡苏维埃以相当的武装，并且还要将各割据地乡村，好好布置一个互相声应的军事计划，如节省经费计，〈乡〉苏不能有长备兵制，而是要采用人人皆兵的临时集合或分散作战的战术。

7.法纪问题。苏维埃应站在阶级的观点上，颁布适合群众需要的法纪，关于履行法纪的精神，应采取积极的说服及感化的态度，切忌雕刻制度的工作杀主义[①]。

九、红军问题

1.两个边界的红军统一指挥。在现在政治环境之下，站在无产阶级立场上及两个边界的工作而且应当脱□□□□之条件底下，两个边界（湘赣边界及湘鄂赣边界）的红军应当统一指挥，仍用第五军名义，以彭德怀为五军长。军部之下，设两个纵队（纵队之下设两个支队）。湘赣边界特委管辖的第五军纵队称五军第一纵队；湘鄂赣边界特委所管辖的支队改称红五军第二纵队。第二纵队司令官以黄公略同志〈充〉当之，第一纵队司令官李灿同志充当之（如王佐来则仍王佐为正司令官），副司令官可以张保春同志充当之。

2.五军工作范围。五军目前工作范围仍不超出两个边界特委所管辖的区域以外，但其主要的任务，在于发动两个边界之间的数县工作。两个边界在工作上取得联系的责任，完全由五军担负同时还要帮助两个边界的工作发展。

3.五军指挥权的问题及其与两个特委的关系。五军军委归中央直接指挥，湘赣两省委派负指导之上的责任。将来五军在湘赣边界特委所管辖的区域工作时，湘赣边界特委得派三个在五军会议席上有表决权之代表，参加五军各种工作及行动上的计划讨论及决定；五军在湘鄂赣边特所管辖的区域工作时，湘鄂赣边特得派同样有表决权之代表参加五军的各种讨论及决定。

4.五军党的工作。五军党务工作，应当努力的有两点：一是五军有骄兵悍将的现象，此现象已反应〔映〕到五军党的内部，此影响若久延下去，特委使党的组织不〔有〕破产的危险！党应当采取积极的精神毫不姑息的执行严重〔肃〕的纪律，以保障党在组织上的健全；二是要健全支部的领导能力，作战时要有士兵大无畏的向前冲锋的精神，不可有士兵观望等待上官向前的畏缩观念。

5.红军要工农化。红军的成份应该都是工农分子，已去的带流氓性的成

①原文如此。

份应注意洗刷，多找工农分子充当士兵，使红军〈成为〉工农最可靠的武装。

十、职工运动

1.边界职工运动的重要。边界没有产业区域，这是边界没有工人运动的原因。但是城市的工人运动，没有一点成绩，这是边界工作的巨大缺点。因此边界屡次的所谓的暴动，实际上便是军事势力的单纯行动，根本不能办到有布置的城市工人与乡村农民及军事势力配合的真正群众的武装暴动。应当准备将要到来的夺取全部政权武装暴动，因此边界各级党部必须艰苦有耐心的进行城市的职工运动，加紧职工运动的工作，即是加紧暴动的准备。

2.边界工运的对象。边界第一要进行城市的各县工人运动，第二注意进行排业及船业工人运动；第三应进行雇农工会的组织。此外为攸县工作有办法时还当特别注意攸县煤矿工人的发展。

3.苏维埃区域内工人的组织。苏维埃政权之下的工会，苏维埃应特别予以保护，应颁布劳动保护法，雇农工会必须在乡村苏维埃中起领导作用。

4.工会组织法。工会组织法可仍照用国民党合作时的组织施用！

十一、农民运动

1.农民运动的路线。在现时革命阶级中，依两年来的革命任务经验证明，六次大会所决定的农民路线是十分正确的。党必须努力于广大农民宣传组织工作，使广大的农民能有组织的团结在本党主要口号之下奋斗。吸收雇农贫农为农民组织中心基力，富农、中农不违反革命之条件之下，不可以反对他以增加革命的敌人，但同时不可放弃雇农贫农对富农的阶级斗争。

2.扩大农民组织。在边界广大农民群众中的工作，应力求宣传工作的深入和组织的扩大，各县应以大力注意农县〔民〕的工作发展到城市的近郊去，有计划的扩大农民运动的组织。

3.注意领导农民日常斗争及农民自发的斗争，领导农民日常小斗争，如非割据区域夺取广〈大〉群众的最好策略，如抗苛捐杂税，抗粮抗租，我们应多提出这些与农民有切身利害的鼓动口号，提起广大的农民群众由经济斗争进到政治斗争的道路上去。

最近自发的斗争，我们必须站在农民的利益方面去领导，使散漫的斗争，成为有组织的斗争，使其经济意义的斗争，走上有政治意义的道路。

4.注意组织上的平衡发展。边界农民运动，往往有此起彼落的现象，这一方面是有客观的原因，而〈另〉一方面却是无计划无整个布置的结果，今后应注意纠正此畸形发展的状态。

5.组织农民的团体之名称问题。在边界苏维埃的名义现已相当的深入人心，则农民协会的名义可不必再用，但在秘密工作区域须注意农民对于苏维埃及农协的信仰的调查，原则上我们采取以农民信仰为用废的标准，不必千篇一律的搬用农协或苏维埃的名义。

十二、妇运工作

1.妇运的意义。妇运是整个革命之一部分，尤其劳动妇女在过去曾经参加过不少的实际斗争，表现了他们在革命中不可忽视的力量，因此组织广大劳动妇女群众为党在目前不可少的工作。

2.妇女的路线。妇女应以广大劳动妇女群众为目标，纠正过去限于小资产阶级性的女权运动的错误，应吸引积极的劳动妇女加入党和团，并使其参加各级党委内的实际工作，在工会的组织中，应成立妇女部以此为进行妇运工作的机关。

3.苏维埃政权之下妇女运动。苏维埃应有妇女委员会的组织，此组织为妇女宣传训练妇女及解〈放〉妇女的特殊生活的机关。积极的劳动妇女应使其参加各级苏维埃的工作。

4.注意妇女的教育及职业化的工作。在□□□□□之下，妇女成为一般人的轻视者，苏维埃应注意提倡〔高〕她们的政治等认识，帮助她们有独立生活的能力，割据区域内应有妇女教育之设施，创办各种妇女学校，设立妇女工厂，与妇女学习职业。

十三、青年运动

1.忽视青年运动的错误。边界各县对C.Y.工作的忽视，及C.Y.工作的不紧张，同样对青年群众运动非常忽视，为党在目前夺取广大群众工作中莫大的错误。在过去革命工作中青年群众实有先锋队的作用，尤其青年农民在土地革命的斗争中是最忠实最勇敢的干部，今后边界各县对于忽视青年工作的错误应赶快加以纠正。

2.苏维埃应公布法令保护青年工农的特殊利益。苏维埃应公布法令保护青年工农的特殊利益，奖励并提倡青年工农组织教育游艺文化的团体。规定青年工农每天六小时的工作制与最〔低〕限度的工资。在工会农会中应有青年部的组织。用各种文化教育的团体以启发青年对于革命的更深的情绪。

3.童子团、少年先锋队、童子军、列宁青年会，为组织青年群众最后的方式，苏维埃政府、工会农会应加紧提倡上述青年团体的组织，尤其各地C.Y.应以全力去推进青年群众的组织，同时应在注意这些青年团体中吸收团员。

十四、济难工作

1.济难会工作的重要。边界各县都没有济难会的组织，同志及群众有被难者由党救济或者没有救济，因此群众对于革命不免发生灰心和失望的观念，所以济难工作，在边界有很重要的意义。

2.济难会的组织。边界各县须于最短期间在各地成立济难会，济难会是一种有群众的组织，切不可只有一个空的机关。在割据区域可以济难会的名义，非割据区域当用灰色名义如互助社等以避敌人的耳目。

3.经济的来源。（1）收会费，每个会员铜元一枚。（2）募捐。（3）济难会的工作。①保管及收发济难经费；②宣传革命民众被难的惨状，激发群众革命情绪；③调查被难的革命份子的事实及人数；④组织革命群众使济难会成为广大群众的团体。

（据江西省档案馆所存资料）

井冈山革命根据地党政军组织序列

党组织系统

一、前敌委员会

(一) 中共湘赣边界秋收起义前敌委员会（1927 年 9 月—1928 年 3 月）

书　记：毛泽东

委　员：毛泽东　卢德铭　余洒度　余贲民　钟文璋　王新亚
　　　　苏先俊等

三湾改编时增补：宛希先　熊寿祺

(3 月取消前委改为师委，何挺颖为书记)

(二) 中共井冈山前敌委员会（1928 年 11 月）

书　记：毛泽东

委　员：毛泽东　朱　德　谭震林　宋乔生　毛科文

下设：秘书科、宣传科、组织科、职工运动委员会

下辖：中共湘赣边界特别委员会、中共红四军委员会

二、湘赣边界特委

(一) 中共湘赣边界第一届特别委员会（1928 年 5—9 月）

书　记：毛泽东

副书记：谭震林

常　　委：毛泽东　宛希先　刘　真　谭震林　谢桂标

候补常委：朱　德　陈　毅　刘辉霄　龙高桂

委　　员：毛泽东　朱　德　陈　毅　龙高桂　刘寅生　宛希先
　　　　　谭震林　刘天干　谢桂标　王　佐　贺老华　刘　炎
　　　　　谭普祥　陈竞进　陈正人　刘辉霄　陈　韶　刘　真
　　　　　龙寿宇

6 月，湖南省委派杨开明来接替毛泽东。并指定袁文才和莲花县两个同志为委员。7 月，毛泽东去永新，杨开明代理特委书记。8 月，杨开明继任书记。8 月末杨开明生病，谭震林代理书记。

下设：组织（宛希先负责）、宣传（刘真负责）、军事委员会（朱德任书记）

下辖：宁冈、永新、莲花、遂川、酃县县委和茶陵特别区委

（二）中共湘赣边界第二届特别委员会（1928 年 10 月—1929 年 1 月）

书　记：杨开明（谭震林代理）（1928 年 10—11 月）
　　　　谭震林（1928 年 11—12 月）
　　　　邓乾元（1928 年 12 月—1929 年 2 月）

副书记：陈正人

常　委：邓乾元 滕代远 陈正人 宛希先 朱昌偕

(此常委是 12 月调整后的，调整前不详)

委　员：谭震林　朱　德　陈　毅　龙超清　朱昌偕　刘天干
　　　　盘园珠　谭思聪　谭　兵　李却非　朱亦岳　袁文才
　　　　王佐农　陈正人　毛泽东　宛希先　王　佐　杨开明
　　　　何挺颖

下辖：遂川、宁冈、永新、莲花、酃县县委和茶陵特别区委

（三）中共湘赣边界临时特别委员会（1929 年 2—3 月）

书　记：朱昌偕

常　　委：朱昌偕　宛希先　刘　真

（四）中共湘赣边界临时特别委员会（1929年3月14日—5月）

书　　记：朱昌偕

常　　委：朱昌偕　何长工　宛希先　刘　真　陈正人

候补常委：刘宗义　王　怀　龙超清　谭思聪

（五）中共湘赣边界特别委员会（1929年5月10日—1930年2月）

书　　记：邓乾元（1929年5—8月）

　　　　　朱昌偕（1929年9月—1930年2月）

副书记：刘天干

常　　委：邓乾元　刘天干（负责组织）　刘　真（负责宣传）

　　　　　陈正人　谭思聪

执行委员：邓乾元　刘天干　刘　真　陈正人　谭思聪　宛希先

　　　　　朱亦岳　龙超清　王佐农　周　里　苏瑞兰（女）

秘书长：陈正人

下辖：永新、莲花县委；酃县、遂川临时县委；茶陵特别区委；宁冈县东南、西北特别区委。6月以后：宁冈东南、西北特别区委合并为宁冈县委，另增加安福特别区委。（1930年2月中共湘赣边界特别委员会并入中共赣西南特别委员会）

（六）特委下辖的组织

遂川县：

县委（1927年10月—1929年2月）

书记：陈正人（1927年10月—1928年10月）

　　　王遂人（1928年11月—1929年2月）

临时县委（1929年5月—1930年2月）

书记：王佐农

宁冈县：

区委（1927 年 1 月—1928 年 1 月）

书记：龙超清

县委（1928 年 2 月—1929 年 3 月）

书记：龙超清（1928 年 2—5 月）

袁文才（1928 年 8—12 月）

何长工（1929 年 1—3 月）

东南特区委（1929 年 2—4 月）

书记：刘敬柳　龙芳桂

西北特区委（1929 年 2—5 月）

书记：谢希安

县委：（1929 年 6 月—1930 年 2 月）

书记：谢希安（1929 年 5 月—1930 年 1 月）

汪建平（1930 年 2—10 月）

永新县：

县委（1927 年 11 月—1930 年 2 月）

书记：刘　真（1928 年 2—7 月）

王　怀（1928 年 7 月—1929 年 5 月）

朱昌偕（1929 年 5 月—1930 年 2 月）

副书记：王　怀（1928 年 5—7 月）

莲花县：

区委（1928 年 2—4 月）

书记：朱亦岳

临时县委（1928 年 4—7 月）

书记：朱亦岳

县委（1928 年 7 月—1930 年 2 月）

书记：朱亦岳（1928 年 7—11 月）

刘仁堪（1928 年 11 月—1929 年 5 月）

代书记：陈　美（1929 年 5—6 月）

书记：徐白沂（1929 年 6 月—1930 年 2 月）

酃县：

特别区委（1928 年 2—3 月）

书记：刘寅生（1928 年 2—3 月）

县委（1928 年 3 月—1929 年 2 月）

书记：刘寅生（1928 年 3—5 月）

李却非（1928 年 5 月—1929 年 1 月）

临时县委（1929 年 2 月—1930 年 2 月）

书记：黎育教（1929 年 2—5 月）

周　礼（1929 年 5 月—1930 年 1 月）

张平化（1930 年 1—2 月）

茶陵县：

县委（1927 年 11 月—1928 年 5 月）

书记：陈　韶（1927 年 11 月—12 月）

谭震林（1928 年 1 月—?）

谭思聪

特别区委（1928 年 5 月—1930 年 2 月）

书记：宛希先

共青团湘赣边界特委（1928 年 7 月—?）

书记：史训川

三、军　委

（一）中共红军第四军委员会

书记：毛泽东（1928 年 4—5 月）

陈　毅（1928 年 5—10 月）

朱　德（1928年10月—1929年3月）

委员：毛泽东　朱　德　陈　毅　宛希先　何挺颖　袁文才　王尔琢
何长工　龚　楚　张子清　刘　炎　刘海云　王　佐　宋乔生
蔡协民　王得胜　王　英　薛　涛　石金德　陈桂秋　刘仁堪
刘清泉　胡少海

下设：组织科、宣传科、士兵委员会

下辖：十、十一、十二师三个师委

5月下旬，取消师的建制，直辖各团党委。

（二）中共红军第五军委员会

书记：滕代远

委员：不详

下设：组织科、宣传科、青年科、兵运委员会

下辖：军司令部和一、二、三、四、五纵队支部

政权系统

湘赣边界工农兵苏维埃政府

（1928年5月成立）

主席：袁文才

下设：土地部　负责人：谭震林
军事部　负责人：张子清
财政部　负责人：余贲民
政法部　负责人：邓允庭
工农运动委员会　负责人：宋乔生　毛科文
防务处　负责人：不详

（防务处后改防务委员会，王佐任主任）

下辖：

茶陵县工农兵政府

主席：谭震林（1927年11—12月）

　　　谭普祥（1928年1—8月）

遂川县工农兵政府

主席：王次淳（1928年1—4月）

　　　蒋世良（1928年5月—1929年2月）

宁冈县工农兵政府

主席：文根宗（1928年2—5月）

　　　甘金皇（1928年6—7月）

　　　谢桂标（1928年8月—1929年1月）

　　　吴兆奎（1929年2月—?）

　　　尹德和（1929年）

　　　谢玉衡（1929年—1930年4月）

永新县工农兵政府

主席：彭文祥（1928年5月—1929年1月）

　　　朱昌偕（1929年12月—1931年7月）

莲花县工农兵政府

主席：刘仁堪（1928年7—10月）

　　　李　伟（1928年11月—1929年6月）

　　　谢元大（1929年7月—1930年2月）

酃县工农兵政府

主席：徐鼎燕（1928年6月—1929年1月）

　　　刘清远（1929年冬—1930年冬）

军队组织系统

一、工农革命军第一军第一师
（1927 年 9 月湘赣边界秋收起义）

总指挥：卢德铭
师　长：余洒度（后叛变）
副师长：余贲民
参谋长：钟文璋
下辖：
第一团团长：钟文璋　　党代表：彭商仁
第二团团长：王新亚　　党代表：张明生
第三团团长：苏先俊（后叛变）　　党代表：潘心源
第四团团长：邱国轩（后率部叛变）

二、工农革命军第一军第一师第一团
（1927 年 9 月底—1928 年 4 月）

第一团团长：陈　浩（后叛逃被处决）　　（后）张子清
　副团长：徐　庶（后叛逃被处决）　　党代表：何挺颖
　参谋长：韩昌剑（后叛逃被处决）
第一营营长：黄子吉（后叛逃被处决）　　（后）员一民
　党代表：宛希先
第一连连长：员一民　（后）陈毅安　　党代表：熊寿祺
第二连连长：刘　康　　党代表：何成匈
第三连连长：×××　　党代表：×××

第二营营长：谭家述　　　　　　　党代表：×××

第三营营长：张子清　（后）伍中豪　党代表：李运启

第七连连长：陈子凤　　　　　　　党代表：孔繁树

第八连连长：×××　　　　　　　党代表：杨岳彬（后叛变）

第九连连长：曾正平　　　　　　　党代表：×××　（后）毛泽覃

特务连连长：曾士峨　（后）朱建胜　党代表：罗荣桓

军官队队长：吕　赤

卫生队队长：曹　鑅　　　　　　　党代表：何长工

辎重队队长：范树德（后叛变）

第二团团长：袁文才（1928年2月）

副团长：王　佐　　　　　　　党代表：何长工

参谋长：徐彦刚

第一营营长：袁文才（兼）

副营长：谢角铭（后叛变）　　　党代表：×××

第一连连长：游雪程　　　　　　　党代表：熊寿祺　（后）房　灿

第二连连长：龙普霖　　　　　　　党代表：宋任穷

第二营营长：王　佐（兼）　　　　党代表：×××

第四连连长：李清贤　　　　　　　党代表：艾成斌

第五连连长：刁辉林　　　　　　　党代表：段辉唐

三、工农革命军第四军
（1928年5月）

军　长：朱　德　　　　　　　　　党代表：毛泽东

参谋长：王尔琢

士兵委员会主任：陈　毅

第十师师长：朱　德（兼）　　　　党代表：宛希先

第二十八团团长：王尔琢（兼） 党代表：何长工
参谋长：王展程
第一营营长：林　彪 党代表：熊寿祺
第二营营长：袁崇全（后叛变） 党代表：杜松柏（后叛变）
第三营营长：肖　劲 党代表：吴　弼
第二十九团团长：胡少海 党代表：龚　楚(后叛变)
第一营营长：朱舍我 党代表：×××
第二营营长：李光化 党代表：胡世俭
第三营营长：肖荣标 党代表：彭　晒
第三十团团长：刘之至 党代表：×××
第十一师师长：张子清（因负伤由毛泽东兼代） 党代表：何挺颖
第三十一团团长：张子清（兼） 党代表：何挺颖（兼）
第一营营长：员一民　（后）陈毅安 党代表：毛泽覃
第三营营长：伍中豪 党代表：杨岳彬（后叛变）
第三十二团团长：袁文才 副团长：王　佐
党代表：陈东日
第一营营长：袁文才（兼） 党代表：陈东日（兼）
第二营营长：王　佐（兼） 党代表：康　健
第三十三团团长：邓允庭 党代表：邝朱权
第十二师师长：陈　毅（兼） 党代表：邓宗海
第三十四团团长：邓宗海（兼） 党代表：刘　泰
第三十五团团长：黄克诚 党代表：李一鼎
第三十六团团长：李奇中 党代表：黄义藻
军直属单位：
教导大队队长：陈　毅 党代表：×××
特务营营长：宋乔生 党代表：敬懋修
红军医院院长：曹　鑅 党代表：肖光球

5月下旬，四军由九个团缩编为二十八、二十九、三十、三十一、三十二、三十三六个团，取消十二师，另设教导大队。月底取消师的建制，军直辖二十八、二十九、三十一、三十二四个团。

四、中国红军第四军

(1928年8月—1929年1月)

军　长：朱　德　　　　党代表：毛泽东

政治部主任：陈　毅（1929年1月）

参谋长：王尔琢　（后）朱云卿　袁文才

第二十八团团长：王尔琢　（后）林　彪

　　党代表：何长工　（后）何挺颖

　　参谋长：王展程　（后）周子昆

第一营营长：林　彪　（后）胡少海　　党代表：熊寿祺

第二营营长：袁崇全　（后）萧　克　　党代表：杜松柏　（后）程　俊

第三营营长：肖　劲　（后）陈道明　　党代表：吴　弼

第二十九团团长：胡少海　　党代表：龚　楚　（反叛变）

参谋长：刘之至

第一营营长：朱舍我　　党　代　表：×××

第二营营长：李光中　　党代表：胡世俭

第三营营长：肖荣标　（后）彭　晒

第三十一团团长：朱云卿（兼）　（后）伍中豪

　　党代表：何挺颖　（后）蔡协民

第一营营长：陈毅安　（后）周　仿　　党代表：邝朱权

第三营营长：周　昆　　党代表：罗荣桓

第三十二团团长：袁文才　（后）王　佐

副团长：王　佐　　党代表：蔡协民（后）何长工

第一营营长：徐彦刚　　　　党代表：康　健

第二营营长：王　佐（兼）

副营长：刁辉林　　　　党代表：房　灿

军直属单位：

特务营营长：毕占云　　　　党代表：陈毅安

独立营营长：张　威　　　　党代表：×××

军官教导队队长：梁军　　　　党代表：蔡会文

留守处处长：邓允庭

军械处处长：宋乔生

医院院长：曹　鑅　　　　党代表：肖光球

五、红军第五军
（1928 年 12 月）

军　长：彭德怀　　　　党代表：滕代远

参谋长：邓　萍

第四纵队队长：贺国中　　　　党代表：张纯清

第八大队队长：郭炳生　　　　党代表：王如痴

第九大队队长：黄云桥　　　　党代表：朱义敏

第五纵队队长：李　灿　　　　党代表：彭　鳌

第一大队队长：周玉成　　　　党代表：赵济昌

第十大队队长：彭包才　　　　党代表：刘之至

第十二大队队长：黄　龙　　　　党代表：李克如

红军学校

校　长：彭德怀　　　　党代表：×××

（一、二、三纵队留在湘鄂赣边游击未上山）

六、湘赣边界红军独立第一团

（1929 年 3 月）

团　长：王　佐

副团长：李　灿

第一营营长：王　佐（兼）

第二营营长：李　灿（兼）

七、中国红军第五军

（1929 年 5—7 月）

军　长：彭德怀　　　党代表：滕代远

参谋长：刘之至

第四纵队司令：贺国中　党代表：张纯清

第五纵队司令：李　灿　党代表：彭　鳌

第六纵队司令：王　佐　党代表：何长工

7 月份五、六纵队合并为第五纵队。

司　令：王　佐

书　记：刘宗义

政治部主任：滕代远（兼）

参考文献

1．井冈山革命博物馆．中国共产党历史资料丛书井冈山革命根据地[M]．北京：中共党史资料出版社，1987．

2．井冈山市地方编纂委员会．井冈山志[M]．北京：新华出版社，1999．

3．宁冈县地方志编纂委员会．宁冈县志[M]．北京：中共中央党校出版社，1995．

4．毛润之．毛泽东选集（1-4卷）[M]．北京：人民出版社，1991．

5．余伯流、陈钢．井冈山革命根据地全史[M]．南昌：江西人民出版社，2007．

6．湖南省茶陵县地方志编纂委员会．茶陵县志[M]．北京：中国文史出版社，1993．

7．酃县志编纂委员会．酃县志[M]．北京：中国社会出版社，1994．

8．江西省地方志编纂委员会．江西省苏区志[M]．北京：方志出版社，2004．

9．江西省莲花县县志编纂委员会．莲花县志[M]．南昌：江西人民出版社，1989．

10．永新县志编纂委员会．永新县志[M]．北京：新华出版社，1992．

11．江西省安福县志编纂委员会．安福县志[M]．北京：中共中央党校出版社，1995．

12. 湖南省攸县地方志编纂委员会．攸县志．株新出准字〔2002〕第062号

13. 吉安县县志编纂委员会．吉安县志［M］．北京：新华出版社，1994.

14. 井冈山革命博物馆．理论研究与实践探索［M］．北京：中央文献出版社，2008.

15. 肖居孝．湘赣边三年游击战争纪事［M］．北京：中共党史出版社，2008.

16. 中共萍乡市委《安源路矿工人运动》编纂组．安源路矿工人运动［M］．北京：中共党史资料出版社，1990.

17. 井冈山革命博物馆．井冈山革命根据地回忆录（内部资料）．1986.

18. 江西省总工会、江西省档案馆．江西工人运动史料编选［M］．南昌：江西人民出版社，1986.

19. 井冈山革命博物馆．井冈山斗争史料选编［M］．北京：中央文献出版社，2010.

20. 泰和县地方志编纂委员会．泰和县志［M］．北京：中共中央党校出版社

21. 万安县志编纂委员会．万安县志［M］．合肥：黄山出版社，1990.

22. 桂东县志编纂委员会．桂东县志［M］．长沙：湖南人民出版社

23. 中共吉安地委党史工作办公室．吉安英烈［M］．北京：中共党建出版社，1992.

24. 黄仲芳．井冈山斗争时期人物传［M］．北京：中央文献出版社，2009.

25. 曾宪文、刘晓农．井冈山斗争逸事［M］．北京：中国文史出版社，

2007.

26. 胡华. 中国革命史讲义 [M] . 北京：中国人民大学出版社，1983.

27. 吴渊龙、毛秉华. 井冈山革命故事选（吉安关心下一代委员会内部资料），2001.

28. 张泰城. 井冈山及周边地区的红色传说 [M] .南昌：江西人民出版社，2011.

29. 中国机械工业联合会研究室编. 陈正人文集 [M] .北京：中共中央党校出版社，2009.

30. 郗卫东主编. 解放前珍贵红色报刊发刊词 [M] . 北京：中央编译出版社.

31.胡华.中国革命史讲义 [M] .北京：中国人民大学出版社，1983.

32.邓六金：我与曾山 [M] . 北京：新华出版社，1999.

33.中共江西省委党史研究室编. 江西英烈 [M] .南昌：江西人民出版社. 1989.

★★★★★★ 后 记

在撰写《井冈山革命根据地工人运动史》的过程中，我们挖掘、总结、研究井冈山工人运动的珍贵史料，怀着无比崇敬的心情，回顾那段不能忘怀的、史诗般的、空前绝后的井冈山革命根据地工人运动的光辉历程，缅怀毛泽东等一代伟人在井冈山领导工人运动的丰功伟绩，缅怀井冈山工运先驱们为井冈山的斗争、民族的彻底解放而英勇奋斗的光辉事迹。这是我们对井冈山斗争史研究的丰富和补充，为中国工运史增添亮丽的一笔。随着这些年来对井冈山斗争研究的深入，有关井冈山斗争的著述可谓洋洋大观。我们将《井冈山革命根据地工人运动史》记述成章，它的价值如何?

首先，《井冈山革命根据地工人运动史》是井冈山斗争史的重要补充。文中:全国工人运动在湘赣边界传播及影响、毛泽东对湘赣边界工人运动的领导、工人运动领导机构的设立、各县工会组织的建立、工人运动在井冈山的重要活动、井冈山斗争中工人出身的人物及工运领导人简介、革命前辈回忆录和故事选录、井冈山斗争时期工人运动大事记，在这几篇记载中，通过翔实的史料，从不同的侧面记载了井冈山工人运动为井冈山斗争、中国革命作出的历史性贡献。

其次，《井冈山革命根据地工人运动史》的价值体现在各个方面。我们不仅了解到湘赣边界各县工会的建立，还了解到过去没有整理、没有文字记载、鲜为人知的工运情况。如全国工运在湘赣边界的传播和影响、毛泽东对湘赣边界工人运动的领导，湘南工人上井冈山等文的记载，是首次披露和整理，对井冈山斗争史的研究都是重要的记述和补白，也是研究的新课题，取得的新成果。

最后，对了解在革命历史期间，我们党注重发挥党领导工会组织的重要作用，对贯彻落实党的十八大精神和习近平同全国总工会新一届领导班子集体谈话精神，都是一件具有重要意义的事。

《井冈山革命根据地工人运动史》的编辑工作，得到了中国井冈山干部学院的支持，为编辑人员在图书馆查阅资料提供方便。得到了茶陵、炎陵、莲花、永新、瑞金、兴国等县总工会的大力支持，为本书编写提供资料；得到了井冈山革命博物馆的大力支持。在此，一并表示衷心感谢。

由于编辑人员学识浅薄，时间短促，资料不全，本书的错漏之处在所难免，敬请学者、读者批评指正。

编 者

2014 年 9 月